美国教育热点丛书

STANDARDS AND ACCOUNTABILITY IN SCHOOLS

学校标准及问责

[美] 托马斯·J.·拉斯利（Thomas J. Lasley，II） 主编

孙 颖 等 译

北京师范大学出版集团
BEIJING NORMAL UNIVERSITY PUBLISHING GROUP
北京师范大学出版社

本书简体中文版由 SAGE Publications，Inc. 授权北京师范大学出版社（集团）有限责任公司翻译出版。

版权所有，侵权必究。

北京市版权局著作权合同登记图字 01—2013—7312 号

目　录

引　言

　　在教育和政治领域，学校的标准和问责问题在过去几十年里始终处于争论中。在社会和教育领域，学校公共信念遭到一次又一次的公开质疑。20 世纪 50 年代，伴随着苏联人造卫星的成功发射，美国开始质疑自己是否能够与苏联竞争。20 世纪 60 年代，社会学家詹姆斯·科尔曼（James Coleman）和其他学者的思考引发又一股关注浪潮，他们认为公立学校不应仅仅满足向所有年轻人提供平等的教育机会，还应向谁能为每位儿童提供高质量的教育进行问责。《国家处于危急中》（ Nation at Risk ）于 1983 年颁布，政治家们断言美国公立学校不再有效，具体地说，是质疑美国公立学校培养出的孩子是否具有全球竞争力。1994 年，时任美国总统克林顿（William J. Clinton）签署《2000 年目标》（Goals 2000），该法案对学业标准和特定学科的学习行为进行界定。2002 年，时任美国总统布什（George W. Bush）签署《不让一个孩子掉队法案》（No Child Left Behind ，NCLB），其中首次提出要对 4～8 年级每名学生的阅读、数学测试进行强制监测，为确保每名学生在学业上有所提升，讨论制定必要的标准和评价方法。近日，美国总统奥巴马（Barack H. Obama）政府启动"力争上游"（Race to the Top）的国家竞赛，奖励那些建立严格标准和提供优质教学的州。

　　所有这些措施都是为了提升美国学校质量，使美国青年具有更强的竞争力。事实上，这些措施都是为了缓解与其他同龄学生相比，美国学生的落后局面。教育改革者要求进行改革，标准和问责作为关乎学校有效性的两大支柱被广泛关注，本书中未提及的第三大支柱是教育选择。究其根本，教育改革者认为严格的评价标准和问责计划能够对学生的发展进行评估，这关系到标准的选择和家长的权利，家长有权利选择让孩子在哪儿受教育，谁来教他们的孩子。在确保教育体系富有创造性和国际竞争力上，政策方面的因素起到重要的作用。

改革表面上看比较简单，但标准和问责目标的制定很容易陷入困境，造成很多方面的影响。本书将对受影响的一些状况进行讨论。

情况一：对学生学习成绩的重点关注成为政策制定者对教学活动进行鉴别、评估的重要阻碍，因为教学活动受社会、教学教法的综合影响。

教学是社会、道德的内在活动。教师和学生通过语言和非语言进行相互作用，教师每天在与学生的交往中分享观点，同时也从学生身上进行学习。在这样的问责活动中，教师的行为会在学生学习成绩中有所体现。加里·D. 芬斯特马赫和弗吉尼亚·理查森（Gary D. Fenstermacher & Virginia Richardson，2010）认为，高风险问责制不利于教师创造利于道德发展和民主理解的社会关系。

究其本质，学校具有传递文化的重要责任，传递过程的主要载体是课堂，教师和学生可通过多种方式促进道德品质、艺术素养和民主意识的形成。在将高风险的测试行为作为判断是否优秀的基本条件下，问责虽没有阻碍知识的传递，但却不利于与环境形成社会合力。

情况二：由于缺少普遍、通用的学习标准，学生在阅读、数学、科学以及其他核心学科中应该具备的知识和能力都变成可变量。

《不让一个孩子掉队法案》(2002)规定，到 2014 年所有学生都应在阅读和数学方面表现熟练。虽然法规有明确要求，但现实是各州不知道如何对"熟练"进行定义，不知道什么样的成功才能满足联邦政府的要求。联邦政府针对所有学生"熟练"的要求最终导致各州开展一项运动，即纷纷调整"熟练"标准。各州对什么是"熟练"进行不尽相同的界定。例如，俄克拉荷马州和南卡罗来纳州在阅读、计算机课程中设置的行动标准就不尽相同。

不幸的是，对于问责的关注通常通过教师评价方式体现，无论从政策角度还是从实践角度对教师都是不利的。有些人将学生的考试成绩作为唯一变量，与教师的成功建立联系。《洛杉矶时报》(*Los Angeles Times*)(2010 年 8 月 29 日)对依据学生的考试成绩评价教师的有效性的现象进行了公开批评。联盟领导者显然被《洛杉矶时报》的言论激怒，但有趣的是，实践批判者却发现了一些特殊的现象。赫斯（Rick Hess）认为，批判声音多来自传统的公立学校。他支持"选择"，倡导在学校进行改革，为教育专业发展进行准备。他没有过度使用洛杉矶学生的测试成绩，而是将学生有效资料作为工具。赫斯认为《洛杉矶时报》将它们作为武器来对待，具体如下：

小小戏剧是 K-12 课程的标准。从另一部分来看，人们运用有效的工具操控金钱、资料或个人，然后为己所用。在教育领域，改革者拥有超世俗化的优良品质。因此，我们的过分热情使得增值评价成为公立改革运动的有效工具。当增值评价的缺陷逐渐呈现时，重新分析显示部分教师被不公平对待，部分教师任职的班级规模越小越容易产生良好的效果，因此增值评价模式带来负面影响。如果美国任一州参加公立身份游戏，我们就将它添加到诉讼的名单中。这虽然是不行的，但却具有合理性，不能令人惊讶。毕竟，类似的电影我们已经看得太多了。

赫斯等人不反对运用学生考试成绩作为对教师行为评价的衡量标准，他们批判的是过度强调学生考试成绩的重要性，将它作为评价教师教学行为的决定因素。

目前，美国各州对于标准的制定，以及学生对于知识、技能的掌握程度都不尽相同。例如，由于标准不一致，很难对分别来自俄克拉荷马州和南卡罗来纳州的两名学生进行比较。根据各州的评价标准，两名学生都处于熟练等级。如果两名学生同时参加全国测评，如美国教育进展评价（Nation Assessment of Education Progress，NAEP），他们的评价结果可能完全不同。（南卡罗来纳州的评价标准较高，俄克拉荷马州的评价标准较低）在南卡罗来纳州阅读水平被评为合格的学生，可能在俄克拉荷马州被评为优秀。

保罗·E. 彼得森和 F. M. 赫斯（Paul E. Peterson ＆ F. M. Hess，2008）认为有 3 个州具有世界标准，分别是马萨诸塞州、南卡罗来纳州、密苏里州。而包括佐治亚州和俄克拉荷马州在内的其他州的标准都低于美国教育进展评价的标准。

为了缓解因各州评价标准不同而带来的差异，美国国家管理者协会

（National Governors Association，NGA）和各州教育主管人员宣布建立一套共同的学术标准。在这本书中，很多作者都提及此标准，很多州接受这套标准。

共同核心标准的形成，需要各参与州共同努力，为评价学生行为创建综合性的评价体系，无论学生生活在哪里，综合性评价体系能针对数学、英语等学科进行内容知识、学习技能的评估。共同核心标准不仅是致命武器，而且代表着一种缓和的方式，标准的设置能够体现出学生在哪些方面具有学习的期望以及学习期望的程度。

情况三：美国传统教师培养项目中对于为每个课堂培养有效教师显得不足。

美国教育中，教学质量问题不是新的焦点问题，而对优秀教师的理解是被关注的新现象。几十年前，有人认为家长所塑造的家庭环境能够预见学生的行为。然而21世纪初有资料显示，尽管家长能够影响学生的智力水平和社交能力，但教师却在课堂中影响学生成绩的增长水平。在1.5年以上的教学过程中，高效教师能够促使学生真正的提升，但低效教师却不能促进学业提升。研究得出关于教师的重要结论，即不同教师带来不同提升。

关于教师真正的论战是关于两个问题的思考：一是如何培养高效教师；二是如何确认低效教师，并让他们退出教师行列。解决方式是如何培养更好的教师，以及如何解雇具有实践问题和意识形态偏见的低效教师。保守派认为应该创造更多的教师培训途径，扩张人力资本发展选择途径，如为美国而教（Teach for America，TFA）运动。传统教育具有教育垄断的特点，即限制有效人力资源融入课堂中。例如，虽然一些教育者违反规定但仍然不允许高质量教师进入教育场域。由于目前的教育体系表现出内在的改变特点，教师资格证书的开放能够有效实现人力资本的融入，能够在为学前至12年级的学生提供高效教师方面做出贡献。

部分改革者认为教育质量与进入教育领域的教师、教师接受培养项目的表现有直接联系，首都华盛顿特区的全美教师质量委员会（National Council on Teacher Quality，NCTQ）公布一套标准，直接表明吸引、雇用高水平的教师候选者加入到教育教学中，如毕业成绩占全年级前50%

的大学毕业生才有资格成为教师候选者。芬兰、新加坡这些在教育方面胜于美国的国家，它们都将优秀的原因归结于吸引高水平教师加入到教育教学队伍中。例如，芬兰将教师的选择范围缩小到大学毕业生的前5％，然而美国吸引的教师却在大学毕业生的后 1/3。

不同学者针对如何确保每个课堂有高效教师进行了激烈的讨论。达琳·哈曼德（Linda Darling-Hammond，2010）认为可以通过传统教师教育项目培养高效教师。芭芭拉·威尔顿（Barbara Velton，2010）称赞目前流行的为美国而教项目产生了积极推动力。

达琳·哈曼德（Linda Darling-Hammond，2010）认为高质量教师可以通过高质量培训和广泛的准备完成，她称：

像芬兰、瑞典、挪威、荷兰这样的北欧国家，所有教师需要接受2～3年研究生层次的教学培养，通常由政府出资并提供生活津贴。上述培养应包括一整年大学与中小学相联系的训练，如专业发展项目中学校合作的创建，既对教学中的问题进行广泛学习，又通过论文研究解决教育问题。

威尔顿以及其他学者认为，为美国而教项目由于招募直接满足特殊教学需要，因此被招募者具有课堂责任。传统培训项目主要基于真实的课堂环境，合格教师能够在任何课堂开展教学。为美国而教项目伴随着学校文化出现，为美国而教项目的教师也能够将短期学习的内容应用到所遇到的教育教学环境中。传统候选者根据证书要求被培训成适合所有课堂的教师。虽然我们对于培养高效教师的看法一致，但对于如何更好地实现目标却存在较大的争议。

情况四：传统教师培养项目不能确保为最需要的学生提供高质量教师。

情况四与情况三存在直接的关联。对于所有新教师来讲，他们不能确保受到充足的、有效的教师培养，这就意味着部分学生不得不面对钟形曲线低端的教师。每位家长都想让最好的教师教自己的孩子。不幸的是，美国课堂教学中的教师在质量、有效性方面存在巨大的不同。部分教师能够实现增值成长，而其他的教师不能实现这样的增长。

本书包括政策制定者试图通过不同方式解决"质量"问题，为美国而教项目中新教师计划（New Teacher Project，TNTP）正试图吸引更多的优秀人才到美国课堂中。因此，教育质量的基本保证是雇用有智慧、能满足复杂教育需求的人才。保守的批评家认为有智慧的教师愿意在教育教学现场学习教学技能。

近来一篇重点关注人才选择的文章提到，哈佛大学毕业生参加为美国而教项目比进入法律院校还困难。关于为美国而教项目是否能够培养学生学业成长的研究，目前还处于混合的、平常的、意识形态的状态。为美国而教项目的批评者认为，为美国而教项目参与者很快发生转变。关于教师质量很少有人知道的是，经验丰富的教师要比没有经验的教师更加有效，且无论经验丰富的教师是如何获得这些经验的。没有经验的教师通常是指仅具备 1~2 年教学经历的新教师。批判的核心问题是，为美国而教项目不能简单地只为年轻教师提供专业服务，要保证教师的专业经验达到一定成熟程度，这时这些教师才有可能对所教学生产生专业影响。

传统教育者认为关注质量实际上是促进教师的教育实践。他们认为雇用高水平的教师候选者非常重要。传统教育的辩护者认为越多的实践经验和越有针对性的教学准备越有利于教育质量的提升，且候选者将做出在教育领域服务更长时间的承诺。

始终未被质疑的是，教师的效率与所面对的学生有关。如果学生是少数族裔、经济欠发达的群体，那么教师的效率远不及面对具有社会经济优势地位的学生的教师。事实上，教师的专业技能只是优秀学校的重要组成部分之一。

高质量教师是另一个缓和条件的副产品，如果无法对高质量领导者能够在学校里创造学习文化进行确认，谁能够对有效教师和低效教师进行确认呢？

情况五：为在学校里培养教育人才，学校无法在招募、保留高质量教育领导者方面进行妥协。

为确保美国课堂中有高质量教师，学校的领导岗位上应该有合适的管理者。表现较差的教师很容易从一个学校到另外一个学校，因为领导者不想简单地通过文件解雇较差教师，也不愿意处理因解雇低效教师而带来的冲突。

对于任何高质量学校来讲，学校领导都是必要因素。由华莱士基金会（Wallace Foundation）资助的研究委员会和由明尼苏达大学组织的教育改进与应用研究中心都强调高质量学校领导者的重要性。高水平学校的校长应该是教学领导者，他们知道如何在学校里平衡所有的专业资本，使得项目变得不同。他们根据数据进行决定，帮助学校教师、学校领导对最好班级的实践特点和本质进行思考。

政策制定者面对的问题是如何使处于最高水平的校长能够继续发展，教育他们的最好方式是什么？与教师培养的情况类似，有一系列的关于如何能够最好地教育未来学校领导者的回答。其中基本的发展方式是建立以大学为基础的培养项目。他们认为目前开展的培养项目有能力为学校培养未来的领导者。对于目前实践的批判不是关注培养实践中违反规定的现实，就是针对给天才学生某一方面的天赋和能力进行集中培养的现象。

如今有一些问题凸显，值得进一步思考。如何使学校具有高效的领导力？如何使学校能够更好地确认高质量领导者？如何使雇用的教师长时间保留在工作岗位？华莱士基金会（Samuels，2010）研究表明，对于学校领导的研究不仅能够促进高效校长的发展，如教学领导者能够平衡、促进所有教师的智慧挖掘，而且对于延长领导者的在职时间显得尤为重要。

第八个话题围绕着如何培养高效领导以及如何吸引、雇用高质量人才到学校管理岗位进行探讨。

情况六：教育资金无法确保每名儿童获得合适、充足的教育资源和机会。

学校资金是被讨论最多的主题。目前对于教育的关注集中在扩大基础设施建设，而不是减少随之带来的开销。批评者认为，公立学校需要更多的资金支持，但是却无法对这些开销成本进行证实。

关于学校资金的问题主要集中在是否适合方面，也就是说，什么样的学校资金能够确保每名儿童获得适合的资金。复杂的回答是："适合"通常是针对学生的不同需求。例如，若来自富裕家庭的孩子是一个独立学习者，那么他则不需要大量来自学区的经费支持作为补充。若孩子来自城市贫困家庭或农村地区，那么他可能需要不同层次的经济支持。

事实上，对于"适合"问题的界定存在一整套的变量依据。艾伦·R. 奥登和劳伦斯·O. 派克斯(Allan R. Odden & Lawrence O. Picus，2008)认为适合的资金支持有一些重要的组成要素。例如，各州期望的课程概念和课程传递；对学生成功获得学习机会的清晰解释；根据州评价标准学生应表现的熟练水平；除严重的残疾学生以外，每名学生获得成功的需求说明。从本质来看，对"适合"进行定义将面临失败，因为与"适合"相关的问题众多，包括学生的需求和州的期望。

财产税始终为教育提供较多的地方资金，富裕学区要远远优于贫穷学区，富裕学区能够为学生提供更多的支持。部分州通过调整准则处理学生的不同需求，即使通过这样的调整仍然还存在一些问题。例如，金钱能够对每名学生受教育的适合性、有效性进行不同层次的评判。目前由于美国州预算的不足，一些问题凸显。减少征税虽然影响全部学区，但来自富裕家庭的学生却可以通过个人资源进行补偿。例如，印第安纳州近期由于州预算不足而减少音乐、艺术教育的开设。贫穷家庭无法聘请音乐、艺术教师为孩子开展教育，但富裕家庭却有选择的机会，他们可以利用个人资源开设适合的课程。

正如我们看到的那样，教育发展的挑战和机会共存，每名儿童都有机会接受高质量的教育。在经济困难时期，这些挑战变得更加严重，确保每名儿童获得适合的、大量的资源显得尤为困难。很多保守者认为，学校不能提供某些课程服务的原因是学校管理不良，或者是对基础教育的关注度不够。本书第十四个话题将对此问题进行细致探讨，作者认为无论学校是否具有充足资金，无论资源是否适合所有学校，学校都应向教育者和学生家庭提供发展的可能途径。

情况七：为确保公平而对"愿望"进行必要的改变，这通常违背教育政策和教育实践的政治诉求。

在过去的几十年里，教育的政治性越加明显。教育年轻人的重要性已经成为政治说辞的一部分。在现代，教育的政治特点已经在1957年苏联第一颗人造卫星成功发射的事件中彰显。美国突然感到苏联带来的威胁，每个人都在疯狂地寻找教育优势丧失的原因。

在某种程度上，寻找原因演变成两派的争论。进步分子运用杜威（John Dewey）的观点，认为应该开展以学生为中心的教学。以海曼·瑞克（Hyman Rick）和艾伯特·贝克特（Albert Bector）为代表的保守派坚持以教师为中心和传统教学。约瑟夫·瓦尔拉斯（Joseph Watras）（见第一个话题）认为教育缺乏努力，并对美国进步教育协会（Progressive Education Association，PEA）的"八年研究"（Eight Year Study）——如何促进美国教学进行了详细说明。

目前关于如何更好地教育美国孩子的争论仍在继续，每一届美国总统和政府都会做出明确的教育日程。过去的教育日程集中讨论标准和需求，关注学生应该学什么，学生应该何时学？美国前总统老布什在 1989 年开始推行标准化运动，此后前总统克林顿修改老布什的教育日程推行《2000 年 目 标》（ D. M. Sadker，M. P. Sadker，& Zittleman，2008）。《2000 年目标》影响范围大、涉及面广，成为推进公立学校发展的重要一部分。

美国前总统小布什将关注目标由标准转向测试，除颁布《不让一个孩子掉队法案》以外，美国通过立法批准年度测试、学生的学业水平测试（个别州的测试方式）、对每个学校的进步情况进行公开、公布每所学校的高质量教师名单以确保课程的传递。

奥巴马政府在 2009 年颁布了"力争上游"计划，对小布什政府期间的教育日程稍作调整。奥巴马强调通过学生成绩提升对教师行为进行评估，即增值评价。高效教师能够在 1.5 学年里促使学生成绩提升，奥巴马政府关注对课堂中教师的认定和刺激，随之发现并辞退课堂中的低效教师。

随着美国总统和政府的更换，美国教育中的政治争论愈演愈烈。部分州的领导者联合起来反对奥巴马的"力争上游"计划，他们对过分强调测试和不合理的评估进行谴责，因为这些评估方式未区分学科特点而表现出通用性。例如，音乐、艺术方面进行成绩增长的评估就表现出较大的问题。

政治家、教育家、政策制定者都很热衷讨论如何更好地培养美国学生。美国基础教育阶段学生可在全国范围内进行选拔、录取。持续的政策改变和实践折中使得课堂中的教师不知道什么是期望的结果、如何能使其更有价值。结果是，教育体系不能满足必要的实践标准，不能确保每名儿童都能接受到适合、有效的教育。问题是，即使很多政策问题能够被成功解决，美国政府是否能够提供充足的经费支持改革？

情况八：不能解决所有在校学生的教育问题。

在很长一段时间内，美国在经济、政治方面都处于世界领先地位。美国很多优势都要归功于教育体系，尤其是高等教育体系。尽管 K-12 教育质量被不断热议，但是高等教育卓越的教育质量却从未被质疑。

事实上，自从美国努力为每个孩子提供教育，霍勒斯·曼妮芬（Horace Mann）提倡"公共学校"开始，美国面临为所有年轻人提供教育的根本挑战。总的来说，现存的体系能够很好地为富人服务。学校提供的课程能够产生智力资本，发掘优秀学生的潜能。问题是教育者和政策制定者不知道如何为弱势学生提供良好的教育，无论他们的社会背景、种族怎样。

教育继续成为提升个人经济水平的关键因素。根据美国人口调查局（美国公众调查：2005—2009）的调查数据显示，美国 25 岁及以上拥有高等学校毕业证书的人中只有 24% 生活在贫困中。拥有副学士学位（或至少专科学校毕业的）的人，只有 8% 处于贫穷状态，而拥有高等学校学位的人，有 3.7% 处于贫穷状态。

有色种族学生与白人学生之间仍然存在学习成绩差距，尽管我们已经努力试图缩小差距。不论是哪种涉及对学生成绩进行的调查，都会针对贫富学生和不同种族学生的学习成绩进行研究。研究结果显示，贫穷学生和有色种族学生的毕业率要低于富裕白人学生的毕业率，如贫穷学生有 65% 获得毕业文凭，富裕学生有 91% 获得毕业文凭；在大学预备学校中，21% 是贫穷学生，54% 是富裕学生；从大学入学率来看，贫穷学生的录取比例为 63%，富裕学生的录取比例为 91%（Hoffman, Vargas, Venezia, & Miller, 2007）。美国教育导致的问题是人力资本的缺乏。如果未来很多工作现在都不存在，那么美国就需要高质量的劳动力为不确定的未来而准备。未来的工作可能不易被很好定义，但是未受教育、不掌握技能的劳动力更不容易接受经济带来的新挑战。

　　鲁米那基金会(The Lumina Foundation)认为到 2025 年 60% 的美国人都将拥有高质量、有市场的学位，而目前这一比例还不足 40%。奥巴马总统提出新挑战，到 2020 年实现全民接受高等教育的目标。无论是鲁米那基金会的目标还是奥巴马的目标都表现出明显的行为理论。如果美国想继续成为世界政治、经济的领导者，那么就需要接受过良好教育的公民。实现目标不只是意味着经济、社会的进步，还意味着学校将发现更好的教育方式，而且包括对教育重要性的认识。我们需要的是有技能的、能够为社会福利做出贡献的公民，他们不应该依靠别人的经济福利生活。

概要

　　总体来看，上述八种情况说明 21 世纪教育政策和实践的复杂性，处理这些问题需要多样的解决方法，包括吸引更好的教师到课堂中，增强学校对于所有学生的教育问责。

　　本书将展示一系列针锋相对的争论，不仅包括不同教育者和政策执行者对于教育问题的不同看法，而且包括他们为什么倡导特定的改变。事实上，这些问题没有致命性缺陷，同样也没有简单的解决方式。无论是衡量学生学业成绩的增长，还是对非师范院校毕业生成为优秀教育者的职业认证，对于每一个政策的历史地位，都有其存在的内在复杂性。同样，对于合乎逻辑的政策解决方式，同样存在偶然的和不可预见的结果。

　　本书的目标是为读者提供多元的视角，并运用多元观点帮助个人形成非正规的理解方式，包括我们应该做什么才能使课堂实践变得更有效率、学校更有责任。

托马斯·J. 拉斯利
戴顿大学

拓展阅读资料

Darling-Hammond, L. (2010). Teacher education and the American future. *Journal of Teacher Education*, 61(1-2), 35-47.

Fenstermacher, G. D., & Richardson, V. (2010). What's wrong with accountability?

Teachers College Record （ID No.：15996）. Retrieved July 2，2010，from http：//tcrecord. org.

Hess，R. （2010）. *LAT on teacher value added：A disheartening display*. Retrieved August 18，2010，from http：// blogs. edweek. org/edweek/rick _ hess _ straight _ up/2010/08.

Hoffman，N. ，Vargas，J. ，Venezia，A. ，& Miller，M. S. （2007）. *Minding the gap*. Cambridge，MA：Harvard Education Press.

Lumina Foundation：http：//www. luminafoundation. org.

National Council on Teacher Quality. （2010）. *Rating the nation's education schools*. Washington，DC：Author.

Odden，A. R. ，& Picus，L. O. （2008）. School finance：*A policy perspective*. Boston：McGraw-Hill.

Peterson，P. E. ，& Hess，F. M. （2008）. Few states set world-class standards. Education Next，8(3)，70-73.

Sadker，D. M. ，Sadker，M. P. ，& Zittleman，K. R. （2008）. *Teachers，schools and society* (8 th ed.). Boston：McGraw-Hill.

Samuels，C. A. （2010）. Study：*Effective principals embrace collective leadership*. Retrieved July 23，2010，from http：//www. edweek. org/ew/articles/2010/07/23/37 principal. h29 html? tkn＝TPSFHsBZuHO.

Velton，B. （2010）. *Learning on other people's kids*. Charlotte，NC：Information Age.

话题 1

教育问责能够通过提升学校能力，促进学生学业成长吗？

支持观点：戴顿大学，鲍勃·塔夫特

反对观点：戴顿大学，约瑟夫·瓦尔拉斯

概　述

本话题的两篇论文集中讨论问责的整体概念，以及如何影响、促进学生学业成长和发展。在过去几十年里，几乎很少有文章对教育问责进行集中阐述。尽管政策制定者和评论员都有多种杀手锏，但都是文字的论述，目前仍有很多问题亟待解决。

美国用来评判教师、学校是否有效的重要机制之一就是测试。学生学习了多少？一学期内，学生实际的学习数量与预测的学习数量是否一致？教师通常感觉易受批评，因为从历史来看，所教课程和被测试课程之间存在大量的错位现象，尤其是主要根据标准化成绩对教学进行评价的学校和州，这种错位现象尤为明显。那些提倡问责和测试的观点认为，这样的评价方法是经济全球化的必需品。他们坚持认为，美国必须具有竞争性，那些无法进入高等学校的学生应担负起相应的责任。

反对问责的人认为，对于学生学习来讲，测试是一种不适当、不充分的衡量方法，人们需要花费很多时间对学生学会了什么、没学会什么进行判断。关键问题是各州能否在政策和实践层面采取更深思熟虑、更严格的方式，促进学生的学业进步。

本话题的作者从两个不同角度讨论问责。第一篇文章，鲍勃·塔夫特（Bob Taft）（戴顿大学，1999—2007 年俄亥俄州政府官员）描述了问责对于学生成长的积极影响，以及对于问责机制的讨论。塔夫特认为美国学校的唯一特征是如何概述学业标准，课程取向能够促进学生成绩的增长，持续的成绩差距可能会给学校带来麻烦。同时，塔夫特叙述了如何对教学进行测试，强调教师如何实现阅读和数学的整合。

第二篇文章，约瑟夫·瓦尔拉斯（戴顿大学）运用所谓不同的方式集中关注教育问责。瓦尔拉斯认为国家组织的问责能够更有效监管学校，能对学校里随之发生的事情努力进行监测，并能够减少美国课堂里学生学习行为间的变量。瓦尔拉斯为多元努力提供了更具历史性的视角，事实证明多元努力更具有务实特征，对于结果表述更加清晰。纵观过去 100 年进步的实践，瓦尔拉斯还认为学校的发展更趋向问责，本文更加关注测试促进效率的提升。

　　总的来看，两个话题选取不同的视角对美国学校问责和教育实践结果进行了定义，其中塔夫特是从政策的角度开展，瓦尔拉斯是从历史和理论的角度开展。在阅读本话题时，读者应该关注两个基本问题：第一，什么样的想法能激发每个年轻人智力的、社会的、情感的潜能？第二，从历史角度看，当前教育法律法规的哪些部分能够提升美国教育实践的质量？

托马斯·J. 拉斯利

戴顿大学

支持观点

戴顿大学，鲍勃·塔夫特

教育问责首先意味着建立清晰的学业标准，即对全国范围内每学科、每年级学生应该掌握的、应该做的做出具体要求。然后各州基于州评价标准，设置学生和学校体系期望满足的行为水平。大部分州已经在数学和英语艺术方面形成了通用标准，这些州的行为代表着促进国家教育问责的真实活动。

学校和董事会通过发布报告对学生行为进行问责，报告里会对学校和学生行为进行优劣划分。排名靠后的学校要对学校管理情况进行干预和改变，并且学生有权利到其他的公立学校或私立学校就读。另外，没有通过国家毕业测试的学生，他们不能获得中学文凭。

对于学生学业成长的积极影响

为了促进学生学习，使美国学生有能力与其他国家学生竞争给所有学生获得高等教育的机会，学业标准、评估、问责都是有效策略的必要组成部分。

尽管基于标准的教育改革活动刚刚完善，但它已经对学生的学业成长带来了积极影响。

关于什么样的学校？
学校报告单应该基于教育者的标准和评价方式，学校社团集中关注他们的主要任务，为学生的学业发展做准备，为学校如何完成任务提供有用的、可比较的信息，以及为学校需要改进的方面提出要求。学校生活的体育和社会方面一样非常重要，学校报告单为学校效果提供了更相关的评价指标。毕竟，对教育质量进行测量不能等同于学生的学习行为。

教学内容的严密性、相关性和连贯性
美国 50 个州根据不同年级采取不同的学业标准，这些标准提供了严格、相关、连贯的水平。过去没有这些标准的时候，每个学校的每位教

师可能都会对教育内容有自己的理解。教学标准的产生过程能够使州和当地教育者更好地明确教育内容，明确学生升学或就业需要掌握什么。很多州都将自身的教学标准提交到国家组织，如共同核心标准，确保教学标准的严密性和相关性。

国家在不断地更新教学标准，据共同核心标准组织统计称，目前有45 个州已经形成或正在计划完成与高等院校或就业部门的标准衔接工作。共同核心标准组织已经与 14 个州共同发展严格的代数期末测试。最终，48 个州和管辖区(除德克萨斯和阿拉斯加外)都参与到共同核心标准组织中，对 K-12 阶段的英语和数学实施统一标准，这个标准参照国际基本情况，同时满足高等院校和就业市场的需求。

课程调整

研究证实学校管理者努力调整很多学科的课程和教学以满足州标准，教师欢迎对所教内容的持续指导。

例如，诺福克小学的教师获得了阿肯色州的奖励，这就意味着他们的表现优于州标准，教师不需要跨年级进行调配。例如，一名科学教师在每年年底花费 6 周时间教授希腊神话课程，只因为这是她喜欢的主题。

如今教师的教学目标更加明确，教师知道他们需要教什么，以及低年级同事已经教过了什么。教育政策中心(Center on Education Policy, CEP)的研究表明，制定国家范围的教学标准能够带来同年级或相邻年级段的教师调整。标准化课程显然给城市学区儿童带来福利，因为在那里每年都有 20％～30％的学生转学到其他学校。

同时，明确的标准能够使教师按照评价标准修订课程和课本。教师走出课本，从多种多样的材料中选择满足标准的课程。为达到既定标准，学校董事会开发课程指导、课程框架，调整课程顺序，根据标准绘制课程材料等。

缩小成绩差距

标准改革的中心目标是缩小不同收入、不同种族学生在数学、阅读方面的差距。例如，据 2005 年美国教育进展评价机构宣布，12 年级非洲裔和西班牙裔美国学生的阅读水平与 8 年级白人学生的阅读水平相同。这些差距会延伸至高中和大学阶段，减弱了为所有美国人提供平等机会的努力。《不让一个孩子掉队法案》要求每州建立教育问责体系，提出"缩小成绩差距，不让一个孩子掉队"的目标。

教育问责改革强调关注落后的弱势群体，如残疾学生、英语学习者、低收入和少数族裔的学生等。《不让一个孩子掉队法案》要求通过数据统计进行评价，包括把弱势群体和提升学校绩效的优势群体进行分离。教育者给予学生更高的期望，为学生提供促进发展的学习策略。

改造薄弱学校

各州建立的教育问责体系能更好地发挥作用，在毫无干预的情况下对薄弱学校进行定义。这是一项非常重要的改变，因为大多数有色种族学生都处于成绩较低的学校中。

《不让一个孩子掉队法案》和各州法律都对薄弱学校制定了一系列规则。例如，《不让一个孩子掉队法案》规定，如果学校连续两年都不能达到适当的年度进步（Adequate Yearly Progress，AYP）的基本要求，联邦政府将采取学校改进计划。如果学校连续 4 年都不能达到适当的年度进步的基本要求，学校必须采取一系列的修正行动，包括替换教职员工、延长教学时间、重建学校等，随后还有一系列严重的惩罚。例如，佛罗里达州、俄亥俄州、威斯康星州处于薄弱学校的学生，可以获得去私立学校学习的教育券。

一些系统和学校已经接受了联邦或者各州提供的对薄弱学校进行干预的资金支持，包括接受学校提升计划的帮助、为教师增加培训、在阅读和数学方面增加学习时间以及其他的改革。然而，州和学区层面缺乏足够的资金和教师资源，无法对所有需要发展的学校提供帮助，同时很难对需要全面影响的学校进行统计、确认。联邦政府层面集中物力、财力，建议对排名后 5% 的学校进行干预。

为促进学校发展，提升教育教学水平，评估提供有效数据

标准化评估能够为促进学校改进提供有用信息。纵观全国，标准化评估强调基于统计数据做出决定，运用数据驱动的教学方式促进专业培训。

教育领导者能够运用数据对学校行为进行衡量和判断，在相似的社会经济背景下，为不同学校设置不同的学校发展目标。领导者同样能够确认、采取最好的教育实践，促进州评价中的教学行为展示。学校改革促进小组运用评价数据对学校进行定位、描绘，学校中大量低收入家庭的学生取得了较好的学问成绩，如教育信托机构（Education Trust）和托马斯福特汉姆研究所（The Thomas B. Fordham Institute）。学生成绩测试结果有助于对学校选择进行评价，如特许学校（Charter Schools）和教育券项目（School Voucher Programs）。

学区领导者运用测试成绩对学校水平进行评估，并对学校做出重组或关闭的决定。通过数据进行评估能够评价学校的成败，促进学校教学或重建。早期学校的评价数据能够帮助处于困境中的学生进行定位，并对他们进行干预，帮助升学和就业。

美国大多数州、校长和教师能够通过学生个人成绩和州平均成绩，掌握学生的学习行为，并寻找产生的原因及解决办法，以免给一些学生带来错误答案。教师运用测试成绩对课程和教学差距进行反思，并制定需要改进的教学策略。

《不让一个孩子掉队法案》要求运用增值评价方式对 3～8 年级的学生进行阅读、数学的标准测试，为观察学生和学校行为提供了更有效的途径。直到目前，学校等级系统还主要以学生成绩或者在某一特定阶段达到优秀的学生数量为重要衡量依据。这种评价结果更多关注学生的家庭背景而不是通过学校产生的学习成果。增值评估方式对学生成绩的期望结果和现实结果进行对比，对学校产生的学习效果进行隔离评估，对学生在一学年里取得的成绩与理想成绩进行比较，增值评估为教育者设计学校改善策略提供了有价值的信息。

研究表明教师质量是影响学校的重要因素，它影响学生成绩的发展水平。在课堂实施层面的增值评价是对教师行为进行评价的重要因素，并且努力确保每个孩子都拥有有效教师。美国很多州强烈呼吁，要求学校董事会将教师评价作为学生学习行为的重要组成部分。

改革实践

部分校长和教师反映希望通过教学实践改革实现问责的需求。学习评价已经得到强烈的关注，在学期中进行期中评估，根据需求重组资料或重组学生。一些教师的专业发展已经覆盖了这个主题，为满足所有学生的需求进行差异教学。共同核心标准的发展和评价促进专业学习社团的发展，教师在这里共同工作，分享教育教学实践，研究合作课程。学校领导者重建教学计划，使得包括阅读、数学课程在内的核心内容能被深入教授，同时为教师提供某个时间段内的分析评估结果，随之进行教学实践的调整。

教育问责和测试结果

教育问责努力表现不同，总体来讲，近些年美国学生测试成绩促进了学生发展。美国教育政策中心对 2002—2008 年学生的阅读、数学成绩进行了统计，结果显示，学生这两门学科的成绩有所提升。例如，美国教育政策中心发现采取教育问责的各州，已经有超过 80% 的学生达到熟练及以上的水平。美国教育政策中心发现，与基础教育相比，高等教育阶段获得的提升比较小。另外发现，对于弱势群体来讲，州测试成绩的提升较多、下降较少，包括少数族裔学生、残疾学生、英语学习者等。

一项针对 66 个大型城市学区学生测试成绩的研究显示，从 2000—2001 学年到 2006—2007 学年 4 年级、8 年级学生的数学和阅读成绩表现出明显的提升。尽管城市学校成绩依然处于州平均成绩之下，但一些项目仍然致力于减小种族间成绩差距。

一些观察员对相关研究进行批判，他们认为这些研究只关注州评价结果，因为严格的州标准已发生改变，部分州降低分数线以达到"熟练"水平。事实上，《不让一个孩子掉队法案》遭到批判的重要原因是，它允许各州对"熟练"的评判标准自行定义。美国学生成绩比较客观的评价方式是美国教育进展评价，它具有严格性、持续性，全国各州都必须参加。这些统计数据呈现出一些信息：与 1994 年的阅读成绩、1996 年的数学成绩相比，2008 年 9 岁、13 岁学生的阅读、数学成绩有明显提升，而 17 岁学生成绩并无明显提升。

例如，美国教育进展评价对 4 年级学生的数学成绩进行研究，3 个数学测试项目中均处于较低水平的学生由 1996 年的 36% 降低到 2009 年的 18%，阅读成绩由 1994 年的 40% 降低到 2009 年的 33%。对 8 年级的统计处于较低水平的学生显示，数学成绩处于较低水平的学生由 38% 降低到 27%，阅读成绩由 30% 降低到 25%。另外，每一学科达到"熟练"标准的学生比例也在增长。

　　研究对问责体系给学生成绩带来的影响，有一项研究对此进行了说明。它基于美国教育进展评价的结果，得出结论，认为在 20 世纪 90 年代教育问责制度越强，学生的数学成绩提升越明显。另一项研究对两个采取不同措施的州进行对比，其中一种类型是既有问责报告单又有不良教学结果的州，另一种类型是只有问责报告单的州。研究发现，前者具有更强的问责体系。

　　尽管少数族裔学生的学习成绩仍然落后于白人学生，但是缩小成绩差距的进程仍在继续，这种进步发展缓慢但具有可测量性。美国教育政策研究中心的一项研究结果显示，2002—2008 年，各年级的数学、阅读成绩差距缩小。美国教育进展评价研究结果显示，20 世纪 70 年代到 2008 年，白人学生和黑人、西班牙裔学生在阅读、数学方面的差距缩小；自从 1996 年起，9 岁学生的阅读成绩差距缩小，而数学成绩差距却未缩小，13、17 岁学生的阅读成绩差距也同样未缩小。

　　美国教育进展评价对在《不让一个孩子掉队法案》领导下参与问责体系的各州与未参与的各州进行对比评价，研究表明，《不让一个孩子掉队法案》缩小了 4 年级黑人学生、西班牙裔学生和低收入学生的数学成绩差距，缩小了 8 年级西班牙裔和低收入学生的数学成绩差距。

回应：反对教育问责

为测试而教

　　批评者认为标准化评估导致教师为测试而教而让学生不能获得真正需要的知识和能力。然而，这个观点忽视了评价的主要目标，因为评价目标与评价结果相联系。州标准鼓励严格的教学课程，这些标准与学生需要掌握的和未来需要的知识技能相一致。测试应该适合于州学术标准，测试问题也应该能衡量更高的思考技能和基础知识。测试问题需要每年都改变，学校不能为应对测试而为学生提供具体问题的具体答案。

　　测试能够改善衡量内容，一些小组努力遵循严格的共同核心标准为下一代制定评价标准。

将应付考试的技巧与未来成功相联系是毫无价值的。一些高等院校把通过标准化测试作为准入过程的一部分，通过测试是获取特定证书或执照的重要过程，如法律和会计。武装服务和雇佣者运用标准化测试的方式实现雇佣目的。最终，通过各国学习成绩的比较分析显示，基于课程的标准化测试对于学习起到积极推动作用。

对阅读和数学的过分强调

《不让一个孩子掉队法案》要求各州对阅读和数学进行测试，一些教育者认为包括科学在内的其他学科被忽视。有证据表明，当学校花费很多时间在基础学科时，用于社会研究、艺术方面的时间就会变少。

事实上，部分州的成绩测试和学校、学区的排名不仅依靠阅读和数学方面，而且还依靠科学、写作、社会研究等方面。另外，《不让一个孩子掉队法案》改革提议允许各州将除阅读、数学以外的其他学科融入评价体系和问责体系中。

阅读和数学是两门基础学科，是学习其他学科的核心，关系到后教育时代和能否成功地就业。所以，在全国范围内对阅读和数学进行评价时，学校对上述两个学科进行关注是非常必要的。美国教育部（U. S Department of Education，USDE）研究发现，未对阅读和数学进行充分掌握的 8 年级学生，在高中毕业时不可能表现得非常优秀。

对学生有害的影响

当对学校的等级评价是基于学生成绩时，学校会更加关注在评价分数线附近的学生，而忽视表现优秀和落后的学生。美国教育政策研究中心 2010 年的研究显示，虽然没有明确的证据证明《不让一个孩子掉队法案》带来了负面影响，但很多州对于学校排名的标准已经不再基于达到"熟练"程度的学生比例，而是通过增值评价和性能指数的方法，对所有学生的成绩进行体现。

简化标准

研究发现，《不让一个孩子掉队法案》鼓励各州通过弱化标准、降低分数线的方法对"熟练"进行定义。结果是，《不让一个孩子掉队法案》的合法性受到批判。然而，据上文所说，美国共有 48 个州参与到共同核心标准组织中，各州还做出对数学和语言艺术采取更严格期望的承诺。

此外，联邦改革建议减少《不让一个孩子掉队法案》中不符合实际的"2014 目标"，即到 2014 年美国所有州的所有学生都应达到"熟练"水平，这个目标可能导致各州降低最低标准，降低分数线。

正如我们看到的一样，教育问责是一项复杂、需要深入讨论的主题。本节涉及的问题都是围绕如何确保从学校毕业的学生都能获得同样的成功机会。为确保所有学生都能获得公平机会，教育者必须准备清晰、共同的期望，使得学生能够了解、执行相关评价，以确保期望的达成。对教师和学校进行问责是实现美国教育优质化的重要步骤。

反对观点

戴顿大学，约瑟夫·瓦尔拉斯

雇主通常运用评价方法对雇员行为进行评价，尽管这个陈述本身代表着绩效，但它并不指"绩效"术语本身包括的很多方面。评价目标在一定程度上是为了确保每个工人都是富有成效的，评价过程可能包括根据成效确定个人的回报。在很多体系中，雇主可能尝试很多办法帮助效率较低的工人学习更好的技巧。此外，绩效还可能促进产生价值。

教育者的绩效形式多种多样。从 20 世纪起，绩效运动始终是进步运动的重要组成部分，促使学校更加有效。对于进步组织而言，绩效意味着学校领导者需要通过实践与成功实体进行合作。问题是这种商业模式鼓励开展评价，侧重减少教育中的可接受变量，错误地将效率等问题作为强调的重点。

问责作为有效组织

19 世纪后半期，人们正式接受关于民主、政府适当角色的新想法。美国内战（American Civil War）前，人们反对国家控制学校，因为他们认为给予社团自主权是保护民主的最佳方式。战争结束后，人们开始寻找更大的组织运行现代的管理模式，以促进公平，其中涉及州政府和联邦政府。

人们的态度发生改变是因为人们的生活状况发生了改变。内战结束后，美国农村社区向工业城市让步。改变产生的结果之一是大型公司的增长。巨大的信任危机引起了人们对生产、分配过程中管理方法的重视。作为大型公司的美国钢铁（U. S. Steel）公司，通过减少对技术工人需求的方法，降低工人的工资。公司不再需要拥有特殊技能的工人，因此劳动者发现很难形成联盟。公司声称这些改变可以降低消费者的消费，然而批评者认为，这些大型公司生产低劣物品，分销腐败食物，造成环境污染。无论如何，这些大型公司都能产生巨大的利益。

19 世纪末，人们开始依靠州政府和联邦政府来制约大型企业。结果在 1887 年产生了州际商务委员会（Interstate Commerce Commission），在

1890 年颁布了《舍曼反托拉斯法》(*Sherman Antitrust Act*)。随后几年里，进步主义政治家试图通过运用企业的组织方法减少社会问题。这个愿望虽然具有讽刺性，但意味着运用技术的、官僚的方法能够解决现实问题。

学校监督者认为如果学校效仿大型企业中的组织形式，则能够解决教育问题。首先应做的努力是对学校监督者进行领导权力的重组与合并，这是为满足混合式成功进行的努力。例如，在 1870 年美国只有 29 名城市监督者，他们管辖的城市中有 226 座城市的人口超过 8 000 人。在很短一段时间内，很多城市开始转变为中心组织的某一形式，到 1927 年，《教育目录》(*Educational Directory*)中列出的城市学校监督者已经接近 3 000 人。

随着监督办公室获得大众的支持，学校监督者同意城市学区遵守科学的运营方法，避免浪费，确保为学生提供更好的教育。其次是将学区管理划分为不同部门，每一部门都由经验丰富的专家负责不同的发展方面。例如，1895 年美国教育协会（National Educational Association, NEA）第十五次全体会议批准，将城市学校行政管理划分为两个中心部门，一个部门监督商业事务，另一个部门确保课堂教学遵循科学原则。为了提升学校管理的有效性，报告建议两个部门的监督者需要具有权威性，并能对公共问责做出迅速的说明。

根据美国教育协会的报告，教学监督者需要确认教师执行的教学具有专业性。这就意味着，董事会成员或社区领导的个人愿望或偏见不能影响教师的选择。然而，董事会能够对教师资格进行解释，未来教师必须满足资格要求才能成为候选人。教学监督者对教师候选人进行筛选，筛选标准包括城市高中 4 年级的课程，董事会进行的测试，包括接受过城市学校 1 年的培训。一旦教学监督者选定了教师，监督者就有责任对教师的工作、任务进行监督，尤其包括个人素质、教学能力、可依赖性和亲切感。

大学为教师培训设置的课程满足学校监督者有效管理学校的方式和愿望。例如，1918 年芝加哥大学教育系主任查尔斯·贾德(Charles Judd)认为学校管理者应该理解教育的科学研究，这将有利于他们做出促进教育的决定。他对一些学区中产生的现象产生抱怨，外行的董事会成员对于很多事情都有决定权，包括教学楼设计、教科书选择、教师工作环境等。问题是这些外行的董事会成员在做出决定时，拒绝听从专家提供的专业知识和建议。解决问题的办法是学校管理者能够获得做出决定的自主权，且做出的决定是基于系统、科学的教育研究而形成的。贾德计划为教育管理者提供这方面的培训，他开始让研究生寻找在不同学科中最有效的教学方式。

为确保教师能够通过有效方式开展学科教学，美国教育协会分别召开三次关于教育经济安排的全体会议，并分别于 1913 年、1916 年、1918 年发表会议报告。这些全体会议试图帮助做出决定，其中包括设置哪些课程、哪些课程内容，教师如何进行教学有利于学生未来的民主生活。

研究导致众多课程改革。例如，1916 年查特（Charters）的研究报告中对语法教学本质进行的研究。他首先将学生经常犯错误的语法进行罗列，其次对错误出现的频率进行排序，最后将错误出现的原因进行归类。他让教师考虑学生通过哪些方面的学习可以纠正这些错误。通过这种方式，查特选择通过学生的说、写课程，帮助学生纠正语法问题。

促进教育问责的教育经济安排研究，只能从微小方面起作用，但从总体情况来看，不能促进教学。根据艾伦·德里夫·拉格曼（Ellen Condliffe Lagemann，1989）的观点，这个困难普遍存在于整个教育研究中。通过对教育研究发展进行调查，拉格曼认为杜威提出的改革想法能够连接教育研究和社会改变之间的关系。虽然一些教育者对于杜威的观点比较迷恋，但拉格曼声称大多数教育者不喜欢杜威的教育观点。哲学、社会学、社会心理学的学者都认为教育能够促进民主，但拉格曼发现大多数基础教育阶段的公立学校教育者都认为像爱德华·李·桑代克（Edward Lee Thorndike）这样的教育科学家，能够根据学生心理进行教学调整，并将这些洞察力传递给教师。他们将教育从哲学中分离出来，带入科技领域。研究者开始对教师进行独立研究，桑代克的模式代替了教育者共同分享的想法，最终得出教育作为一个领域的劣等性，随之对学校需要"控制"或问责进行了定位。

拉格曼（Lagemann，2000）尝试向学校管理者解释模仿企业的原因，她认为性别歧视起到非常重要的作用。像贾德、桑代克这样的科学家都是男性，他们雇用的研究生也都是男性。而中小学教师大多是女性，教师需要遵循由男性研究者做出的教学方法和结论，即教师需要被监督、被控制。

另外一位评论家发现学校领导者的想法不能满足教育需求的原因是多样的。例如，乔治·康茨（George Counts）（1922—1969）对学校董事会成员的社会构成进行调查。康茨发现典型的城市学校董事会由 6 名成员组成，在 6 名成员中只有 1 名是女性，而且通常是家庭主妇。其他的 5 名成员都是男性，并具有专业特长，如银行家、律师、医生、商业经理，偶尔其中 1 名成员是商人、店员或者体力劳动者。通过调查，康茨认为商业精英控制着城市学校。有理由相信，他们能够选择按照他们的意愿进行工作的监督者，他们能够使学校仅关注效率较高的群体而不是所有儿童。

康茨的学生雷蒙德·E. 卡拉汉（Raymond E. Callahan）支持教育者采取商业的精神进行引导，他提出观念模式统治的另一个原因。当卡拉汉开始进行研究时，他想弄清楚教育者为什么采取商业模式的实践。学校不是工厂，教育不是商业。由于经营管理是城市学校的一项很大的内容，卡拉汉认为管理者从大型企业中借鉴一些想法是有必要的。随着研究的完成，他惊奇地发现学校管理者拥有强大的商业意识。他从研究中没有发现他们有任何专业自主的意识。根据卡拉汉的研究，学校管理者在公众的批判下极易受到伤害，为了保护自己、缓解批判，学校管理者会抛弃商业模式。但是，学校管理者需要为学校寻找财产税的经济支持，公众的反对将可能带来财政问题。由于公众的需求，对学校进行问责的需求也逐渐明显。

卡拉汉认为当学校管理者试着使教学有效时，他们发现自己采取的实践是以节约经费为目的，但不利于学生的学习，一个很明显的例子是班级规模。教师的工资受预算经费控制，而大班额能够节省经费。进一步地讲，一些专家声称有效教学发生在大规模班级中，而不是小规模班级。而教师协会反对这些改变，教育研究者开展研究对此进行证明。例如，研究发现 50 人班额与 20 人班额的学生学习成绩基本相当。一些研究者建议改变教师的培训，促进教师在大班额课堂中的教学。

尽管卡拉汉描述的教育管理是一个无意识的模仿领域，但是他认为优秀的学校管理者是被反对的。反对派中的代表人物包括杰西·纽顿（Jesse Newlon），他是美国科罗拉多州丹佛公立学校（Denver Public School）的督学、美国教育协会主席、教师学院（Teachers College）教授。美国历史协会（American Historical Association）创办了社会研究委员会，作为社会研究委员会（Commission on the Social Studies）的成员之一，纽顿写了一本重要的教科书——《作为社会政策的教育管理》（*Educational Administration as Social Policy*）。卡拉汉称虽然纽顿在教育管理领域方面做了很多努力，但他认为并未做出实质性的改变。

作为丹佛的督学，纽顿通过发展教师课程吸引国家的关注。他委派教师委员会（Cmmittees of Teachers）的成员修改研究课程，允许教师委员会的成员在工作时间进行这样的探索。纽顿在 1927 年离开丹佛学校，但这项改革仍然继续。克雷格·克伦德尔（Craig Kridel, 1999）称，纽顿在丹佛学校实施的改革促使进步教育协会的形成，该协会是 1932 年"八年研究"的重要组织。

进步教育对教育和商业带来双面影响。虽然"八年研究"证明高效教育是一件民主事件，但是高效教育并不意味着是对学校提出严格的要求，也不是一种最好的实践形式，所有教师都要遵守它。高效教育可能是一种推测，使得其更具解释性。

"八年研究"兴起于 1930 年，进步教育协会的 200 名成员在首都华盛顿会面，共同讨论高等教育项目（high school programs）的改变。根据项目管理者威尔福德·M. 艾金（Wilford M. Aikin）的说明，进步教育协会成员认为，他们可能为更多自由、积极的学生提供接受初级教育的机会。他们认为初等学校更多是主题导向的、商业控制的。困难在于高等学校教师期望学生能够为考入高等院校做准备，进步教育协会承诺如果这些毕业生获得高中校长的直接推荐或者在某方面有特长记录，300 多个高等院校可以为这些毕业生提供准入许可。

1932 年，指导委员会从全国各地招募很多学校参与其中，学校的教育政策领域从保守派横跨到激进派，包括 14 所公立学校或公立学校体系，以及 16 所私立学校。由于公立学校通常规模较大，通常包括整个学区，因此研究中大多数学生都在公立学校就读。

研究包括很多方面和很多优秀教育者，探索将青少年需要作为课程理论的基本准则。课程领域的小组委员会成员产生教学想法，在夏季研讨会上，这些教师可以考虑如何使课程适应他们教学中的状况。著名教育研究者拉尔夫·泰勒（Ralph Tyler）与评价者一同工作，为衡量课程改革结果寻求适当方法。

虽然评价过程比较复杂，但评价的设计比较简单。研究者拿进步主义学校毕业生和传统学校毕业生在大学的学习情况做对比研究。在所有情况下，进步主义学校的结果都是有利的，而且越激进的学校组织获得的成功越多。在激进的学校组织中，学生能够自由地选择自身的活动，在教师的领导下发展，与整个学校分享他们的收获。早期研究发现，选择的自由、基本的民主原则超越了所有学校拥有的共同评价标准。

俄亥俄州立大学（Ohio State University School）是最成功、最激进的学校。在这个大实验室里，很少有身份隔离的现象。学生参与到包括很多主题的核心课程中。项目中不仅有学生的合作，而且领导者、指导教师、教师、家长也在项目中共同合作。在各类会议中，由超过 12 人组成的代表团行使管理职责。学生评价是一种混合的评价方式，通过积累文件夹的形式呈现，评价内容包括对完成情况的记录、测试成绩、教师的评语、家长的反馈等。

尽管历史学家不赞成"八年研究"带来的积极影响，但丹尼尔（Daniel）和拉尔夫·唐纳（Laurel Tanner）认为直到 20 世纪 90 年代"八年研究"仍然起着积极的推动作用。他们提出研究有效性的三个原因。其一，这是美国教育史上唯一一次综合性的实验；其二，这次研究基于课程发展的长期研究，满足学生的需求，实现普通教育的基本功能；其三，研究支持随后的一系列活动，如作为促进教学和课程发展的评价趋势。

问责与学校进步

近些年，联邦政府使教育者的错误重复出现，这些研究者没有限度地追求理想中的有效性。当娜·A. 布劳尔特（Donna A. Breault，2010）认为，问题是通过重新修订基础教育法案产生的，如《不让一个孩子掉队法案》。布劳尔特认为，问责衡量的目的是缩小学生成绩差距，如缩小来自低收入家庭的学生和来自条件优越家庭的学生的成绩差距。

《不让一个孩子掉队法案》需要国家教育部确认学生的学业成绩标准，如数学、阅读、科学学科中成绩的提升，这将产生适当的年度进步。不能满足规定的教育行为的学校将面临众多惩罚。学校管理者可能为来自低收入家庭的孩子分配更多资源。教师不得不更换一种新的课程模式，或者行政管理者不得不更换教师。布劳尔特抱怨《不让一个孩子掉队法案》要求课本出版商根据科学原则发展课程，这就意味着出版商不得不根据经验来测试材料的有效性。

此种问责模式重复着教育者的期望，如贾德、桑代克期望对最佳的教育实践进行界定，并向学校扩散，这种模式是基于教师对学生学习情况的了解。教师可能很有影响力，但是学生有他们自己的目标，他们可以在学校或教育体系中进行改变。促进学生发展的方法是在民主社会中向他们提供很多学习和发展的机会，以实现学生的既定目标。

"八年研究"围绕这些问题提供了一种工作方式。俄亥俄州立大学教授学生如何学习，而不是局限于特定学科问题。在这个过程中，学生学习了大量的学科知识。这样改革的结果可能不会在标准化测试成绩中有明显体现，但它的确影响了学生的社会敏感程度、自信心和批判思考能力。而恰恰在当今社会，这些能力尤为重要，可能比 80 年前更加重要。学生这些技能的发展不仅依靠于联邦政府、州政府的问责机制，更重要的是需要一批有思想的教师，期望通过他们的帮助探寻学生自身的兴趣。

拓展阅读资料

Breault, D. A. (2010). Accountability. In C. Kridel(Ed.). *Encyclopedia of curriculum studies* (Vol. 1, pp. 3-5). Thousand Oaks, CA: Sage.

Callahan, R. E. (1962). *Education and the cult of efficiency: A study of the social forces that have shaped the administration of the public schools*. Chicago: University of Chicago Press.

Center on Education Policy. (2009). *Is the emphasis on "proficiency" shortchanging higher- and lower-achieving students?* Washington, DC: Author.

Charters, W. W. (1917). Minimum essentials in elementary language and grammar. In H. Wilson(Ed.), *The sixteenth yearbook of the National Society for the Study of Education*; *Part 1*, *Second report of the committee on minimum essentials in the elementary school*, Bloomington, IL: Public School.

Counts, G. (1969). *The social composition of school boards*. New York: Arno Press (Original work published 1922).

The Education Trust. (2009). *Ed trust honors schools with dispelling the myth awards* (Press Release). Washington, DC: Author.

Evers, W., & Walberg, H. (Eds.). (2002). *School accountability*. Stanford, CA: Hoover Institution Press.

Fordham Institute. (2010). *Needles in a haystack*: *Lessons from Ohio's high- performing*, *high- need urban schools*. Columbus, OH: Thomas B. Fordham Institute.

Judd, C. H. (1934). *Education and social progress*. New York: Harcourt, Brace.

Kridel, C. (1999). Jesse Homer Newlon. In R. J. Altenbaugh (Ed.), *Historical dictionary of American education*. Westport, CT: Greenwood Press.

Lagemann, E. C, (1989). The plural worlds of educational research. *History of Education Quarterly*, 29(2), 185-214.

Lagemann, E. C. (2000). *An elusive science*: *The troubling history of education research*. Chicago: University of Chicago Press.

National Center for Education Statistics. (2009). *The nation's report card*: *Trends in academic progress in reading and mathematics 2008*. Washington, DC: U. S. Department of Education.

Tanner, D., & Tanner, L. (1990). *History of the school curriculum*. New York: Macmillan.

Thernstorm, A., & Thernstrom, S. (2003). *No excuses*: *Closing the racial gap in learning*. New York: Simon & Schuster.

话题 2

共同核心标准会使美国教育更具竞争力吗？

支持观点：托马斯福特汉姆研究所，泰利·赖恩
反对观点：戴顿大学，约翰·怀特

概　述

近些年来，关于共同核心标准（Common Academic Standards）有效性的争论广为流行。一些人认为，共同核心标准是确保美国学校在国际上具有竞争力的核心；另一些人认为，国家统一课程会违背学区自主权的基本原则。目前，各地、各州分别管理课程，形成了一种特有的环境，在不同州、学区的学生具有不同的学习期望，学习内容、熟练程度、课程结果都不尽相同。

共同核心标准备受关注，该标准是由国家最佳教育实践联合会中心（National Governors Association Center for Best Practices）和州立学校官员委员会（Council of Chief State School Officers，CCSSO）共同领导，目的是为美国 50 个州创建 K-12 标准，满足普遍的学业期望。如上文所述，大多数州已经采纳了这些标准，但还有一些州因为各种各样的原因仍然没有采纳。拥护者认为 K-12 标准满足升学和就业的双重要求。近些年来，很多人关注学生是否做好了升学和就业的准备。确保每名学生都做好准备的一个方法是采纳设计的共同核心标准，缓解学校地理位置带来的影响。换句话说，全球经济化中学校地理位置并不代表教师和管理者期望的学生发展情况。

如果全国的共同核心标准不存在，那么美国的国际竞争力会如何？美国教育者、政策制定者对这个问题给予很多不同方式的回答。在这一话题中，读者将看到关于这个问题的两种截然不同的回答。

第一篇文章是由托马斯福特汉姆研究所的副所长泰利·赖恩（Terry Ryan）所写，他认为共同核心标准是教育质量体系的核心要素。赖恩坚持认为这是为所有学生提供良好教育机会的方式。他相信共同核心标准将不再是一个麻烦问题，至少比过去带来的麻烦程度要小。由于在区域范围内，共同核心标准被普遍使用，学生能受到良好的教育，因为教育者不需要受地理位置或人口的影响而开展教学活动。事实上，高标准不能保证每名学生学业成绩都优秀，然而赖恩认为应该创造更多普通学习经验的基础，这些普通学习经验将传递给更多高中毕业生，他们正在为升学或就业做准备。

来自戴顿大学(University of Dayton)的约翰·怀特(John White)不反对共同核心标准的想法,而是声称有很多简单的缓解因素,能将标准执行过程中的努力进行中和。怀特从历史的角度概述了众多领导者的思想,他们尝试过很多方式为美国学生创造普通课程。他记录了很多不同的研究方式,都没能通过共同核心标准实现既定目标。他还记录了共同核心标准的兴起与发展,目前已经有 40 多个州采取此项标准。怀特得出的结论是,共同核心标准使教育政治化,将不会促进学生行为和学生成绩的明显提升。

正如你看到的这些争论,关于共同核心标准的争论始终存在,可结合以下问题对争论进行思考。在经济全球化的背景下,通过何种方式能够确保所有学生完成学业或专业准备?即使共同核心标准出现了,教育者可能遇到的问题是:评价学生的标准和共同核心标准之间的关系如何?

注:关于评价的更多信息,读者可通过谷歌参与到升学和就业阅读评价合作伙伴或评估升学和就业准备情况的合作伙伴中。

托马斯·J. 拉斯利

戴顿大学

支持观点

托马斯福特汉姆研究所，泰利·赖恩

共同核心标准会使美国教育更具竞争力吗？如果标准是强大、严格、清晰、连贯和持续的，并且州发展、执行的评价体系与这些高标准是一致的，那么答案是肯定的。事实上，共同核心标准的制定是 K-12 教育中所涉及的每一件事的核心，这些标准对教师教、学生学的具体知识和技能都做出明确要求。标准直接影响着课堂里的活动，全国范围内的高质量共同核心标准为美国所有儿童提供质量保障，无论学生身处马萨诸塞州、俄亥俄州还是俄勒冈州。

"知识就是力量项目"（Knowledge is Power Program，KIPP）高性能学校网络的创始人迈克·范伯格和戴维·莱文（Mike Feinberg & Dave Levin，2009），他们早在 2009 年《华盛顿邮报》（*The Washington Post*）中就发表观点认为：

为美国所有儿童提升期望水平和成绩水平而创建国家学习评价标准，"知识就是力量项目"在 19 个州开展。我们了解到州标准和测试能够促使优秀教师分享观点、抑制改革，对学生、教师行为进行有意义的比较。

基本观点很简单。州围绕教师教的标准、学生参加考试的标准，对各学科、各年级学生应该了解的教学项目进行详细说明。共同核心标准分析得越透彻，学生获得的成绩就越高。

例如，在 20 世纪 90 年代马萨诸塞州的学业成绩有明显提升，原因是利用严格的测试并根据新标准进行问责。到 2007 年，马萨诸塞州学生的成绩超越其他州，在国际数学和科学评测趋势（Trends in International Mathematics and Science Study，TIMSS）中，马萨诸塞州 4 年级数学成绩与中国台湾、日本的相当，而中国台湾、日本是传统评价中排名较靠前的地区和国家。这个结果令很多人震惊，被称为"马萨诸塞州教育奇迹"。

即使如此，因为美国 50 个州的标准各不相同，形成统一的标准仍面临困难。例如，马萨诸塞州和印第安纳州都有较好的标准，而很多其他州的标准仍旧比较普通，甚至较差。2006 年，托马斯福特汉姆研究所对全美各个州的学术标准进行排名，在英语学科，有 31 个州获得 C、D、E、F 的较低等级，而对于数学学科有 46 个州处于 C 级及以下等级。

比较糟糕的状况是，目前评价体系支持的学业标准较差，这有利于提升学生的测试分数，使学生的学习表面上有所提升。对俄亥俄州的成绩进行分析发现，2009 年的州测试中，该州有 72% 的 8 年级学生在阅读方面表现"熟练"，但根据美国教育进展评价的标准（国家报告卡），该州只有 37% 的学生处于"熟练"水平，这个事实是否表明需要进行改革？

美国教育部长阿恩·邓肯（Arne Duncan，2009）在管理者会议上随之提出了挑战：

常识告诉我们，无论学生在美国的哪里都是一样的，无论是在大城市纽瓦克、圣弗朗西斯科，还是小城市塔尔伯勒、北卡罗来纳，无论你是否跨过密西西比河或者落基山脉，标准不应该因为所处地理位置的改变而改变。如今，我们的标准很低，国际测试结果已经证明了这一点。然而更糟糕的是，我们看到了来自国际经济的信号，越来越多的工程师、医生、科学家、数学家等都是来自国外。

共同核心标准

美国教育改革领域出现对共同标准的需要，1959 年，时任美国总统的德怀特·D. 艾森豪威尔（Dwight D. Eisenhower）号召在教育领域进行改革，建立国家目标，其中包括国家标准。直到 20 世纪 90 年代末，布什和克林顿总统都建议建立国家目标。然而政治家却将最早的尝试扼杀在摇篮中，因为政治权力反对国家想法，藐视标准。

随着新共和思潮（New Public）在 21 世纪 10 年代早期的影响，保守派对联邦施加普通的意识形态目标，他们担心共同核心标准会给华盛顿带来借口，促使学生被迫接受自由的想法。与此同时，教师联盟害怕共同核心标准带来更多的问责压力，教师的自主权变得越来越少。

尽管政治阻力较大，但切斯特·E. 菲恩（Chester E. Finn）和我在托马斯福特汉姆研究所的同事对共同核心标准开展了 10 多年的研究。但是直到 2006 年，质疑之声越发明显，我们怀疑是否应该开展这样的研究。一份名为《梦想不可能的梦想：美国共同核心标准与测试的四种方式》（*To dream the impossible dream：Four approaches to national standards and tests for America's schools*）的报告公布，作者是切斯特·E. 菲恩、利亚姆·朱莉安（Liam Julian）以及麦克尔·J. 彼得里利（Michael J. Petrilli）等，报告指出：

目前有两大障碍迫在眉睫。其一是政治的阻碍，获胜联盟必须集合，因为总统竞争者提出的改变都是颠覆性的。考虑到20世纪90年代在建立共同核心标准和测试方面的失败尝试，一些政治家仍然心有惶恐。其二是本质的障碍。政策制定者预测共同核心标准和测试的发展状况、运作方式、可能遇到的各式各样的逻辑挑战，想法也只能呈现出这些。

2010年6月，随着英语、数学学科共同核心标准的出现，梦想与现实之间的距离越来越近。这是由国家管理协会和国家学校管理委员会共同领导的结果。共同核心标准基于州自身标准，由专家和教育相关者共同努力完成。政治联盟跟随这样的方式，共同核心目标迅速完成。瓦尔特·艾萨克森（Water Isaacson，2009）认为，"普遍、连贯、分级的标准促进专业的有效发展……分享学生应该了解什么、能够了解什么、如何实现最佳的专业发展，同时能够分享最好的教学实践。"到21世纪10年代末，期望至少有41个州能够志愿参与到共同核心标准活动中。

尽管各州领导者在不同方面给予支持，但保守派批评共同核心标准使公立教育走向国家化，最终将导致州和学区不能控制学校的发展。他们指出奥巴马政府运用"力争上游"中的竞争政策促进各州签署共同核心标准协议，不签署的各州可能会由于没有接受评估而不能获得经费支持。全美洲议会联合会（National Conference of State Legislatures）成员戴维·施里夫（David Shreve）在《华尔街日报》（*The Wall Street Journal*）中表现出担忧，他认为"联邦政府的历史是使事物优秀、指派、堕落……国家的整个想法使很多成员震惊"（Branchero，2010，"Governors Group"）。

弗吉尼亚州退出共同核心体系，因为州教育领导者害怕联邦会干扰他们正常的教育教学活动，想保持州的独立性。德克萨斯州和阿拉斯加州的教育领导者对于一直没有签署共同核心体系，做出了相似的回应。各州教育领导者开始产生这种想法，然后开始关注联邦政府的干预和地方权力的丧失。

改进标准

奥巴马政府试图通过将教育经费和共同核心标准的实施结合起来，

试图使联邦政府接管公立学校。事实上，只要共同核心标准能够改善目前各州所采取的标准，那么各州会继续在州层面给予努力。

希拉·伯德·卡迈克尔(Sheila Byrd Carmichael)、W. 史蒂芬·威尔森(W. Stephen Wilson)、加布里埃尔·马丁诺(Gabrielle Martino)、切斯特·E. 菲恩等，以及托马斯福特汉姆研究所的其他研究者对机会进行总结，认为：

共同核心标准代表美国 K-12 的机会很少，标准对核心技能、能力、知识的阐述，这是年轻人应该在学校中获取的。包括我们的联盟和竞争者在内，多数大型的现代国家已经形成了类似的教育体系。如果美国没有实行这样的教育体系，那么将不利于培养出受过最好教育的公民。如果教育体系能实现为就业和升学做准备，那么就意味着国家整体将会变得更加强大、更加安全、更具竞争力。

到目前为止，共同核心标准优于各州实施的标准吗？对于大多数州来讲，答案是肯定的。根据托马斯福特汉姆研究所 2010 年 7 月的调查显示，"目前的共同核心标准在数学学科方面优于 39 州，在英语学科方面优于 37 州。在数学和阅读两方面，共同核心课程优于 33 州。"(Carmichael，Martino，Porter-Magee，& Wilson，2010)

在英语学科，有 3 个管辖区的标准优于共同核心标准，分别是加利福尼亚州、华盛顿特区、印第安纳州。在英语学科，有 11 个州的标准与共同核心标准相当。在数学学科，11 个州和哥伦比亚特区与共同核心标准一样清晰和严格。

共同核心标准比大多数州的学术标准更加深刻、细致、有说服力，共同核心标准是基于学生升学和就业的需求。在英语改革中，新 K-12 共同核心标准能够更好地确保为学生升学和就业做准备。这对于学生自身、学生未来、国家健康发展都有好处，高标准能够使公民在未来的全球经济中更具竞争力。

结论

美国学生有上百万，共同核心标准为改善教育机会提供了途径。即使是成绩较好的马萨诸塞州，也能从共同核心标准中有所收获。戴维·P. 德里斯科尔(David P. Driscoll)是马萨诸塞州教育委员会的创始人，对州教育发展奇迹起到关键作用，他在《波士顿全球日报》(*The Boston Globe*)中说道："马萨诸塞州的成功得益于共同核心标准，标准的出现将结束部分学生面对的不公平，这些学生过去面对的标准层次较低、缺乏挑战性。共同核心标准具有普通评价的基础，允许跨地区进行比较，如跨州、跨城市、跨学校，这种形式有利于促进地区教育的发展。"

学业的高标准不能自动转化为学生较强的行为，较高的共同核心标准需要有一系列配套条件，如设计良好的评价制度、严格的问责体系、课程设置，部分州的教育协会最终运用这些标准对学校、教师、学生进行问责。例如，州教育领导者有权对未达到标准的学生撤回经济支持，但近些年来具有这样政治精神的州越来越少。

同时，各州需要建立保障体系以帮助学校、教师、学生满足这些较高要求。共同核心标准的发展过程是由各州驱动向前的，州具有强大的所有权和投资权，这会在评价、普通课程、教材、专业发展机会、软件程序等方面提供分享。如果共同核心标准的重要组成部分能够整合，那么无论是学生个体还是国家都将从中获益。

反对观点

戴顿大学，约翰·怀特

共同核心标准会使美国教育更具竞争力吗？从理论上讲，人们期望达到这样的效果，但将人类和政治因素也考虑在内，那么成功就比较渺茫。可以从很多层面理解共同核心标准的设置，很多因素不利于共同核心标准的成功，共同核心标准最有力度的支持者是托马斯福特汉姆研究所的泰利·赖恩，他热衷于关注教育标准。共同核心标准基于联邦政府的美国宪法(U. S. Constitution)，支持者希望共同核心标准成功，几乎没有研究者对确定性进行质疑。

美国宪法没有涉及教育，第十条修正案认为教育可以被各州或人民进行管理。美国公立教育是补充性原则的基础，即管理事物的最有效方式是从当地层面出发。这使得公立学校具备美国学校的本地特征，学校在社区中处于中心地位，能够反映当地的文化和气质。纵观美国历史，这些事实已经被承认。保护措施能够确保地方控制成为联邦教育立法的一部分，《不让一个孩子掉队法案》详细陈述，联邦政府现在不能、将来也不会为美国学校创建课程。

国家层面曾经的尝试

倡议建立共同核心标准不是新想法，事实上，为准备接受高等教育的学生建立国家课程的尝试由来已久。早在 1892 年，哈佛教育学院院长查尔斯·爱略特(Charles Eliot)领导的"十人委员会"(Committee of Ten)为中学推荐一系列的学习内容，为学生进入高等院校做准备。1895 年，美国教育协会创建"高考需求委员会"(Committee on College Entrance Requirements)或"十二人委员会"(Committee of Twelve)。从历史来看，美国公立学校享有较强的课程独立性，高等院校都有自己的管理标准。1899 年，这个委员会制定报告，希望整顿混乱、低效的教育系统秩序。

20 世纪以来，大学委员会(College Board)为学校应该教授什么做了大量的尝试。直到 1980 年美国教育部建立了内阁级别的办公室，每位领导者都尝试扩展联邦对地方教育的影响。

2001年《不让一个孩子掉队法案》采取软硬兼施的方法，在地方教育中增加联邦管理。布什政府将联邦教育经费和州发展评价需求联系起来。对3~8年级学生开展标准化检查。虽然《不让一个孩子掉队法案》没有要求国家统一标准，但对各州进行了功能管理。各州发展各自的标准，然而各州对于标准的定义仍然不尽相同。

10年以后，每个人都认为《不让一个孩子掉队法案》存在严重缺陷。很多州依靠学生较高的学习成绩获得联邦经费支持，这是由完成《不让一个孩子掉队法案》要求提供的奖励，通过调整标准和设置较好的通过分数线使通过率保持较高，州获得的经费支持数量就较多。事实上，学生在一个州表现熟练却可能到其他州就会表现出较低的熟练程度。

《不让一个孩子掉队法案》导致课程窄化，学校董事会担心经费资助会导致教师集中关注进行测试的课程，强调对考试的准备。面对不断遭遇挫折的《不让一个孩子掉队法案》需要国家统一标准，使课程国家统一化，给联邦政府的权力是州政府不涉及的权力，这就意味着成功。

研究支持共同核心标准吗？

一种观点认为，美国实行共同核心标准能够增强国际竞争力。反对者将美国与其他工业国家进行了对比，得出结论：无论是成功国家还是尚未成功国家，都将共同核心标准作为重要影响因素。阿尔菲·科恩（Alfie Kohn，2010）、威廉·马西斯（William Mathis，2010）、尼尔·麦克拉斯基（Neal McCluskey，2010）分别指出了观点的谬误。在最新的国际数学、科学研究趋势中，前10名国家中有8个有核心课程，而表现最差的10个国家中有9个有核心课程；在1995年国际数学、科学研究趋势中，美国的数学、科学倒数第4名，排在美国之后的3个国家都有国家标准；在排名前5的国家中，包括排在首位的芬兰在内的3个国家都没有国家标准或国家课程（McCluskey，2010）。

麦克拉斯基（McCluskey，2010）声称共同核心标准的支持者必须求助于拥有共同核心标准的成功国家，通过"仿真陈述"证明他们成功的现状，因为经验研究和共同核心标准中的学生成绩缺乏相应关联。简单的数据不能证明共同核心标准会形成全球竞争力。即使在州层面，标准和学生成绩之间的关联仍不确定。几乎没有实验和相关研究证明标准与学生成绩有直接的影响关系。马西斯（Mathis，2010）认为在近 20 年的标准化问责实验中，我们仍不能确定哪些因素是有效的。他引用布鲁金斯学会（Brooking Institute）教育政策布朗中心主任格鲁弗·怀特赫斯特（Grover Whitehurst）的做法，用美国教育进展评价的成绩对各州数学标准进行比较，由托马斯福特汉姆研究所划分为高标准和低标准，怀特赫斯特发现在严格的国家标准和美国教育进展评价成绩之间并不存在明确的关联。

克里斯托弗·泰肯（Christopher Tieken，2011）检测了国家管理协会和国家学校管理委员会签署标准的所有背景材料，他发现缺乏证据。国家管理协会和国家学校管理委员会涉及的共同核心标准都是基于一个报告中提到的主体知识，而这个报告是由两个组织自行完成的，并且在得出研究结论时缺乏科学、实证的研究。泰肯指出支撑标准理论的缺陷，限制了对课堂情况的关注。在对美国和其他国家学生成绩进行衡量时，未考虑到对身体健康、住房、学生死亡率的关注。然而，泰肯也称未对充分的支持理论做出充足的研究，他认为"社会综合系统直接影响儿童和母亲的生活质量，最终影响教育成果"。

即使那些强烈支持共同核心标准的人也不得不承认，标准和学生成绩之间的联系程度较弱。2009 年托马斯福特汉姆研究所发布研究报告——《关于国家标准的国际课程》（*International lessons about national standards*），报告由威廉·施密特（William Schmidt）、理查德·黄（Richard Houang）、谢里夫·沙克拉尼（Sharif Shakrani）撰写，报告虽然缺乏实验证据，但美国仍然能够从德国这样的共同核心标准中受益。然而在证明对共同核心标准的有益方面，遇到了挑战。施密特承认，"对于这样的实验非常困难，因为世界中的每个个体无形中都具有共同核心标准。"（McCluskey，2010）

共同核心标准的来源

奥巴马总统对共同核心标准的产生进行管理、监督，包括数学、英语、历史学科，而同时从分离过程中保持假象。奥巴马制造出观点一致的感觉，包括教育者、管理者、政府官员和学者均保持一致。2011 年 3 月，奥巴马在马萨诸塞州的演讲中对年轻听众渗透了一些教育计划，他将"力争上游"计划描绘成联邦政府对各州的挑战：

如果你能向我们展示教师质量和学生成绩的提升，那么我就给你经费。花费不足每年教育经费1%，"力争上游"计划已经提升了超过40个州的教学标准。另外，标准不是由首都华盛顿开发的，而是由全国民主共和政府开发的。

这不是完全真实的。标准不是由政府开发的，而是由测试公司和问责组织共同完成的，大多数不在公共监督下。从政治角度来看，联邦政府能够声称各州有权制定标准非常重要，此标准则意味着是联邦教学向地方课程的渗透。尽管由于技术原因，各州采取的标准和"力争上游"计划的关系尚不明确，但事实上它意味着是联邦标准。麦克拉斯基（McCluskey，2010）指出，对于《不让一个孩子掉队法案》的修改很难预测，他不会要求采取标准。

2009年4月，国家管理协会和国家学校管理委员会签署标准，并不包括标准草案，标准草案由代表两党的华盛顿教育改革组织成功（Achieve）公司完成。马西斯（Mathis，2010）认为标准创建过程只有65人参与，成功公司是一系列组织的代表，包括大学委员会、美国大学测试（American College Testing，ACT）、盖茨基金会（Gates Foundation）以及一些问责组织。马西斯称，只有一位教师参与到标准制定过程中，没有学校管理者。

标准制定不到一年，各州接受标准的时间很短，因为这是申请"力争上游"计划经费支持的首要前提。杰拉德·布雷西（Gerald Bracey，2009—2010）称，成功设计的标准优于现存状况，甚至可以称之为共同核心标准。政客推迟共同核心标准的公布时间，直到周六下午才正式发布，此时人们几乎很少有时间去关注、争论。国家管理协会和国家学校管理委员会规定了最后60天的评论和修改期限，到2010年6月截止。当然，此期间教师和学校管理者都在放假，他们很少会对有争议的倡议进行关注。由此，共同核心标准是一项控制力强、自上而下的改革。

为什么有些事物看上去很美好，但隐藏大量秘密，由小规模、紧密组织的同质组织创建？为什么过程不是透明的、广泛的？这是因为共同核心标准倡议是一些保守派和测试公司对学习内容的控制，让公众相信这些标准有利于提升国际竞争力，为学生提供升学和就业的准备。政治上默许了对现金的追求，使政府无法将标准和"力争上游"计划、《一号修正案》(*Title funds*)的资金经费相联系。

为了了解新标准中的秘密和环境，人们应该仔细观察 20 世纪 90 年代前期国家提供联邦经费支持时发生了什么。那时的标准得到经费支持，但在 1995 年参议院的投票中以 99：1 的绝对反对而终结。

教育史学家琳达·西姆科克斯(Linda Symcox)坚持认为，共同核心标准运动是由 20 世纪 80 年代新保守派尝试控制美国课程而开展的，清除了它的"政治纠偏"因素。在她所著的《谁的历史》(*Whose History?*)(2002)中，对共同核心标准的发展历程进行追溯，书中追溯至 1983 年的《国家处于危急中》。现在大声疾呼共同核心标准的人与 20 世纪八九十年代寻求共同核心标准的人们具有统一特征，人们有责任创造国家历史标准，但是当不符合政治需求时，人们则会由支持纷纷转为反对。

当国家标准的历史在 20 世纪 90 年代被记录时，一系列教育史学家都站在共同核心标准运动的最前沿。包括丹尼尔·拉维奇(Diane Ravitch)、保守派教育批判家切斯特·E. 菲恩、文化领袖 E. D. 赫希(E. D. Hirsch)、前教育大臣威廉·贝内特(William Bennett)、时任美国教师联盟主席的艾伯特·香卡(Albert Shanker)等。这些小规模、自己做主的团体实现了"一致"达到组成美国历史的目标。标准由历史学家参与设计，K-12 教师和教育家对美国历史中的不同标准进行解释。

当标准被发布时，新保守派悲痛地看到他们不再是美国例外主义的故事讲述者，而是对美国社会、经济、政治编年、历史进行陈述，这是托马斯福特汉姆研究所和丹尼尔期望去讲述的，菲恩和他的助手们立即转向对标准的反对，成功看到标准被击败、被放弃(Symcox，2002)。

15 年前我们从斗争中寻求共同核心标准，新共同核心标准应该是综合性的、尽可能防止被篡改的、与不赞成观点相隔离的。反对的组织和个人很多，包括盖茨基金会、福特汉姆基金会(The Fordham Foundation)、E. D. 赫希、丹尼尔·拉维奇、美国选择组织(Americans Choice)、学生成就合作伙伴(Student Achievement Partners)、胡佛研究所(Hoover Institute)等。这是标准整体出现的原因，同时也是没有功利组织参与到建设中的重要原因。

如果标准不适合小组的议程，那么可以通过某种方式进行调节。然后我们期望人们像对历史标准那样，对调整后的标准感兴趣，在此期间要征求美国公民的呼声。正如费恩说的那样，在 2010 年 9 月与加里·布拉尔（Garry Boulard）和国家立法委员会成员的访谈中，发现"如果共同核心标准低劣，那么制定共同核心标准则不是一件好事。"

2006 年，费恩和利亚姆·朱莉安、迈克尔·佩特里利（Michael Petrilli）一同撰写《2006 年国家标准状况》（*The State of State Standards*），其中写道："如果共同核心标准由委员会编写、K-12 兴趣小组仔细考虑，那么它将具有模糊、政治纠偏、百科全书等特点。"共同核心标准的秘密环境对 K-12 兴趣小组产生的新标准进行保护。然而，家长联盟、自由大学教授、自由媒体将持反对意见。

然而费恩对于标准的看法存在质疑，《美国教育》（*American Education*）是美国联邦教师（American Federation of Teachers，AFT）的官方杂志，在 2010—2011 年度冬季版，对共同核心标准进行阐述，联盟将这些标准作为具体内容和评价标准，这些具体内容将充实标准、解决面临的问题，为最终决定做准备。而有人怀疑费恩和拉维奇是否能支持赫希文章中提到的观点，为共同核心标准提供核心知识哲学的内容资源。美国联邦教师组织中还有人认为，他们为共同核心标准提供具体内容，这是作为政治纠偏的阴谋。如果他们的历史是一个标记，共同核心标准倡议能够反映校长和传统美国民主董事会的观点，那么目前呼声最高的支持者将瞬间转变为最强烈的批评者。

最终，即使共同核心标准经历着纷杂的民主考验，几乎没有人认为标准将减少国家的超问责制，超问责制给现在的美国教育带来很大伤害。共同核心标准和标准测试将增加到问责体系中。比尔·盖茨（Bill Gates）等人将根据增值准则做出评判决定，他们认为目前金钱对于学校教育产生不恰当的影响。商业模式认为应该放开对公立学校的管理，学生评价模式可以通过文件记录或学生行为进行评价。

结论

科恩（Kohn，2010）指出一些词语不应出现在共同核心标准网站上，如探索、本质动机、适当发展、民主。然而教育被定义为"全球经济的成功"（success in the global economy）和"美国竞争优势"（american's competitive edge）。他同样认为一些词语毫无意义，如严格、可测量、负责任的、竞争力、世界级别、高期望、提高标准。这些词语反映了一种哲学，更强调经济性而不是教育特质，目前教育的目标是培训新一代的雇员，保障美国在世界经济中的领导地位。瑞恩（Ryan）认为，"这不是教育所追求的目标，我们追求任何事物都关系到 K-12 教育。"

与美国教育史上每次自上而下的改革一样，共同核心标准倡议最终也将走向失败。国家教育管理官员表示，自从美国经济大萧条时期起，联邦经济同样遭遇危机。但是共同核心标准还是同意运用经费刺激的方式，实施恩威并施。地方层面没有对教师和管理者进行投入，共同核心标准将成为一个疏远的、攻击性的项目，能够避免重复和循回，导致未来教师和课堂组织的妖魔化。

尽管改革者的愿望具有中心化、违反宪法等特点，但他们的最终目标是控制儿童获得的信息，这类信息被称为本地的、人类的信息。存在的危险是轻易放弃，共同核心标准将毁坏美国教育地方控制的很多遗迹。充其量，共同核心标准将确保美国 K-12 课程永远的政治化，受制于联邦管理的突发奇想和意识形态。

拓展阅读资料

American Educator，Winter，2010—2011.

Bracey，G.（2009—2010，December/January）. Our eternal（and futile?）quest for high standards. Phi Delta Kappan，pp. 75-76.

Branchero，S.（2010，June 3）. Governors'group seeks national education standards. *The Wall Street Journal*. Retrieved from http：//online. wsj. com/article/NA _ WSJ _ PUB：SB10001424052748704515704575282920918415774. html.

Carmichael，S. B.，Martino，G.，Porter-Magee，K.，Wilson，W. S.（2010）. *The state of state standards—and the Common Coe—in 2010*. Washinton，DC：Thomas B. Fordham Institute.

Carmichael，S. B.，Wilson，W. S.，Martino，G.，Finn，C. E.，Jr.，Porter-Magee，K.，& Winkler，A. M.（2010）. *Review of the draft K-12 Common Core standards*. Retrieved July 25，2010，from http：//www. edexcellence. net/index. cfm/newsreviews-of-the-draft-K-12-common-core-standards.

Driscoll, D. P. (2010, April 18), They're good for the state. *The Boston Globe*. Retrieved from. http：//www. boston. com/bostonglobe/editorial _ opinion/oped/articles/2010/04/18/they're _ good _ for _ the _ state.

Duncan, A. (2009, January 14). *Address by the secretary of education at the 2009 Governors Education Symposium*. Washington, DC：U. S. Department of Education.

Editors. (2010, March17). Standard better (Editorial). The New Republic (New York City). Retrieved from http：//www. tnr. com/aticle/politics/standard-bearer.

Feinberg, M, &. Levin, D. (2009, January 9). What "Yes, we can "should mean for our schools. *The Washington Post*. Retrieved from http：//www. washing-tonpost. com/wpdyn/content/article/2009/01/08/AR2009010803262. html.

Finn, C. E. , Jr. , Julian, L, &. Petrilli, M. (2006a). *The state standards 2006*. Washington, DC：Thomas B. Fordham Foundation.

Finn, C. E. , Jr. , Julian, L. , &. Petrilli, M. (Eds.). (2006b). *To dream the impossible dream：Four approaches to national standards and tests for America's schools*. Washington, DC：Thomas B. Fordham Institute.

Isaacson, W. (2009, April 15). How to raise the standard in America's schools. *Time*. Retrieved from http：//www. time. com/time/nation/article/0, 8599, 1891468, 00. html.

Kohn, A. (2010, January 14). Debunking the case for national standards ：One-size-fits-all mandates and their dangers. *Education Week*. Retrieved April 9, 2011, from http：//www. alfiekohn. org/teaching/edweek/national. htm.

Mathis, W. (2010, July 21). *The "Common Core" Standards Initiative：An effective reform tool?* Boulder, CD, and Tempe, AZ：Education and the Public Interest Center &.Education Policy Research Unit. Retrieved April 10, 2011, from http：//epicpolicy. org/publication/common-core-standards.

McClukey , N. (2010, February 17). Behind the curtain：Assessing the case for national curriculum standards. Policy Analysis, No. 661. Washington, DC：Cato Institute. Retrieved April 9, 2011, from http：//www. cato. org/pubs/pas/pa661. pdf.

Schmidt, W. , Houang, R. , &. Shakrani, S. (2009). *International lessons about national standards*. Washington, DC：Thomas B. Fordham Institute.

Symcox, L. (2002). Whose history? *The struggle for national standards in America's classrooms*. New York：Teachers College Press.

Tieken, C. (2011). Common Core standards：An example of data-less decision making. *Journal of Scholarship and Practice*, 7(4), 3-18.

话题 3

标准和问责能够促进改革和变革吗？

支持观点；面对未来的工作网站，乔尔·瓦格斯、
           珍妮特·圣多斯

反对观点：俄亥俄州立大学，菲利普·斯密斯

概　　述

　　标准和问责的推动旨在确保美国学生的学习竞争力。改革者认为美国在一系列商业、工业活动中逐渐丧失了竞争力，这与国家缺少共同核心标准有关系。这些改革者还认为，目前无法对学校、学区中的不良教学行为进行问责。另一些改革者认为美国学生学习成绩的差距主要源于不同种族间的差别。在某种程度上，学校系统中的教育（政治）领导无法为所有学生提供严格课程，同时也无法向教师传递课程。

　　政策讨论的是在国家层面如何为所有学生创造增值的学习环境，无论这些学生的种族和家庭的社会状态如何都在讨论范围内。创造增值学习环境的挑战是需要接受更多的现实。挑战的关键在于教育领导者能否聚焦课程传递系统中有意义、有想法的改革。问题便出现了：严格标准和问责能促使还是缓解改革学校结构、课堂实践？

　　本话题，作者通过不同视角对此问题进行阐述。来自面对未来的工作网站的乔尔·瓦格斯（Joel Vargas）和珍妮特·圣多斯（Janet Santos）集中关注教育促进和能够帮助美国提升国际竞争力的工作战略。来自俄亥俄州立大学的菲利普·斯密斯（Philip Smith）基于大量的哲学基本想法，对问责和促进教育改革之间的关系进行了分析。这两篇文章提供了内在的复杂视角，对问责和改革之间的关系进行了研究。

　　瓦格斯和圣多斯对历史情况进行了回顾，回顾了标准和问责如何关注某些不公平地区的发展，还对美国公立学校的教育实践和教育成果进行重点关注。作者抓住这些成功状况，努力促进学校缩小学生学习成绩的差距，为有更多需要的学生提供更好的教育机会。瓦格斯和圣多斯重点关注近来的成功项目，如早期学院（Early Colleges）。早期学院是传统城市学校失败的产物，因为这些传统城市学校没有像公立学校一样进行问责。

　　斯密斯从不同的哲学视角入手，如其强调标准和问责运动具有控制力、动力。斯密斯解释到，学校能够最好地帮助年轻人进行批判性思考、有效地解决问题。要达到这个目标或者说结果，斯密斯设想，对于标准和问责的思考不应是基于自上而下的视角，期望改革环境也不再愚昧。斯密斯的观点认为，问责运动并不会推动教育者走向改革和优秀，反而减少了启蒙机会，培养的专业行为会更加注重死记硬背，缺乏批判精神。

　　在阅读这两篇文章时，可考虑以下两个关键问题。第一，当自上而下的问责环境不存在时，改革可能更加繁荣吗？第二，如果不断评估相应的成绩，学校体系和教育者能够真正进行改革吗？尤其是评价不对过程进行关注时，学校和教育者还会关注教育过程吗？

托马斯·J. 拉斯利
戴顿大学

支持观点

面对未来的工作网站，乔尔·瓦格斯、珍妮特·圣多斯

25 年前，基于标准的问责已经成为国家提升教育成绩的核心战略。应该对学生学什么进行定义，学生和学校都应基于学习进行评价。如今，一致的概念比以往更普及。除德克萨斯州和阿拉斯加州之外的全美所有州都计划采取共同核心标准，这个标准确保为所有毕业生做升学和就业的准备。

标准和问责是关注学术成绩不公平的动力，包括低收入家庭学生和少数族裔学生。公立学校尤其是公立高中学校，尽全力帮助所有学生达到共同核心标准。部分引人注意的州、学校、系统代表例外，一些私立、公立学校鼓励改革，重新设计高中经验。正如一些州采取政策去执行更高、更易分享的标准，它们需要促进改革学校和改革项目的发展，有利于帮助学生达到标准，在学校间推广较好的实践。

标准：所有学生的普遍期望

1983 年，美国高质量教育委员会（National Commission on Excellence in Education）颁布《国家处于危急中》，提出教育改革势在必行，需要为美国高中制定高质量的核心标准。报告认为国家公立学校的弱点在于根据毕业生技能对学校进行判断。根据高中学校的检查记录，对存在的问题采取各种实践和政策，包括较差的课程、不同学生标准和课程的分离、基于年龄而不是学习阶段的努力。部分地区希望通过建立州范围的学术标准来促进当地教育体系的改变，这种战略是教育改革的核心特征。从 20 世纪 90 年代以来联邦政府鼓励这样的发展趋势，如《2000 年目标》。

正如很多州发展更高标准，它们将注意力转向发展评价系统和发展问责系统，两种系统都是对学生学习进行评价。系统基于促进学习的发展目标，根据学生学习行为，对学校质量进行评价。2001 年《不让一个孩子掉队法案》重新修订了基础教育法，联邦政府对于州政府的教育经费支持要基于教育和学校的发展状况，尤其是过去多处于弱势群体学生的发

展状况，如少数族裔、低收入家庭、特殊需求的学生等。直到 2010 年，除阿拉斯加州和德克萨斯州之外的全美所有州都签署了共同核心标准，对升学和就业技能制定了标准。德克萨斯州对标准改革进行了长时间考虑，认为标准是为学生升学做准备的标准，在英语方面制定标准应基于国家以前的两种升学标准(Rolfhus，Cook，Brite，& Hartman，2010)。

联邦政府提供的资金资助高达 3 亿美元，很多州联合起来共同发展以达到规定的标准。共同核心标准没有以学生需求为目标来制定和执行绩效系统，这将导致共同核心标准和评价在内容和学生期望方面有很大不同。相比之下，普遍核心标准有以下假设。

①所有学生在高中毕业时都应该掌握一些普遍知识和技能，确保成功向高等教育过渡。

②高等教育文凭是个体和社会经济富足的前提。

③高中标准和州评价体系必须基于这些目标。

高中存在的问题

教育改进可以通过很多方式进行，但是公平问题仍然没有得到妥善解决。近来基于标准改革的假设和期望是实现美国高中薄弱学校改造的目标。30 年前，《国家处于危急中》的作者认为针对不同课程设计的路线对高中学校的经验带来影响，反映出部分以升学为目标的学生的需求。另外对传统高中的批评者认为，传统评价是将课程和项目看作"购物大厦"中的货品来看待，期望满足多种学生群体的多样兴趣和能力。(Powell，Farrar，& Cohen，1985)它期望所有学生能够学习一些普遍能力、内容、标准和问责，为所有学生进入高等教育提供更加严格的道路。成功地为学生设置道路实际上是一项具有挑战的工作。

对于不同群体，标准和问责系统带来较大的成绩差距，包括低收入家庭学生、有色学生、被怠慢的群体。进一步来讲，增加学校压力能够提升每个群体的成绩，产生积极结果。尽管学校压力在增加，但不同群体在教育成绩方面仍表现得不尽人意，尤其在高中阶段更是如此。尽管 20 世纪 70 年代早期美国教育进展评价的结果显示，黑人、西班牙裔学生在阅读、数学方面的成绩已经有所提升，但仍然落后于白人学生。这样的结果出现在所有年级段、所有年龄段的测试中。国家记录卡上记载，这类弱势学生在教育行为方面仍表现出不佳的现象。这也就不奇怪，新改革政策要求高中学校去做它们从没设计过的事情。

持续问责使得所有学生实现高标准，这是核心内容，这些战略有利于促进学校改进。同时，提升标准和问责为师生带来较高利害关系：冒着推翻或扭曲改革目标的危险，事实上高中学校不能满足新期望带来的巨大转变。例如，一些人认为目前《不让一个孩子掉队法案》创造出较高利害关系的环境，导致形成了计划之外的消极结果，如通过降低标准提升学生成功机会和毕业比例，将"为考试而教"（teach to the test）作为目标设置课程和教学方法，通过博弈的方式使得学生的保留率、提升率和辍学率都看上去更好（Ravitch，2010）。近年来，教育史学家丹尼尔·拉维奇回顾、盘点这些缺点，认为未来进行基于标准的改革仍然任重道远。

互补战略：创新

基于标准改革的产生，新建或重组了很多高中学校，这些高中学校证明能够为那些弱势学生提供升学的机会。部分州是从学区开始倡议的，如帕克大学学区与伍斯特公立学校、克拉克大学合作。另一些高中学校得到一些组织的支持，这些组织旨在促进学校发展，组织与州和地方学区形成合作关系，如特许学校。核心学校联盟始建于 1984 年，集中对高中学校结构进行重新设想。知识就是力量项目、北卡罗来纳州新学校计划（North Carolina New Schools Project）、德克萨斯州高中计划（Texas High School Project）、公立学校新视角（New Visions in Public Schools）、大学预备学校（Early College High Schools Initiative，ECHST）的组织帮助高中改革，帮助更多处于困境中的学生实现高标准的要求，为成功升入高等院校做准备。

总体来讲，成功的创新能够分享。包括一些支持区分对待的教学聚焦于升入高等院校的普遍标准；展示每个学生的个性化是由成年人督促完成的；把所有学生升学的信念渗透到学校文化中，包括课程、教学、督导。这些特征是支持学校环境的核心，能够帮助学生参与教育教学活动并实现教育教学目标。

北卡罗来纳州新学校计划以高标准作为强劲动力，从 2004 年起帮助学区新建、重组 100 多所学校，其中 27 所学校是重组高中，学生大多是由贫困学生组成，关注方式实现了转变，由为升学做准备的关注内容向特殊主题转变，即健康和生命科学或科学、技术、工程、数学（STEM）方面。2009—2010 年，这些学校的学生成绩平均提升速度高于其他体系中的学校。相对于全国 9.5％的学生提升比率，这些重建学校的学生提高率达到 13.5％。新学校计划中这些重建学校的学生毕业率可达到 84％，而全国的平均值为 74％（North Carolina New Schools Project，2010）。

北卡罗来纳州新学校计划同样涉及 70 多所大学预备高中，是全国 200 多所大学预备学校中的一部分。这些学校为成绩不佳的高中毕业生提供 1～2 年的大学转换学分教育，或在 5 年内提供副学位。北卡罗来纳州预备学校的开展主要基于联邦政府的财政支持，学生学习预备学校的课程后，通过数学测试的比例要远高于其他学校。根据朱莉·埃德蒙兹（Julie Edmunds）和其同事的研究表明，预备学校中的种族差距变小，提高了进入高等院校、通过高等院校测试的概率。基于国家预备学校的数据显示，从预备高中毕业的学生，毕业率较高，比平均成绩高出 20 个大学学分，克利福德·阿德尔曼（Clifford Adelman，2004）认为预备高中具有较强的升学目标。研究数据来自大学预备学校等项目，这些项目主要是美国研究机构借用学生信息系统开展的国际研究。

创新学校的结果不总是产生积极结果，我们也不应该期望所有的创新都能够成功。很多特许学校和其他学校的选择都在创新的背景下开始，但是它们成功提升学生成绩的结果却是有好有坏（Center for Research on Education Outcomes，2009；Hassel & Terrell，2006）。对于创新的批评声音此起彼伏，尤其是对良好定义的设计原则、关注发展课堂教学的理念。他们提供很多实践和设计案例，这些案例可以加以提炼和复制以达到满足更多青年的要求，从而帮助更多青少年升入高等院校。

标准和创新：未来发展方向

如果希望对所有学生实现更好、更连贯的标准体系和问责体系，那么增加创新将起到重要作用，它能帮助高中学校实现组织和实践的转变，满足学生的需求。尽管创新中取得了很多成就，但他们带来的系统影响非常有限，在将共同核心标准作为执行手段的改革环境中，同样存在着批评的声音。（Mead & Rotherham，2008）很多成功的创新经验从不同角度帮助所有学生，其中很多传统学校曾经挣扎过，认为为升学做准备的标准太引人注意，因此这些学校都不愿涉及。如果不是必要的，政策制定者希望通过发展更好的方式实现成功创新，使得其更具系统性。

尽管我们没能回答如何进行创新，但我们可以从以下三个方面关注发展方向，知道哪些是可以采取的，哪些是需要避免的。

第一，虽然超越卓越、增加有希望的改革存在挑战，但有很多有希望的方式可以作为例子。

为了实现预备高中的成功，一些学区和州采取复制其他高中或其他学区的实践战略。如果成功，这些学校、学区的方式将有利于预备学校建设，即使一些学生不会在规模较小、相对独立的预备学校读书，但总体上还会有利于学生成长。我们建议将成功学校积极方面的影响扩大到其他学校或学区。同样，失败改革中持续呈现的错误也不会被轻易抛弃。例如，很多特权法通过了进行惩罚的前提，认为可根据自主权对学校进行评判。然而，并不是所有特权法都是这样规定的，那些表现不佳的新学校虽然没有这些规定，但还是需要遵守这些规定。

第二，各州通过改革追求质量提升，对改革过程进行掌握和管理。

改革过程包括计划和开始运作的管理经费和其他资源，确保学校设计和执行的连贯性，教育主要的利益相关者在州范围的教育改革中起作用。他们需要较高的机敏度和灵活度来保证教职员工由合适的专家进行指导，通过公共支持吸引私立资源，需要当地合作代理人支持改革发展。

德克萨斯州高中计划和北卡罗来纳州新学校计划就是两个例子。这两个项目与州和私立的投资者形成联盟和合作，他们采取的合作组织结构没有那么重要，重要的是看清政府行为，也许政府行为不能执行上述的必要任务，但这些改革实践中的合作需要外在的激励和指导。

第三，创造空间政策，促进问责制度的改革，使问责战略为提高标准做出补充式努力。

据记载，2003年北卡罗来纳州颁布创新教育法案（North Carolina's Innovative Education Initiatives ACT of 2003），在地方学校董事会和社区大学间建立合作教育项目，或有利于提升学生的学习效率，或挽救处于边缘的弱势学生。法律促进实施过程，促使学校寻找、发现政策中的让步，如对高中上课时间做严格规定，这代表预备学校通过改革方式为升学学生做准备。北卡罗来纳州教育董事会(The North Carolina Board of Education)每年都要对改革学校项目进行考察，还会对持续的让步进行考察。从技术层面来看，对于改革者来讲通过让步解决问题非常重要，政策的重要性是当地学校领导者的强劲信号，这是州支持改革的特殊类型。

对于刺激改革缺少明显的机构新政策，各州应该促进执行更高的标准政策，包括评价、毕业需求、问责，促使学校改革的成功。政策执行者应作为改革学校的领导者，了解过程中的复杂性。其他改革者需要继续实践，事实上需要为所有学生的升学和就业做准备。

反对观点

俄亥俄州立大学，菲利普·斯密斯

设想我们生活在由上亿人组成的国家中，人们在才能、态度、信念、行为方面都有巨大的不同。设想我们信奉不同的价值观，不仅仅是包容，而且是鼓励较大程度的差异。进一步来讲，我们的立场不仅仅是因为它展示出个体健康的一面，还有受到信条的制约或者将嘲讽、排挤、甚至迫害作为目标。但是由于我们深信鼓励个体差异将有利于我们群体和整个社会的发展，我们指出，人力资源浪费会越来越少、不可挽回的争论会越来越少、社会异常现象会越来越少。正如我们指出的那样，人类的不同丰富了国家的文化，这与动态生态学中的生物多元化发展方式类似。

对于大多数美国人来讲，通常不会对自我印象加以控制。然而，日常生活源于理想，表现为文化的包容和鼓励。从最初的宣称众合的意思是团结一致。国家创建者创造"新种族"，是根据现代启蒙的民主价值进行定义，而不是根据血统或传统。他们身心社会化中的多样化能够产生国家文化，无论来源如何对所有人都表示尊重(Schlesinger，1998)。作为人类的社会本质，需要人们能够生活在一起，这不仅仅是实践的需要，而且也是个人的需要。虽然社会关系为我们的自主发展提供了基础，但这暗示出个人自由的缺失。当我们没有注意到这些时，他们必须重新考虑、进行改革。以下是通过教育展现内在本质的方面。

理论看上去很美好，但如何开展？这种生存方式存在哪些危险和花费？（例如，好像我们的社会关系，既宽松又束缚，既矛盾又清楚）当我们的努力没有达到期望时会发生什么？当差异的出现是在分裂我们而不是使我们团结一致时会发生什么？如约翰·温索普(John Winthrop)、威廉·詹姆斯(William James)、约翰·杜威等人都认为，在美国我们可以这样做。但是当一些事物最初被认为是动力，但结果发现却是威胁时，我们应该如何反应？

我们很难对这个问题给予建设性的答复。很多人喜欢简单地进行解释，对于问题的坚持可能会导致问题的扩大或夸大。人们认为除了能清楚分清胜负的竞争外，其他构想都是拙劣的或缺乏可能性的。第一种态度忽略现实，第二种否认美国新种族的感受。对于每一个希望美国现代民主不是幻想的人来讲，不依靠他人投入而带来的成功是反常的。如果我们的世界不是"我为人人、人人为我"，我们的生活需要在一个意义框架中对人类的各种变体进行融合。

如果这个成为可能，我们不能仅仅对文化权威进行回复。首先，我们期望尽可能使我们的文化保持开放性、复杂性。此外，寻找精确引导的想法来源于文化本身，超出问题存在范围。我们的唯一选择是针对细节，没有更高的权威告诉我们应该如何做。我们需要成为好的制造者，好的实用者能够指出我们赞同的事物。如果我们不知道现代民主文化看上去应该如何，那么就不会进一步对公立生活和私立生活进行行为划分和定义。除去模糊、笼统的时尚，我们别无选择只好相信自己的智慧。命运掌握在我们自己手中。如果没有努力领域，在法律、商业、政治、宗教、教育方面都是不真实的，我们应该在哪个领域开展努力呢？

我们严肃地问自己这个问题，通常会通过主张其他问题来开展，或许是为了寻找更好的答案。我们想知道其他人的想法，我们也应该知道其他人的想法。我们期望能够与其他人交流，希望在必要的时候与其他人合作。如果我们不知道其他人的想法，那么我们会感到很沮丧。当问题产生时，合法的补救方法之一是去法庭，如对政党进行的不正当、不法行为进行起诉。我们的合法体系建立在相对清晰的标准之上，能够对人民进行问责。但值得注意的是，合法的补救方法是在事实发生之后的行为。即使做了公正评判，但破坏行为还是发生了。阻止问题发生的最可能途径是认为教育领域最具希望。但是当我们认为教育没有希望时，我们应该如何做？

最初，关于美国教育的抱怨有很多隐性动机。我们真的应该感到惊讶吗？我们故意减弱文化光芒，尽可能更多考虑每个人的情况。然而人们通常是以个人身份或群体功能存在的。"好的，考虑这些问题。"他们也是尽可能地获得其他人的想法，无论动机如何、过程如何。有时人们想知道的事情与我们期望的不相符。当向人们提出问题时，需要考虑到他们的能力、天资、愿望。

通过这种方式开展美国实验，带来的危险比较大，花费比较高。然而我们还有其他选择吗？即使我们努力去寻找解决办法，但最终发现寻找到单独的、具有意义和高价值的途径非常困难。我们去寻找在缺乏足够的集权权威时，我们是如何在一起生活、工作。说起来容易，做起来难。在专业领域表现为特定个体主宰，其他人需要依靠专家的引导。其他人希望专家对自己的行为进行认同。然而大多数观察者得到"非专业"的结论，问题就变得越来越糟。专业领域非确定性的根源来自于责任心。如今，关于个人专业责任的问题越发缺乏断论和一致性。

关于个人专业责任的问题有两种方式。第一种是观察环境，指出专业行为中的充足细节，以及非专业的期望。其中包含了毫无作为的评判。最后，专业人士对他们看到的结果承担责任。第二种是模仿以上所引用的合法问责例子。如果对建立专业目标和专业标准表示不满，那么它限制了判断具体知识的程度。寻找放弃责任道德的方式，赞成在法律和商业领域寻找关于事实词汇的明确事物。从这个观点来看，问责道德采取一种单纯的信念，它能够阻止问题在第一现场发生，而不是对发生后结果的纠正。但是在现代世俗的世界中，这种方式并不可行。对于大多数法律和商业的失败补救来讲，都显得太迟了，但是他们会看到我们最佳和唯一的选择。让很多人惊讶的是，这些选择被证明是非常有效的。

后一种实现目标、解决问题的方式被称之为问责，这种方式产生大量问题。在责任方面，第二种方式和第一种方式有很大不同吗？问责真的改变了我们关注的本质吗？假设两种方式不同，每种方式的危险和花费都是什么？当道德感在专业引领后消失时，我们丢失了什么重要东西吗？或者获得的真的比失去的多吗？在专业生活里，为什么有很多人喜欢将问责作为专业评价模式而不是责任？

在公立教育的舞台中，在过去的30年里问责处于长期进退两难的境地，一位批判家写道：

20世纪80年代起，商业、工业领导者被政客灌输选拔、公共税收等一些思想。改革信息在民主党和共和党内蔓延，主流媒体也随之进行报道。其一，美国学校是平凡的。其二，教师遭到更多指责。其三，正确的、严格的主观标准和测试是核心。其四，市场力促使教师满足标准，或选择其他的工作标准。生生间、师师间、校校间、州州间、国家间的竞争需要满足于美国发展需要，使美国处于国际竞争中第一的地位。（Brady，2009）

如果支持此种类型改革的人发展野心较小，那么他们不可能使用这种方式并接受这种方法的最基本假设。

当大多数人将问责和责任作为同义词来看时，从意义上来看两者或多或少有相同之处，至少不存在冲突，但在普遍语言的逻辑和态度方面却表现得不尽相同（Craig，1982）。问责暗指行为的责任或期望，需要进一步的详细说明。想法包含具有逻辑性的约定，对于执行的人来讲不涉及重要事务，期限和条件优于执行。相比较而言，责任意味着道德层面的回答，它暗示着行动者的行为和反应。

绩效包括外在惩罚和控制，而责任的惩罚和控制是内在的。只要满足假设的标准，一个人毫不用心的行为仍然具有绩效特点。责任使得逻辑事物变得不可能。对于责任人提前阐述行为是愚蠢的，除非每个个体都有权利做其他的事情。在很多连贯感受中，行为责任是直接的，人们需要行动者不断地审核行为意图。相反，如果一个人是在执行前对行为进行阐述，或执行命令，那就要采取绩效，即使没有专业素质的行动者也能认可其行为。

正如拥护者说的那样，绩效对偏见进行过滤，避免对人类感知的迷惑，对修饰后的情况进行判断是没有必要的，这是对可以进行量化的价值进行限制。但正是为了这个原因，它的工作要优于其他。正如统计学中的一句古语"存在是变量的价值，无论是存在一些数量，还是存在一些质量"。在一些领域，这可能是真实的。在另一些领域，大多数不是真实的，或者只在特定方面是真实的，关键问题在于对态度的动力。为什么每个人会相信这样的答案？可能有人回答"因为这是真实的"。其他人回答"因为这是需要假设的"。在给定条件下，两种回答都考虑到价值。但是如果我们不借助于论证继续询问态度的动力，其他的人可能会说："因为事物的确定性。"这个回答包含了多少价值？

有目的地减少责任，减少怀疑，是对结果的相信。毕竟，"这是真的",真实是如此自称的。基于特定知识告诉其他人应该做什么才能减少强加的责任,尽管这些责任是以强加于其他人的期望形式存在,但是这种责任的确是在减弱。与之相似,当人们被准确告知期望是什么的时候,他们将根据期望缓解责任。权威的丧失是将问责看成是一种简单的交易。他们认为这是一个行为许可证,尤其是做得越多可能会带来越多麻烦。责任总是增加我们的重担,有时超过了我们可以忍受的范围。事后批评让我们感觉处在困境中。但是避免责任通常需要资金投入。避免责任能够降低我们的期望、将我们向功能操作者引领,最终将被其他更具功能性的集体所代替。

将问责应用到教育领域不能避免固定化,会导致学校机构中的程式化。学校选取教育的具体方面,使普遍结果标准化。教育经验较少,自然也不是一件坏事情。很显然马克·吐温(Mark Twain)明白这个道理,并对其进行回复:"我从不让学校干预我的教育。"无论马克·吐温是否真的说过这些话,但在自我改变的过程中展现了这种情感。哈克贝利·费恩(Huckleberry Finn)为了沿着密西西比河的冒险而放弃学业,因此他能够依赖的只能是他认为的真正教育。然而,学校能够很好地完成特定事情,而学校在现代教育生活中扮演批判的角色。正如哈克贝利说的那样,学校不能完成每一件事,很容易使事情变得糟糕。每个人将同意学校不应该处于挣扎生存的旋涡。然而很容易忘记熙熙攘攘的日常生活,社会给人们提出的最根本任务是形成独立思维,成为有责任的民主公民,当然也关系到其他的事物。如果他们没有回到最初的方向,他们将不能有最重要的责任。如果问责使得学校不能完成基本任务,那么也同样不会承担重要的责任,尤其是对于教师来讲,所付出的努力将会成为浪费,这将造成学校经验更加可恶和低微。

绩效带来更专业的感受。专业的最好实践是可归纳的,而不是争论,专业决定关于做什么、如何、何时、哪里、为什么的问题都不是可归纳的或显然的,需要实践者准备好,使之具有可信性,在他们脑中保持较高的专业愿望,而问责可能是实践的阻碍物。士兵、外科医生、工厂管理者、会计师、工程师、警察、专业运动员都是专业人士的代表,大多通过问责标准对他们进行评价。政治家、律师、家庭内科医生、科学家的问责标准较少，布道者、顾问、治疗专家的问责标准会更少。那么教师呢？哪些适合教师？在预先设定的期望中，在何种程度上帮助、阻碍教师的工作？教师像所有专业人士一样，需要一定水平的自由，问题是多少自由？在关键时刻，问责便被关注。

外界惩罚和控制系统从来没能限制成果的规格。无论如何，它通过运用程序保护这些结果。有趣的是，现代生活不仅仅关注程序层面的事物，而且随之产生道德的关注。究其原因，现代思想是基于对道德的怀疑。当考虑个人自由、尊严、实践结果时，我们发现如果没有足够宽容，道德会给世界带来巨大伤害。为了做得更好，现代人喜欢将道德内容和实施形式分开。如果道德内容不能使实践中的方法标准化，那么道德内容将会为适合形式进行调整，而不是转而使用其他形式。如果带来双方面的影响，那么也没什么可以抱怨的。但是过程不是相互作用的。不考虑道德内容的整合、消失，道德内容会变得不尽相同，存在方式也变得更具实质性，引人深思。

最后，问责诉求给人类潜在信念带来的影响较小。问责是从上而下形成的教育控制过程。现今美国有一种普遍的信念，学校需要更好地被管理。美国人感觉目前这些机构在可接受的行为水平以下。尤其对于公立学校更是如此。目前有很多危机，美国的未来是民主生活的一个实验品，我们没有时间再去浪费了。提升需要在质量和数量方面同时进行。但我们不应忘记的是，在教育机构中责任起到重要作用的主要原因是什么，它对打破集团化的个人主义产生威胁。假设他们有思考的倾向，并且这种倾向适当地发展，这就逐渐变成成功的原因和影响因素。在这点上，没有人会被问责误导。考虑好不是最高的优先权。英国哲学家伯特兰·罗素（Bertrand Russel）在《相对论 ABC》（*The ABC of Relativity*）中提醒我们为什么会是这样的："大多数人死得比想得快，事实上他们也是这么做的。"

教育责任的追诉与以往相同，它许诺帮助我们想得和做得更好。这得益于将每个人和我们的社会看作一个整体。如果我们的教育机构没有投入足够的关注去培养、训练思考，或者如果我们害怕学校可能隐藏自身的发展，后续补救措施不适合改革技术，那么就会避开考虑、判断和选择的需求。如果我们相信使专业教育者具有问责意识很重要，那么我们需要认清成本。人们会被告知能做的事情，也会被告知不能做的事情。问责的前提假设是没有其他选择。责任让我们用更丰富、更细微的方式看世界，展望其他可能，或好或坏，这需要洞察力和反应力。

计算机会思考吗？如今大多数的哲学家会说"不"，原因在于计算机无意识，不能进行思考。当然，这就意味着假设人类正在进行着这样的思考，这个问题就是现实存在的。大量数据的处理不在思考的范围内。设想一个人单独在房间里，拿着一摞印有单独汉字的卡片。同样设想如果这个人有一个如何排列汉字卡片的说明书，一些在左边、一些在右边、一些在中间，每个卡片都有事先安排好的位置。当这些卡片按顺序放好了以后，这个人还是对汉字不理解，不能理解其中的含义（Searle，2002）。

计算机就像这个人，虽然按照说明毫无差错，但并没有得到任何要点。这种无意识该怎么办？无论计算机的行为如何改进，如在下棋方面多么优越，但仍然是没有意识的。计算机不能反映任何事情，没有任何感受和情感，从来不悲伤或愤怒，不能感到兴奋或惊讶。计算机所能反映的只能是功能，即使是令人难忘的功能也是如此，机器就是机器。计算机永远不能成为一个好的公民或极好的情人，因为它们不懂得责任或者问责。问责使得人们朝计算机方向发展，用毫无思想的自动行为约束人们。问责阻碍他们发展成有思想的人类，因为这种发展会使一些人更具责任。

拓展阅读资料

Adelman，C.（2004）. *Principal indicators of student academic histories in postsecondary education，1972－2000*. Washington，DC：U. S. Department of Education，Institute of Education Sciences.

Brady，M.（2009）. *Educational reform：An ignored problem，and a proposal*（E-mail received Aug. 25，2009：mbrady22@cfl. rr. com）. Available from http：//www. marionbrady. com.

Carmichael，S. B.，Martino，G.，Porter－Magee，K.，& Wilson，W. S.（with Fairchild，D.，Haydel，E.，Senechal，D.，& Winkler，A. M.）.（2010）. *The state of state standards and the Common Core in 2010*. Washington，DC：Thomas B. Fordham Institute.

Center for Research on Education Outcomes. (2009). *Multiple choice: Charter school performance in 16 states.* Stanford, CA: Stanford University.

Craig, R. P. (1982). Some fundamental differences. In M. C. Smith &. J. Williams (Eds.), *Proceedings of the Annual Conference of the Midwest Philosophy of Education Society* (pp. 133—140).

Edmunds, J. A., Bernstein, L. Unlu, F., Glennie, E., Willse, J., Arshavsky, N., et al. (2010). *Expanding the college pipeline: Early results from an experimental study of the impact of the Early College High School model.* Paper presented at the American Educational Research Association Annual Meeting in Denver, CO.

Hassel, B., &. Terrell, M. G. (2006). *Charter school achievement: What we know.* Washington, DC: National Alliance for Public Charter Schools.

Mead, S., &. Rotherham, A. (2008). *Changing the game: The federal role in supporting 21st century educational innovation.* Washington, DC: Brookings Institution.

The Nation's Report Card: http://nationsreportcard. gov/ltt _ 2008.

North Carolina New Schools Project. (2010, August 16). Innovator: *News about high school innovation.* Retrieved August 29, 2011, from http://newschoolsproject. org/uploads/resources/innovator-archive-innovator-aug-16-2010-. pdf.

Powell, A. G., Farrar, E., &. Cohen, D. K. (1985). *The shopping mall high school: Winners and losers in the educational marketplace.* Boston: Houghton Mifflin.

Ravitch, D. (2010). The death and life of the great American school system: *How testing and choice are undermining education.* New York: Basic Books.

Rolfhus, E., Cook, H. G., Brite, J. L., &. Hartman, J. (2010). *Are Texas' English language arts and reading standards college ready?* (Issues &. Answers Report, REL 2010—NO. 091). Washington, DC: U. S. Department of Education, Institute of Education Sciences, National Center for Education Evaluation and Regional Assistance, Regional Educational Laboratory Southwest. Retrieved from http://ies. ed. gov/ncee/edlabs.

Schlesinger, A. M., Jr. (1998). *The disuniting of America: Reflections on a multicultural society* (Rev. &. enlarged ed.). New York: W. W. Norton.

Searle, J. (2002). Twenty—one years in the Chinese room. In J. Preston &. M. Bishop (Eds.), *Views to the Chinese room: New essays on Searle and artificial intelligence* (pp. 51-69). New York: Clarendon Press.

话题 4

增加联邦和各州政府的干预和资金能够创建更好的学校吗?

支持观点：霍顿米夫林哈考特教育团体，
　　　　　苏珊·塔夫·泽尔曼
反对观点：马里兰大学，丹尼尔·法伦

概　述

　　美国教育中的基本原则是地方管理，美国宪法没有为教育明确勾画出联邦责任，依照《第十修正案》(*Tenth Amendment*)规定，国家有权决定学生应该学习什么，以及如何开展学习。直到现在，美国还是允许地方学校董事会决定学生期望学习的内容。

　　从 20 世纪中叶起，联邦政府便开始为教育投入大量资金，通过资金引导学校功能。与之前相比，20 世纪中叶的美国教育表现得非常积极。国家投入大量努力，包括在全国范围内进行学区的布局调整。在 20 世纪 20 年代，美国大概有 12 万个学区。到 20 世纪 90 年代，仅有学区 1.5 万个，并且每年都在持续下降。通过布局调整提升效率的现象不仅出现在教育领域，同样也出现在美国的工业领域。

　　只有一间教室的学校或者是小规模的单师学校能有存在的诉求，但违背了基本原则，即用最低的价格向消费者提供高质量的商品。尽管学校布局与提升教育质量的需求相关，但对于布局调整能否提升学生行为、创造更好的学校仍然存在争议。

　　20 世纪 70 年代末，美国总统卡特(Carter)创建美国教育部。随着美国教育部的成立，联邦政府更加关注公立学校。联邦政府和州政府开始向教育领域投入更多的资金，这些资金使得联邦政府和州政府都有机会指导教学内容和教学负责人。

　　回顾美国教育历史，美国学校的政策和实践受到一系列立法的影响。如《土地条例法案》(Land Ordinance Act)和《西北条例》(*Northwest Ordinance*)(1785 和 1787)，《莫里尔赠地学院法》(*Morrill Land Grant Colleges ACTS*)(1862 和 1890)，《国防教育法》(*National Defense Education ACT*)(1958)，《初等和中等教育法》(*Elementary and Secondary Education ACT*)(1965)，《残疾个体教育法案》(*Individuals with Disabilities Education ACT*)(1975)，《不让一个孩子掉队法案》(2001；2002 立法)。每条法律都直接促使联邦政府和州政府为地方学校和学区提供教育管理。

　　问题在于这些干预是否对儿童有利？另外，联邦政府和州政府是否表现出较强的侵略性？联邦政府和州政府的参与，是否为教师和学生提供了更好的学校和教育环境？苏珊·塔夫·泽尔曼（Susan Tave Zelman）（霍顿米夫林哈考特教育团体）认为联邦政府和州政府的干预非常必要。丹尼尔·法伦（Daniel Fallon）（马里兰大学）从另一个角度出发，认为慈善投入会促进教育政策和实践领域持续发生改变。

泽尔曼承认国家机构的重要性，她认为联邦政府和州政府应参与到学生标准的制定中，针对学生的期望、升学和就业要求形成统一期望。泽尔曼认为国家的参与能够帮助教育工作者制定出适当的课程和评价，确保每个美国课堂中都有高质量的教师。

法伦认为教育的慈善投资使得教育政策和实践发生了改变，盖茨基金会和各种各样的小规模基金会都具有慈善的本质，影响着教育者的实践，引领着国家和州的教育政策发展。法伦承认这些慈善经费能够直接影响 K-12 教育的动力和改革，影响范围较广，包括特许学校、哈莱姆儿童区（Harlem Children's Zone）、小规模高中学校等。

在阅读本话题时，可结合以下两个问题进行思考。第一，增加州政府、联邦政府在教育中的干预，会带来哪些机会？第二，在联邦政府和州政府参与后，会出现哪些问题？

托马斯·J. 拉斯利
戴顿大学

支持观点

霍顿米夫林哈考特教育团体，苏珊·塔夫·泽尔曼

世界充满问题，包括全球经济危机、气候改变、能源短缺、财富的分配不均、极度贫困和疾病等。美国必须教育下一代成为能够创造性解决问题的人，他们能够通过努力解决危机。美国通过知识、技能、性格等途径为学生提供道德责任感，形成更高的人性。美国遇到的问题是复杂的，很多方式相互联系。因此，这些挑战超越了当地学区、州、国家的解决能力，因为这些问题表现出全球化的特点。

美国教育发展具有地方管理的传统，很多政策制定者和公民相信，如果教育由地方学区和州进行管理，那么会更加有效。地方管理的结果是公民生活在哪里就决定了他们能够得到什么。因此同一所学校的不同班级、同一学区的不同学校、同一州内的不同学区都不尽相同。

美国教育进展评价机构证明各州间存在较大的成绩差异。例如，对马萨诸塞州和密西西比州的成绩进行对比。很多州有明显的退步，各州的需求也不尽相同。尽管，所有州都感到州和地方财政紧张。雅各布·E. 亚当(Jacob E. Adams)和其他政策制定者在最近的《教育周刊》(*Education Week*)中表示，教育不像建筑维修那样可以被延迟。文章的关键在于联邦和州的干预、资金、日程将帮助学校变得更好，将帮助美国学生在新的全球经济中获得成功、茁壮成长。美国是国际危机的影响因素，正如我们了解的那样，世界是不断改变的。因此当美国人对地方管理传统感到荣耀时，我们需要有效的联邦和州政策，确保我们的学校能在新世纪里更好地教育学生。

地方学校董事会和州教育行政部门都不能确保美国学生满足国际标准。国际数学和科学研究趋势和国际学生评价项目(Programme for International Student Assessment，PISA)等国际评价都表明，与其他工业国家相比，美国学生成绩远低于国际上的同龄人。进一步来讲，与其他工业国家相比，美国高中、大学的毕业率也相对较低。同时，收入较高的技术工作如今表现出全球的竞争力，而对于未来的工作来讲我们不能想

象竞争力有多大。正如《未雨绸缪》(*Rising Above the Gathering Storm*)报告中讨论的那样，由于多国合作的存在，美国学生丧失了他们的竞争优势，合作使得美国可以跨国寻找在科学、技术、工程、数学等方面的技术人才。

美国国内存在大量机会和成绩差距。20 世纪 60 年代，联邦政府通过执行《初等和中等教育法》为不均衡的少数族裔和低收入儿童提供帮助。几年后的统计结果显示，联邦政府并没有能够促进学生成绩的提升。2002 年时任美国总统布什签署《不让一个孩子掉队法案》，法案要求各州有权对学校进行问责，主要根据所有儿童在语言、数学、科学学科的学习成绩。这就要求各州、董事会、个人对不同群体的学生进行区别分析，主要根据种族、肤色、收入、英语学习者、其他需求。

由于美国已经改变，因此，《不让一个孩子掉队法案》变得更加重要。当前美国学生比历史上任何时候都表现出种族的多元。在一些州，少数族裔已经变成大多数，如加利福尼亚州。到 2050 年，西班牙裔美国人将超过全国总人口的一半。教育者需要在如何开展教学促进多元发展方面得到支持。在目前的经济状况下，每 4 个婴儿中就有 1 个处于贫困家庭中。家长面对经济压力，不能为孩子提供支持性的学习环境。实际上，成绩差距从那时就已经开始产生了，在幼儿园阶段成绩差距就更加明显了。各州和地方学区改变政策和项目，为需要的儿童和家庭提供高质量的干预，这样的这个全国性问题需要联邦和州政府的资源支持。

本文对修订《初等和中等教育法》带来的政策改进进行评价，以及对联邦、州层面的额外经费资助会怎样促进学校发展进行评价。本文同时阐述了美国联邦和各州的发展议程，议程主要关于通过系统行为提升期望、通过高能力体系满足高要求、通过一致激励促进学校发展。

首先，强调在满足与日俱增的期望中，联邦政府和州政府起到的作用。回顾文献可知，当人们有清晰、较高目标时就会产生积极反应。弄清美国人期望孩子和教育成为什么样子，对于学校的成功非常重要。鉴于美国 50 个州具有不尽相同的学术标准，国家州长协会(National Governors Association，NGA)和州立学校官员委员会通过建立共同核心州立标准作为发展动力。目前这些标准覆盖英语、数学学科，有些州甚至制定科学学科标准。美国教育部长阿恩·邓肯建议开展联邦资助的经费保障，包括在高质量评估、高质量的教师专业发展、支持标准与评估持续改善方面。国家教育议程的缺失要求各州及官员能够清楚说明教育标准。

活动必须清楚说明评判标准，即什么样的教学是好的教学方式。联邦资助的许诺没有实现主要源于邓肯的认可。有效的政策支持与期望、评估、课程、教学策略相联系。不像其他国家中心化的教育政策，美国联邦和各州的大部分政策回避国家课程，而是给各学区留有更多的选择余地。然而，学区缺乏容量和财富的稳定性，对基础课程缺乏明确的支持依据，这些都将导致美国学校实践变得不合逻辑，危害教育实践。很多学校，已经减少正式课程只为测试而教，正式课程也逐渐变成由州评价委员会控制的测试项目。虽然在其他地方存在高质量的教学，课程丰富多彩、引人关注，但这些教育实践属于教师、学校或学区的个体行为，并不具备普遍性。

美国联邦教育部最近花费大约3.5亿美元制定一系列的评价标准，评价将超越书面测试，与共同核心标准一致。此外，将使用更有效的学生电子学籍档案或项目测量表，提升学生成绩和教师教学效率。新评价方式将减少缺乏证据的课程来提升对学生和教师进行评价的可信度和公平性。

缺乏联合的共同核心标准和新课程评价将减弱教学实践的清晰化程度，事实上，教学实践是学生成绩的重要影响因素。相关课程将使我们的教师培训和专业发展方面的培训变得更加有效。时任教育部长邓肯要求两个评价财团在课程方面强调提供联邦资源，资金来源可依靠二号资金法案(Title II funding)。假如当地学校董事会实施的课程不能满足州评价标准，学院、大学、当地教育领导者将带着疑惑去培养有希望、成熟的教师，虽然这些教师可能具有高质量的教学实践，这些实践是执行共同核心标准所需要的基础。

当然，并非每一个联邦层面、州层面的涉及人员都支持共同核心标准，这个争论同样是人们对《初等和中等教育法》和《不让一个孩子掉队法案》进行审议的关键问题。美国是个人主义盛行的国家。很多美国人认为共同核心标准是政府行为的重要例证，它限定了教师应该去教的课程内容。

政府能够在一定程度上减少各州之间和州内的教育机会差距，进而确保与共同核心标准和评价标准相一致的高质量课程和教学。无论学生住在哪里，学生工作质量应该是一致的。学生的高期望对于特殊学生群体尤其重要，如双语学生、贫穷学生、多元种族学生、特殊需求学生等。到目前为止，教师还没能实现根据特殊人群的个体需求而提供特殊的课程，很多教育者以及普通公众都认为不是所有的儿童都能够学习。乔治·W. 布什总统将这个现象描绘为"期望过低的不良作风"。

在一定程度上，共同核心课程比过去州实行的标准和将颁布的新评价标准都严格，政府官员和州主要的学校官员都将承认过去的公立学校政策虽然在为学生的就业和升学做准备，但是学生并未做好准备。公众对新评价的结果表示失望，联邦政府和州政府采用新标准鼓励针对非政府决定的干预，阻止在新的全球经济中学生无法拥有获得成功的竞争力。

当联邦政府和州政府需要巨大改变和更高期待时，它们具有为教育体系提供支持的道德和政治责任。每次经济危机，学区都将获得来自联邦政府和州政府的资金支持，学区执行新政策确保教师不被辞退、艺术和音乐项目不被削减、对课程和技术的追求不被推迟。如果没有联邦政府和州政府的资金支持，学生的学习将受到损害，美国将无法实现较高的教育程度。

此外，联邦政府和州政府将提供系统的投资体系，这将能使各地区间保持联系。系统能够提供相关数据，包括学生的学习成绩、教育者、财政因素、家庭和社区的人口统计。系统使得家庭数字学习图书馆变得可能，使得教育者更加针对个性化、根据消费者进行特色指导。资料能够帮助教育者做出决定并为研究和评估提供信息，促进分享最好的教育实践和教育改革。准教师运用这些资料能够更有效地使用资源，通过整合财政上和教学上的信息节省税收。

联邦政府和州政府必须同样支持人力资源体系的发展，通过发展教师的相关政策，提升人力资源专业化，包括招募、任职、保留、专业发展、领导、退休等方面的政策。国家对教师质量标准进行必要的统计，各州和专业组织需要对普通教学知识和特殊内容的教学技能进行定义。然而，州立学校官员委员会最近发布一系列共同核心标准，通过教师教学生涯对专业实践进行描绘，但是标准未对教师在具体科目中的能力进行详细阐述。各州应该联合为教师有效教学和发展多维评价给予联合定义，这将成为对教师进行评价的基本证据。

密西西比州的有效教师应该在马萨诸塞州的教师评价中获得基本相同的评价。在国家层面应制定可移植性的津贴。联邦政府应该为各州政府提供动力，确保公办幼儿园、启蒙班（Head Starts）、很难雇用教师的城乡学校均能够拥有有效教师。其动力包括高效奖励、免还贷款、税收抵免等，这些措施是确保处于不利地位的学生能够同样拥有最好的教师，这些主动对策能够减少补救项目的花费。例如，联邦教师鼓励资金（Federal Teacher Incentive Fund）已经帮助各州形成区别对待的形式，包括专业化、评价体系、教学付费等。这些联邦和州政府的动力项目将使教学行为变得更加有效、更值得人尊重。

几年前颁布的《不让一个孩子掉队法案》，使各州和当地学校董事会忽略了失败学校和功能障碍学校。目前《不让一个孩子掉队法案》要求各州采取具体措施改造薄弱学校，将此作为接受学校改进资金的重要条件。不幸的是，联邦政府基于很多年前的情况采取具体行为，然而这些年的情况并无法作为适当的年度进步进行展示。联邦政府能够为各州和学校董事会提供资金，资金能够通过开发诊断工具和技能帮助策略帮助薄弱学校解决面对的特殊问题。学校改进（School Improvement）和二号法案（Title Ⅱ）（初等和中等教育法中关于教师质量的条款）提供的经费能够帮助学校进行改进，并且这些措施更加有效、更具针对性。

现实是在 21 世纪教育者需要帮助，他们需要社区支持共同对学生开展教育。学生根植在家庭和社区中，当家庭或社区无法保证学生在身体、心理方面都正常时，学生则会表现出学习困难。联合投入要求联邦和各州机构为地方社区提供资金支持，确保处于危险中的学生能够获得从学前教育到高等教育的学习机会。例如，杰弗里·卡纳达（Geoffrey Canada）的哈雷姆儿童地带就是很好的例子，在经济收入较低地区，健康、社会服务、经济发展等机构共同合作促进人类发展。按照哈雷姆儿童地带的模式，奥巴马政府投入 2 亿美元创建希望邻区计划（Promise Neighborhood Initiative），此项目需要更多的资金支持。

　　另一个例子是奥巴马政府利用"力争上游"计划限制各州采取共同核心标准、对特许学校的支持、用测试成绩作为衡量教师有效性的工具。其中 40 个州很快采取行动，接受联邦政府要求的共同核心标准、州立法修订法案，阻止各州和各学区运用学生考试成绩来衡量教师质量、提升特许学校在州内的排名。在过去的时间内，受到经济紧缩状态的影响，联邦资金的投入促进各州间的合作，同时有利于普通教育政策的发展。加利福尼亚州的教育董事会过去只注重监督和服从而不关注学区决策的制定，如今要求采用全国联邦的数据对教师有效性进行衡量。在与盖茨基金会等慈善机构的合作中，联邦政府能够运用教师有效性的研究结果，指导国家和各州的政策。尤其在经济紧缩期，金钱和鼓励性的物质都能促进政策进行改变。然而，鼓励各州根据学生成绩对教师进行增值评价没有考虑到相关影响因素，包括班级分配中学生是否公平、公正、符合专业化等。

　　在《初等与中等教育法》《不让一个孩子掉队法案》的修订过程中，对促进国家议程的有效教育动力进行定义显得尤为重要。关键的尝试是在给定的例子中，对联邦政府和州政府的角色进行讨论，联邦政府和州政府在针对地方学校董事会上能保持协调一致，能够获得较高的期望，有能力形成高期望的支持以促进国家学校的发展需求。

反对观点

马里兰大学，丹尼尔·法伦

作为具有教育慈善经验的人来讲，我认为州政府和联邦政府的干预对于教学的影响是间接的。事实上，这是因为多数慈善组织鼓励联邦政府和州政府带来较好的教育政策。因为在民主的政府中，长效改变通常依靠政府的支持，这种支持或清晰或模糊，因此政府也表现出对慈善的追逐。尽管受瞬间强烈的政治潮流影响，政府有时也表现得心血来潮，但却能在一定程度上促进公立教育政策的发展。一旦法律成文就很难被撤回或改变，学校的教师、学生都能发现政府干预阻碍任务完成而不是帮助完成任务。

慈善组织的独立性是它们的相对最强优势，即使在长期的工作中，它们的目标是通过社会和政治改变促进公共福利的发展，利于人类社会的进步。在一定程度上慈善是灵活的，它能够迅速体验来自实验室探索、学者观点、强烈的原因分析。一些测试方法或体系是具有持久性、多产的，而其他的形式则表现出无力或无效。一旦慈善能够给予安全保护，并且证明这是成功的，那么慈善便会成为联邦政府和州政府支持的工具。有时，成功的想法不需要州政府或联邦政府的干预，而是通过广泛的适应力证明其自身的价值。在此文章中，我主要关注慈善在促进教育发展过程起到的作用。

定义的改变

当然，在世界范围内慈善就意味着做善事。"慈善"一词的意义来自希腊词源"热爱人民"。在英语世界中，"慈善"一词在不到 100 年的时间中词义发生巨大改变。18 世纪时，"慈善"一词仅从文字上表示出热爱人民。但是到 19 世纪末，"慈善"一词强调为了公共目的捐赠钱财的特点，其中可涉及个人、商业或基金。"慈善"词义发生的改变主要由杰出人士安德鲁·卡耐基（Andrew Carnegie）用尽整个人生演义的，他的行为是造成词义改变的重要原因。

当我们在英语环境中考虑慈善的历史意义时，甚至将动物对人类的友好也称之为慈善。例如，在一本 1769 年出版的《动物学》(*Zoology*)课本中就有这样的定义，"为了人种的喜好，海豚最初被用作展示……区分(其他种类的鱼)……同性恋和慈善家"。英国小说家亨利·菲尔丁(Henry Fielding)在 1749 年出版的《汤姆·琼斯》(*Tom Jones*)中有更普遍的说明，"无论是亲代还是子代的喜爱，还是更广范围的慈善事业，这些都可称之为友谊，并且是伟大的、快乐的。"

　　在英语世界中，对于"慈善"的第一次广泛关注出现在 1875 年的《伦敦社会新闻》(*Society Press of London*)中，称"伟大的慈善家通过在一生中捐赠大量的钱财让世界惊讶"，这是卡耐基的实践。卡耐基成功使用了"慈善"一词，并形成自身的生活哲学。他对慈善和施舍进行了区分，他认为施舍行为是糟糕的、不道德的，给在道路上无家可归的人一些钱，只能纵容人们上街乞讨；相反，他认为慈善的目的应该是"帮助人们形成愿望的成长阶梯"(Carnegie，2006)。卡耐基发展了关于慈善的想法，但最初他的想法是不被认可的。人们认为在世界上拥有最多财富的人，应该单独决定财富的分配。他最初的目标是在死亡前将所有财产分掉，他认为那些囤积大量资产的富人实际上是让人轻视的。在他关于财富的文章中写道，"拥有大量财富而死去的人死得可耻"。(Carnegie，2006)

具有战略意义的慈善

　　根据卡耐基对于具有战略意义的慈善事业的发展，他试图运用这些财富作为刺激物或工具促进积极的改变。最终的改变可能发生在州政策或联邦政策方面，或者是社会中个体、群体或组织的行为改变。在我看来，这类慈善对教育带来影响的最重要例子是卡耐基为大学教师建立的奖励计划。

　　受他的朋友埃兹拉·康奈尔(Ezra Cornell)的邀请，卡耐基于 1890 年参加康奈尔大学的理事会。卡耐基惊讶地发现，很多他很敬佩的著名教授无法支持自身的退休生活，因此不得不一直教课直到身体虚弱或死亡。卡耐基认为，为追求有道德的生涯而为个体发放养老金应是申请慈善的首要案例。因此，卡耐基于 1905 年创建卡耐基教师养老基金会(Carnegie Teachers' Pension Fund)，在美国国会的许可下，基金会在不到一年的时间里为了更广阔的任务更改了名字，建立了卡耐基促进教学基金会(Carnegie Foundation for the Advancement of Teaching）。

卡耐基任命时任麻省理工学院校长的亨利·S. 普里切特（Henry S. Pritchett）为基金会的第一任主席，此后又任命极具智慧的领导者作为主席，包括哈佛大学的校长 C. W. 艾略特（C. W. Eliot），耶鲁大学校长 A. T. 哈德利（A. T. Hadley），哥伦比亚大学校长尼古拉斯·默里·巴特勒（Nicholas Murray Butler），斯坦福大学校长戴维·斯塔尔·乔丹（David Starr Jordan），以及加拿大很多高水平的高校校长，如加拿大麦吉尔大学校长。

在卡耐基的同意下，理事会成员可以发邀请函。据统计，美国和加拿大的理事向高等院校发出 627 封推荐信，其中有 421 封得到答复。最初，这个统计仅限于私立机构，因为卡耐基认为可能各州政府以及公立高校对此并不关注、不受欢迎。然而，在众多公立高校也为其提供大量的入学机会时，卡耐基于 1908 年在公立学校范围内也开展资助项目，随即也拓广了基金的资助范围。

理事通过调查获得机构的相关信息，包括机构中慈善的规模、与宗教党派的联系、准入标准、教师资格以及其他的相关特点。在卡耐基的极力主张下，理事将那些与宗教有明确联系的机构排除在基金支持之外。卡耐基坚持认为高等教育应该是安全的，他认为"宗派制度意味着有很多宗派，每一分支都号称追求真理，而对其他分支进行谴责"（Carnegie letter to Abram W. Harris，March 16，qtd. in wall，1989），这违背了高等教育的真正精髓。在其他需求中，一些理事认为申请机构应最少捐赠 20 万美元，并为至少 15 个高等教育预备机构设立学生准入的标准。最初的 421 个申请者，最终只有 52 位获得了养老资金。

由于最初的模式，养老资金不需要机构或个人的财政支持，这是高等教育参与的重要前提。很多合格教师和学生只想在卡耐基提供资助的机构中教学。因此，为想成为成员的机构带来了巨大压力。例如，慈善能够改变机构与宗教的关系，其中最著名、最具争议的案例是西北大学（Northwestern），它最终打破了与卫理公会、浸信会的联系。弗吉尼亚大学（The University of Virginia）由于较低的准入标准而被最先淘汰，因为它用至多 7 学分的标准来约束学生进入预备学校。而弗吉尼亚大学的准入标准多达 15 学分，弗吉尼亚州迅速在整个南部制定了一系列机构模式，包括高中阶段和高等教育阶段。

最终，很多机构加入到津贴资助项目中，很多高等教育工作者得到最初的捐赠。尽管这些资助并不能完全缓解负担，但这些高等教育工作者仍然心满意足。这引发了对于美国潜在领取退休金者的第一次人口分析，这个项目从 1915 年由卡耐基促进教学基金会承担，随后为立法部门服务，在 20 世纪 30 年代成立了美国社会安全系统（U. S. Social Security System）。那时立法部门基于分析重新起草了领取养老金的规则，如今的捐赠来源更加广泛，既包括个体成员也包括机构成员。基金会创立了一个新组织对社会安全系统进行管理，这就是教师保障协会（Teachers Insurance Annuity Association，TIAA）。

慈善对于教育的影响

在 20 世纪前 20 年，卡耐基慈善对于教育的影响意义深远。卡耐基慈善促使全美的高中创设课程，这些课程被大多数高等院校认可，高中毕业生有机会进入到这些高等院校中。这些条件最初被称之为卡耐基学分（Carnegie Units），因为这些学分构成了高等教育机构的准入标准，也是获得卡耐基资金的资格。这个动力使得高等教育机构逐渐向一系列基本标准的方向发展，如世俗化、提高准入标准、设立良好的财政基础、改善教职员工的质量。

出人意料的是，在 1911—1920 年，卡耐基促进教学基金会实际上成为一个高等教育的国际鉴定机构。卡耐基教师养老基金会成为最重要的动力机构，推动美国高等教育实现批判发展阶段。这对于高等教育也同样带来影响，在全美范围内提升标准、调整高等学校教育。这些影响不仅通过法律实现，也同样借助于慈善的力量。如今卡耐基教师养老基金会已经变成教师保障协会——高等院校教师未来退休资金（College Retirement Equites Fund，CREF），它完全独立于任何与之相关的慈善，与其他组织的管理一样，它同样受联邦、州法律和规定的制约。

当然，有人认为慈善不是一个朴素的祝福。慈善具有获利之嫌，易于使接受者服从富人的诱饵。时代在不断前进，卡耐基养老资金也逐渐变得较有争议，这也是重要原因之一。那时最为轰动的一个例子是威廉·詹宁斯·布赖恩（William Jennings Bryan），他是伊利诺斯学院的毕业生和理事，他反对卡耐基养老资金中的特点叙述，他认为高等院校不能同时服务于"上帝和财富"（in Wall，1989）。当高等院校在为全体职工申请养老金时，布赖恩在给校长的一封愤怒信件中辞去了他的理事职务。

布赖恩不满卡耐基养老资金只受到单个富人的驱动，强盗式资本家是当时比较流行的称呼，这是对全社会的游戏规则的指示。然而卡耐基及时促进慈善的制度化，使得慈善公立成分更浓、私立成分逐渐变弱。1909年，卡耐基的财务秘书通知他，他们的财富在不断增加而不是在减少。由于无法在一生中捐掉所有的钱，卡耐基表现出绝望。卡耐基突然迸发一个想法，应该建立长期、持久的信托，可适当借助联邦政府和州政府的立法，使得保证资金安全变得可能。结果是创建了卡耐基纽约公司（Carnegie Corporation of New York，CCNY），这是世界上首个慈善基地。此后卡耐基几乎把所有的剩余资金转移到这个新机构中，以确保持续的永久使用，使得卡耐基纽约公司成为全世界最大的慈善机构。卡耐基确认慈善的目标是理事会的自我生存，这能减弱约束，要求理事会只将资金花在特定领域，即"促进知识的前进和传播，使得美国人都能理解"（in Wall，1989）。

如今的慈善

如今的慈善已经与卡耐基时代的慈善有很大不同。过去的慈善是一种新奇的事物，而如今的慈善已经成为美国生活的固定模式。当代世界的慈善已经渗透到联邦、各州的法律和规定中，这能促使慈善活动的核查和协调。慈善组织的日常实践是由理事会控制，根据基本原则选取人才成为执行官员。一些慈善是本地的，受州或社区限制给予特定利益；一些慈善是私人的，根据个人或家族给予特定的利益。然而，最主要的国家慈善组织被法律定义为公共慈善和按公立性质进行规定，如盖茨基金或卡耐基纽约公司。

由慈善带来的教育干预不能遵循一生不变的模式。在很多案例中，慈善会积极开展沟通，以判断哪些是好想法。这是为美国而教活动初期卡耐基纽约公司的立场，当时外部支持的重要基础是在教师供给方面的强烈支持，如今的资金主要来源于联邦和州，以及其他契约收入和捐赠。在其他案例中，慈善反映出公共政策的努力带来的积极干预，如卡耐基纽约公司提供资源建立全美教学与美国未来委员会（National Commission on Teaching and America's Future，NCTAF）。全美教学与美国未来委员会在很多州的教师教育政策方面都产生重要的影响，为 2001 年重新修订《初等和中等教育法》中的最新情况、时间表、修订内容提供了基本框架，也被作者称之为《不让一个孩子掉队法案》。

慈善机构运行的最普通方式包括从其他领域的人那里获得不期望的建议，或者为了支持某一主要倡议提供资金建议。例如，卡耐基纽约公司对申请者进行评估，最终形成了大学学习评量（Collegiate Learning Assessment，CLA），这是目前对于学生学习成长和高等院校入学测试的重要工具。而那些无法获得其他资金或捐助的倡导者，他们认为高质量、有根据的评价方式能够衡量增值的普通教育。受卡耐基纽约公司的支持，评价工具得到发展，大学学习评量接受很多州政府的支持，最终由董事会签署。大学学习评量已经在数百所高等院校中使用，涉及的学生超过 20 万人。如今大学学习评量作为国际评价的雏形存在，包括巴黎的国际经济合作和发展组织（Organisation for Economic Co-operation and Development in Paris）也在普遍应用。

教师教育改革倡议是邀请相关机构参与的一个典型案例，又可称之为教师的新时代（Teachers for a New Era，TNE）。卡耐基纽约公司准备了一份详细的内容介绍，对教师动力和愿望进行详细陈述。在这个案例中，重要的是对资金需求的匹配。然后卡耐基纽约公司聚集一些教师教育领域的专家，以帮助机构中小群体的发展，这些小群体是国家教师教育大群体的代表。卡耐基纽约公司拥有开展改革的能力。然后邀请这些机构参加超过 5 年的计划，以实现承诺达到根本的改变。

对教师的新时代的成功进行评估还为时尚早，但是在某种想法普及之前的确需要机构的参与。例如，通过学生接受项目而实现成长，那么则需要发现新的评价方式对成长结果进行评价；通过指导确保专业实践经验归纳的机制，开展新教师的资助项目。如今联邦政府和州政府的评价需求在不断增加，教师的新时代机构已经开展了各种实验模式，这些模式有利于专业的接受和调整。

　　此外还有很多例子影响了教育改革的慈善。这些例子包括促进青少年普通教育、高中阶段的早期大学教育(Early College High School)、学生学习中的增值模式、观察协议的发展、共同核心标准。尽管基金会职员提供领导和管理的支持，但只有在专家和参与者的领导和协商下，慈善才能够取得成功。

　　慈善能够帮助从想法到实践的转变，促进实现成功，研究基础将成为做出决定的主要依据，促进学校和孩子未来发展，慈善能够提供更有效的方式，同时一些想法和动力将被证明是无效的。更成功的项目将最终获得公众的长期支持，既包括州和联邦政府政策，也包括捐赠或其他项目的生产收益。正如卡耐基说明的那样，慈善能够尝试"帮助，但绝不是所有都承担"，建立"有可能实现的理想"(Carnegie，2006)。最终，慈善依赖于专注的、有知识的专业人士，他们能带来更有希望的观点、方法和体系。慈善组织工作的工作人员与个体公司、公民组织和知识专家共同工作，促进达成统一的协议以实现有益目标。

拓展阅读资料

Carnegie，A. (2006). *The "Gospel of Wealth" essays and other writings* (D. Nasaw, Ed.). New York: Penguin.

Committee on Prospering in the Global Economy of the 21st Century: An Agenda for American Science and Technology Committee on Science, Engineering, and Public Policy. (2008). *Rising above the gathering storm: Energizing and employing America for a brighter economic future* (July 2008 revisions). Washington, DC: The National Academies Press. Retrieved August 29, 2011, from http://www.nap.edu/catalog.php? record_id=11463.

Common Core State Standards Initiative. (2010). *Common Core State Standards*. Available from http://corestandards.org.

Finn, C. E. J., & Petrilli, M. J. (2010). *Now what? Imperatives and options for Common Core implementation and governance*. Washington, DC: Thomas B. Fordham Institute.

Krass, P. (2002). *Carnegie*. Hoboken, NJ: Wiley & Sons.

Lagemann, E. C. (1989). *The politics of knowledge: The Carnegie Corporation, philanthropy, and public policy*. Middletown, CT: Wesleyan University Press.

Nasaw, D. (2006). *Andrew Carnegie*. New York Penguin.

Wall, J. F. (1989). *Andrew Carnegie* (Rev. ed.). Pittsburgh, PA: University of Pittsburgh Press.

话题 5

建立更严格的教师教育标准就能确保教师质量吗？

支持观点：全美教师质量委员会，凯特·威尔森

反对观点：阿尔弗诺学院，玛丽·E. 迪茨

概　　述

　　管理者面临的最重要的议题之一就是要确保学校大楼里的所有教室都配备着合格的和有效的教师。多年以来，美国一直强调教师资格。需要特别说明的问题在于是否所有教师都能获得适当的认证。最近，社会普遍关注教师的效能以及确保所有学生有机会受教于有效的教师。各种各样的教育研究者现在都能提供证明，有效的教师对学生的学业发展有着重要的影响。通过直观的认识，所有家长都承认这个事实，但是当前有很多的心理测试仅对学生进行预测，说明与拥有一个无效教师相比，拥有多个有效教师是非常重要的。

　　许多的政策讨论是有关如何确保合格以及有效的教师存在于所有教室之中。正如这本书的其他部分提到的那样，有些人认为对教师和校长发放资格证的过程要放松管制。对于放松管制主义者来说，意在吸引人力资本进入教育事业，然而放松管制阵营的许多人并不认为传统的基于大学的教师教育项目有能力或者潜力确保在每一个教室之中都有一个有效的教师。对于放松管制主义者来说，教师教育垄断，不管是受到管制或者受到认可，都根本不能提供学校所需的专业人才。

　　在本话题中，来自全美教师质量委员会（National Council on Teacher Quality，NCTQ）的凯特·威尔森（Kate Walsh）以及来自阿尔弗诺学院的玛丽·E. 迪茨（Mary E. Diez）从教师教育标准和教师认证过程角度对教师质量问题进行讨论。多年来，传统教师教育项目被全国教师教育认证委员会（National Council for the Accreditation of Teacher Education，NCATE）或被最近的教师教育认证委员会（Teacher Education Accreditation Council，TE-AC）认证。全国教师教育认证委员会有着具体的认证标准，教师教育认证委员会则有明确的方案评估教师教育项目是否准备好培养合格教师所需的结构和系统。部分州执行全国教师教育认证委员会或者是教师教育认证委员会的认证，其他州则依据州定的批准程序确定机构是否具有合法权力许可教师的课堂实践。全国教师教育认证委员会继续完善其标准，更多基于结果评价的同时减少"输入"导向，然而这种方法是否足以确保教师质量仍值得讨探。

凯特·威尔森支持需要更严格的教师教育标准以确保美国拥有所需要的教师。比如，她坚定地认为，传统教师教育项目仍旧有着太多学习成绩不太好的学生进入。传统意义上，得到认证的项目（全国教师教育认证委员会或者是教师教育认证委员会）已经获得恰当的"准许"结构，但是如果项目中有学习成绩较差的学生，就培养和准予毕业的教师质量而言，开展项目所付出的努力也会被连累。威尔森认为需要配备标准以限定被教师教育项目录取的学生以及需要设置更严格的标准以控制和决定教师教育项目的内容。

玛丽·E. 迪茨采取了不一样的观点认为全国教师教育认证委员会和教师教育认证委员会已经在非常积极和专业负责的方向上发展。例如，他们已经非常强调攻读教师教育学位者的学习成效，由此，公众应当更有信心相信它正在获得高质量的教师而不仅是合格的教师。更值得注目的是，迪茨坚信，在全国教师教育认证委员会和教师教育认证委员会认证下运行的教师教育机构正在捕捉未来教师发展效能的绩效评估证据。对于迪茨来说，当前的标准是有效的，特别是考虑到职前教师绩效评估的急需工作。

你所读到的这个话题，聚焦三个议题。第一，需要更严格的认证标准吗？第二，这些标准是解决教师质量问题的答案吗？第三，为保证每一个年轻人有机会受教于高效能的教师，需要准备什么样的培养政策？

托马斯·J. 拉斯利

戴顿大学

支持观点

全美教师质量委员会，凯特·威尔森

本文使用我们在全美教师质量委员会经历过的例证，分析教师培养项目以识别当前项目问责方法的弱点，包括国家认证政策设计和应用的问题。我们提议通过制定加速项目改革、撤销不能和不愿意改变的项目以及培养高效能教师的政策来改变一个过时以及无效的方式。

多年以前，全美教师质量委员会着手研究美国教师培养项目的质量。我们第一个任务就是统计美国基于大学校园的教师培养项目的数量，目前没有一个联邦机构知道此项数据。认证团体只能告诉我们，他们已经认证或驳回了多少机构——大约比我们的测算少几百。协会只能告诉我们多少机构是会员，同样，也是少几百。而拥有州许可的项目数量仍是一个谜。

这是我们培养教师的系统中第一个混乱的迹象。上至联邦政府下至大约 1 400 家教育学院的院长或系主任，都不能保证教师培养质量的责任方。

回顾多方的努力，我们发现联邦政府、各州政府、认证机构和各大学及学院等不同的权威机构在教师教育项目中的维持秩序和进行问责方面都做出了努力，我们的结论是四个方面。

①无论是联邦政府还是州政府，都不能建立一个有意义的质量门槛。

②过去 20 年为国家级认证运动设置门槛是失败的。

③受其束缚，教师教育未能形成一个学习的标准项目。

④太多的项目将会削减有抱负的教师的培养质量，除非该领域承诺两样东西：以毕业生表现数据为前提的问责系统和界定了高质量项目学习的标准。

联邦政府的短暂尝试

近几年，联邦政府检查了教师培养的规定。1998 年，国会通知各州要求教师培养项目报告通过教师资格考试者的比率，这是一个潜在推动各州关闭低通过率项目的动作。在报告卡结构建立后不久，那些机构加入了专业协会，包括美国教师教育学院协会（American Association of

Colleges for Teacher Education，AACTE）和全国教师教育认证委员会，目的是去打破报告系统，甚至连州府的机构也是串通一气的。所使用的策略是要求教师攻读者在毕业之前通过所有要求的教师测试，这样就可以通过问责。因为学校可以报告毕业生 100% 的通过率而无须披露有一门或多门不及格的攻读者的比率。

虽然自 1998 年以来，在美国所有教师教育项目中，不到 2% 的教师被认定为低水准，他们全被判定为已经有足够空间。实际上，在全国范围内，31 个项目在 2006 年被打上"危险或低水准"的标签，这个数字是从 2005 年的 17 个项目、2002 年的 11 个项目上上升起来的。

这个数字是被公众逐步发现的，而不是由机构主动承认的。一个单独的机构可能拥有多达 8 个项目，培养所有类型的教师以取得资格。我们估计全国大约有 7000 个这样的项目，意味着对于有问题的学校的识别率不足 0.5%。在过去 5 年中，我们没有发现一个州由于无绩效而关闭一个项目的证据。

随后的联邦努力也是比较混乱。比如，《不让一个孩子掉队法案》中的条款要求初中教师所需的凭证必须以高中教师而不是以接受全科教育的小学教师为借鉴依据。这一法案通过后差不多 10 年，能够遵守的州不足 1/3。

最近促进教师质量和培养项目问责的联邦努力是在 2009 年"力争上游"计划中开展的。各州不得不同意把教师和他们的培养项目联系起来以及向公众报告毕业生数。对于大多数州来说，收集和管理这些数据的系统，仍需时日。在有这种能力的少数几个州中，还有许多有关控制地区教师表现影响的问题。可以认为这些乏善可陈的提高教师质量的努力是州对联邦干预的反抗（见表 5-1）。但是宪法条例并不给予建立秩序的重复失败以合法证明。

表 5-1　仍旧没有遵从《不让一个孩子掉队法案》的州

州允许中学教师在仅有学前至 8 年级全科资格证书的情况下从教吗？	是	根据一定情况	否
亚拉巴马州	☐	☐	■
阿拉斯加州	■	☐	☐
亚利桑那州	■	☐	☐

州允许中学教师在仅有学前至 8 年级全科资格证书的情况下从教吗?	是	根据一定情况	否
阿肯色州	☐	☐	■
加利福尼亚州	☐	■	☐
科罗拉多州	■	☐	☐
康涅狄格州	☐	☐	■
特拉华州	☐	☐	■
哥伦比亚特区	☐	☐	■
佛罗里达州	☐	☐	■
佐治亚州	☐	☐	■
夏威夷州	☐	☐	■
爱达荷州	■	☐	☐
伊利诺伊州	■	☐	☐
印第安纳州	☐	☐	■
艾奥瓦州	☐	☐	■
堪萨斯州	☐	☐	■
肯塔基州	☐	☐	■
路易斯安那州	☐	☐	■
缅因州	■	☐	☐
马里兰州	☐	☐	■
马萨诸塞州	☐	☐	■
密歇根州	■	☐	☐
明尼苏达州	☐	■	☐
密西西比州	☐	☐	■
密苏里州	☐	☐	■
蒙大拿州	■	☐	☐
内布拉斯加州	☐	■	☐
内华达州	■	☐	☐
新罕布什尔州	■	☐	☐
新泽西州	☐	☐	■
新墨西哥州	■	☐	☐

续表

州允许中学教师在仅有学前至 8 年级全科资格证书的情况下从教吗？	是	根据一定情况	否
纽约州	☐	☐	■
北卡罗来纳州	☐	☐	■
北达科他州	■	☐	☐
俄亥俄州	☐	☐	■
俄克拉荷马州	■	☐	☐
俄勒冈州	■	☐	☐
宾夕法尼亚州	☐	☐	■
罗得岛州	☐	■	☐
南卡罗来纳州	☐	☐	■
南达科他州	☐	☐	■
田纳西州	☐	☐	■
德克萨斯州	☐	☐	■
犹他州	☐	■	☐
佛蒙特州	☐	☐	■
弗吉尼亚州	☐	☐	■
华盛顿州	■	☐	☐
西弗吉尼亚州	☐	☐	■
威斯康星州	■	☐	☐
怀俄明州	☐	☐	■
	16	5	30

1. 在设备齐全的教室中，拥有全科资格的教师可以教 7、8 年级。

2. 全科资格是针对学前至 9 年级的。

3. 不包括数学科目的情况。

（资料来源：National Council on Teacher Quality，State Teacher Policy Yearbook，2009）

州：扑朔迷离

州有教育部、高等教育委员会和专业标准委员会监管教师培养项目。州立法机关也参加。把这个过程比作艾博特（Abbott）和科斯特洛（Costello)的"谁是第一？"喜剧是吸引人的。这里，我们将会看到三个州：德克萨斯州、马里兰州和加利福尼亚州。

德克萨斯州：积极管制，极少执行

政策制定者和教育家对美国学生在数学和科学的国际测验中的情况都表示关心。而我们的兴趣在于去理解教师有哪些技能来教好这些学科。我们询问德克萨斯州教师培养项目要求多少门数学课程。答复是 3 门，尽管在规条中没有讲明所对应的内容。然后我们发现该州 1/3 的项目并没有执行这个要求。当我们报告这一点的时候，高等教育委员会则说它并不要求私立教育学院遵从这些要求。

如果旨在保护机构自主和学术自由，这样的偏离是可以理解的。如果政策的目的在于鼓励教师质量的统一标准，则是不可理喻的。如果州政府的官员规定每名有效的小学教师一般最少需要 3 门数学课程，政策应该适用于取得德克萨斯州执业资格的所有教师，最好是对数学的内容也达成共识。很明显 67 个德克萨斯州的项目就小学教师需要什么并没有达成共同理解。一些教育机构要求 1 门课程，其他的要求多达 5 门，内容的差异还更大。（见图 5-1）

总体来讲，德克萨斯州有关问责举措的核心特征是善意的但常常是有缺陷的，并且这些缺陷会通过对大学的诠释或者是忽视州的政策而变得更糟。管制系统在各种公告之下鼓起胸气，然后面对捍卫学术自由的抵抗。混乱和失败的政策并没有服务于儿童的利益。一个允许机构完全自主的系统不会承认一些机构运行得很差，以及学生的学习很差。

马里兰州：服从而没有结果

当德克萨斯州扮演了一个积极角色（特别是立法方面）的时候，马里兰州采取的是一个比较自由放任的措施。马里兰州对于项目质量使用的唯一的客观标准是上述讨论过的联邦要求：《1998 年高等教育法》（*The 1988 Higher Education Act*）要求识别低水准项目，但低水准的定义则由州决定。把标准定低能使少一些项目被识别出来。马里兰州要求其项目在必要条件方面准备好以保持通过，只有一个识别出来的项目没有达到该州的标准。在制订了一个从未向公众公开的补救计划之后，这个项目重新获得了它的身份。各州绝不告知公众有一个项目处在危险之中。在各州的网站上不会找到这种低级别的项目，它深藏在联邦政府持有的许

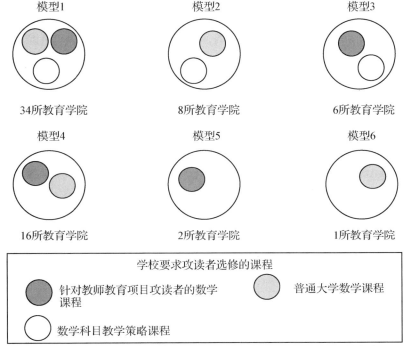

德克萨斯州实施的小学数学教师培养的各异模型不少于6种

模型1   34所教育学院

模型2   8所教育学院

模型3   6所教育学院

模型4   16所教育学院

模型5   2所教育学院

模型6   1所教育学院

学校要求攻读者选修的课程

⬤ 针对教师教育项目攻读者的数学课程　　◯ 普通大学数学课程

◯ 数学科目教学策略课程

　　使事情更为复杂的是，在各个模型的内部，所要求的课程量差异就很大。比如，西南大学、德克萨斯大学艾尔帕索分校和塔尔顿州立大学都使用模型1。然而，西南大学只要求1门针对教师教育项目攻读者的数学课程，德克萨斯大学艾尔帕索分校要求2门，塔尔顿州立大学则要求3门。除非每个学校小学教师教育项目的攻读者有显著的不同需求，否则这种差异就不是很合理。

图 5-1　缺乏共识的领域

（资料来源：National Council on Teacher Quality，No Common Denominator，2008）

多点击之后的一个站点中。

　　模糊的标准、不利的执行以及没有向公众披露使得问责没有任何意义。其他各州模仿马里兰州的举措去监管项目，把它们的培养项目与州际新教师评估和支持共同体(Interstate New Teacher Assessment and Spport Consortium，INTASC)或全国教师教育认证委员会的标准捆绑起来；只有在偶然情况下，有一个州真正地推翻薄弱项目。通过掩盖不利的发现或者是从不揭露它们，这些州保护这些薄弱项目(但这种保护不是保护毕业生，而是保护成绩较差的学生)。

加利福尼亚州：伴随着质量控制进行混淆地服从

州当局似乎要混淆地服从，这正是他们善于执行的方面，至于质量控制，他们并不擅长。让我们看一下加利福尼亚州的情况。在我们报告州府并没有测量其教师培养项目的质量之后，官员则称全美教师质量委员会并不理解各州的角色。加利福尼亚州的角色，是评估教师培养项目是否满足一些"前提条件"。我们问及所言的前提条件，他们的回复是，"前提条件是提供项目遵从的要求，而不是项目质量。"政府官员们更清晰的话语从未被表达出来。

加利福尼亚州帮助阐释了一些无效的规条。它们视书面审查和信息转至州检查机构为提高项目质量的方式，认为应该被置于许多其他州的中心。而事实上，教育机构应积极寻求方法以发现这些监管过程是无关紧要的。

政策失败的详情在德克萨斯州、马里兰州和加利福尼亚州是各有其具体情境的，但我们在这 3 个州当中的发现反映了其他州在真正的问责方面是如何处理以及如何失败的。让我们看看对于其他职业来说，确实有效的影响国家项目认证的角色。

鉴定机构：正确的观念，错误的观念形态

在教师教育中，分辨鉴定者和州的角色总是令人感到困惑。当前有两个鉴定教育学院的专门机构，全国教师教育认证委员会和教师教育认证委员会，但同时也存在地区性的鉴定者。地区性的鉴定者大体上认证的是培养机构，而不是教师培养项目。教师教育认证委员会将很快被并进全国教师教育认证委员会这个真正强大的集团。全国教师教育认证委员会认证了大约 600 所教育学院，而与之相比，教师教育认证委员会的认证少于 100 所。全国教师教育认证委员会并不是一个公共机构，但许多州不是要求他们的教育学院获得全国性的认证以获得项目许可而是其准许程序要和全国教师教育认证委员会的认证非常一致，因为全国教师教育认证委员会的认可经常替代州项目许可的旧管印章(见图 5-2)。

虽然全国教师教育认证委员会自 20 世纪 50 年代以来就广泛存在，但数十年来它并不能说服教育机构去获得认证权。在 20 世纪 80 年代初，全国教师教育认证委员会获得了牵引力，不是与教育机构一道而是与管理

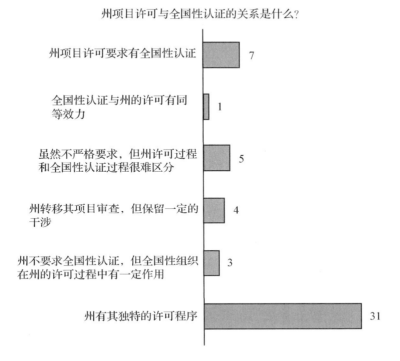

州项目许可与全国性认证的关系是什么?

州项目许可要求有全国性认证　7

全国性认证与州的许可有同等效力　1

虽然不严格要求，但州许可过程和全国性认证过程很难区分　5

州转移其项目审查，但保留一定的干涉　4

州不要求全国性认证，但全国性组织在州的许可过程中有一定作用　3

州有其独特的许可程序　31

图 5-2　州与全国教师教育认证委员会的复杂关系

（资料来源：National Council on Teacher Quality，State Teacher Policy Yearbook，2009）

授予项目许可的州机构一道获得承认。全国教师教育认证委员会向州争论在评估项目方面，委员会比政府官员们有着更好的位置。过了 10 年，40％的州以及哥伦比亚区割让一部分项目准许权力给了全国教师教育认证委员会，尽管以多种表现形式。几乎所有的州，即使没有割让权力的，也加入进合作。在过去 5 年内，相对来说，没有其他运动表明全国教师教育认证委员会—州的联盟可能已经处于巅峰。

　　虽然全国教师教育认证委员会在政策上的成功是非常令人印象深刻的，但是其对教师质量的影响却没有那么明显。多年以来，许多项目都抱怨全国教师教育认证委员会报告的要求并不增加价值。因此，包括受到高度重视的一些项目，都从不去寻求认证。毕业生项目在《美国新闻与世界报道》(U. S. News & World Report)排名最靠前的 25 所教育学院中，大约 1/3 都不是全国教师教育认证委员会认证的。与其他根本就拒绝给没有受到认证的培养项目的毕业生发许可证的专业相对照，当前只有大约一半的基于大学的项目是全国性认证的。

全国教师教育认证委员会的问题在于缺乏可信度：很少人会相信600个得到其认证的项目会比那些没有得到其认证的好。全国教师教育认证委员会是前教师学院（Teachers' College）院长亚瑟·莱文（Arthur Levine）尖刻的批评对象，他在2006年呈示的证据认为，从准入选择性和《美国新闻与世界报道》的排名来看，全国教师教育认证委员会更可能认证较弱的教育机构而不是较强的教育机构。莱文断言全国教师教育认证委员会项目认证出来的教师并不比从其他项目出来的教师更有效；尽管产生这些结果的做法是有点初步、不成熟的，其他人也以更学术的方式确证他的主张。全国教师教育认证委员会回绝莱文，但从那以后它宣布了重组和转移至新领导层。

教育机构需要实现质量控制，同时全国性的认证可以提供一种工具。我们主张认证应该有一个更强、更积极的角色。其他专业很早就指出了这一点。想成为美国一所正常运作的医学院，获得医疗教育联络委员会（Liaison Committee on Medical Education）的认证是一项义务，而不是一种选择。在大多数的州（明显不包括加利福尼亚），没有上过被美国律师协会（American Bar Association）认证的法学院的人是不能参加律师考试的。虽然专门的全国性的认证对工程和建筑学院来说是选择性的，但这种全国性的认证却被广泛寻求。

全国教师教育认证委员会的致命伤：质量标准

全国教师教育认证委员会可信度问题的核心在于其项目质量标准，它们缺乏区分做得好和做得不好的项目的一致性和针对性。全国教师教育认证委员会回避可量度的标准，其部分原因至少是因为有太多的培养项目将会不合格。另外一个理由是业界还没有总结出什么要素是重要的，共识还不明确。

求得共识的一个障碍是对教师教育的钟爱——对培养教师过程中存在的矛盾要宽容。特别是，全国教师教育认证委员会将不会实行最重要的一条标准——录取中有更大的挑选性的需要。其实，全国教师教育认证委员会需要坚决要求教育学院停止低门槛接收报考者。虽然这样一个标准相当于是精英主义，但是其他国家的研究和实践表明，较高的学术标准对于提高教师质量是必要的。

全国教师教育认证委员会对于界定高质量培养的标准是概要表达的。没有培养项目获得其所需要的指导；强大的项目经常未能获得认可。因为标准是模糊的，认证团有太大的自由度解释教育机构是否达标。

让我们看看没什么争议的一条标准：实习学校合作导师（a cooperating teacher）的质量掌控着学生教师（student teacher）的技能发展。合作导师的质量将会决定经历是否增值。除非培养项目相信训练教师最好的方式是让他们观察不该做什么，否则给学生教师安排一个无效的教师是毫无意义的，就像给住院实习医师安排一个医院中最差的医生一样。

全国教师教育认证委员会（NCATE，2006）声明受到认证的学院必须选择"胜任的专业人员……能够指导和监管者"担任合作导师。它也说道，"学院全体工作人员所需具备的条件是清晰的，也是为所有有关团体所知晓的。"当"学院工作人员没有表现出被期待的胜任的专业人员的知识和技能"时的情况是不被接受的。

但什么是一个胜任的专业人员呢？合作导师本身必须是一个有效的教师吗？通过何种测量？全国教师教育认证委员会从未澄清其期望，其中的模糊是难以让认证团进行理解的。这也帮助解释我们在 134 个学生教学项目研究中的发现：受到全国教师教育认证委员会认证的教育学院中超过一半没有施行任何有关选择有效能或有能力指导的合作导师的标准。我们看不到任何共同的线索定义"胜任的专业人员"。

让我们看一个更具争议的标准：阅读教学。全国教师教育认证委员会坚持认为作为均衡读写方法的一部分，其所属教育机构必须科学地教基础阅读教学。全国教师教育认证委员会应该接受无可争议的早期阅读研究，然后进行影响和再教育，还要融入相关研究于教学。全国教师教育认证委员会赶上了阅读策略的战争，却浪费了这个机会。

实践出真知，在过去 6 年里我们检查在其阅读培养质量被全国教师教育认证委员会所认证的 103 家教育机构中，发现只有 38 家向其攻读者呈示科学发现。至于这 38 家机构把这些校长教得怎样，我们无法辨识。

通过教育机构本身的项目监管

我们是从上层开始讨论的，谈及联邦政府在提升教师培养项目上的无效，州政府不愿意或无能这样做，以及全国教师教育认证委员会令人失望的结果。既然如此，还有什么能维持教师教育的秩序呢？

不要看阻力最大的大学和学院，直接地，我们视之为当然，对于他们的信念来说，真的不存在高质量教师的培养这样一种东西，成为有效教师所需要的知识和技能仍是未知的或者说是一个主观问题。学院和大学主张教什么应该不仅由教育学院决定，也应该取决于教授个人。许多人假定学术界这么少干预的缘由，是他们不想和摇钱树混在一起，但这是一个没有解释出为什么大学不想要高质量的摇钱树的理论，而达到高质量的大部分东西又不只是高成本的。

再来看一些实据。通常，在同一个州内或同一个大学系统内是没有达成共识的。在德克萨斯州，德克萨斯大学奥斯汀校区要求其初中科学攻读者学习 12 门生物课程；而泛美分校，虽然同属一个大学系统，但只要求 3 门。在伊利诺伊州的州立大学系统内，有 2 个机构不要求小学教师攻读者学习有关小学数学内容的课程；6 所其他的机构则要求学习 2 门才可以。

更奇怪的是能这样容忍在同一个教育机构之中传送给攻读教师者相互矛盾的内容。这个领域似乎对不整合的实践感到舒适：容忍一个教授教有关阅读的科学，结果发现是空话，同时另一个教授充满信仰地教着科学。

在美国，医学院不会容忍一个教授赞扬蒙骗病人的德行，但教师培养会允许。教师攻读者没有被教到如果他们采用"全语言"方法进行阅读教学，他们将会成功地教会班级里 60％的学生（平均来说），而用一个更系统和直白的方式，他们能够成功地教会 95％的学生。

制造零错误，高等教育更愿意用利剑保卫学术的自由而不是保护对于国家公立学校的学生来说最有益的东西。

从专门性和区域性认证的普遍失败这方面来说，自我监管是存在问题的。在一定程度上，认证通过引入许多不愿意设置和施行高标准的机构和个体而发挥了多方保护的功能，下放责任到个体的教育机构是解决不了问题的。无论是教育机构还是鉴定机构都没有对集中于可测量的、有意义的学生学习结果（成就、留职率、毕业率和就业情况）的问责表示出兴趣。

我们建议的修复

好消息是所有的这些混乱都是可修复的——尽管不容易，也不是没有风险。正如我们之前展示的，立法的和管制的反应以及自我监督都是不充分的。我们认为最有前景的解决方案是迫使教师培养项目培养学区需要的教师。唯一的方式是使用市场的压力——董事会去选择聘任教师——去加强成功的项目和关闭那些对要求无动于衷的项目。

多种因素也必须被配备。第一，公众需要有能力去比较培养项目。第二，这种比较必须是可信的，理论上基于客观测量而非个人判断。

这些数据有两个可能的来源。第一个是有保障的州纵向数据系统。这些系统，尽管还不成熟，很多通过"力争上游"计划的资助还是能够快速发展起来的。一旦完成，我们就能够测量毕业生的表现、测量教师培养项目培养的毕业生有能力提升学生在数学和阅读方面的学习。尽管这些数据将会推动我们前进，但它们也是有局限的。

一是在新测试没有被采用之前，这些数据只能告诉我们 3～8 年级教师所教学生的表现，只能告诉我们阅读和数学方面的成绩，而且只是有关州的标准测试。在如何使学前至 12 年级的教师负起责任的讨论中，使用这个单一的测量去决定一个教师是否有效已经被证明是行不通的；这对于教师培养项目来说也许同样如此。

二是产生于增值措施的发现往往是非常"喧闹的"——意味着很难区分雇佣教师的地区的影响与培养项目的影响。研究者能够控制地区的影响，但又不是总是能。最具有挑战性的是那些送少量教师去许多不同地区培养的项目或者某个培养项目是该地区教师的唯一供应来源的情况。

三是只用一个增值工具会冒以一个中等普通的项目为模范的风险，仅仅因为其有最高的表现。许多使用增值数据的学区在表现最好和最差的学校之间看起来只有很少的不一样，这表明其本身是个问题。

四是不管州如何善用增值措施，结果从不会告诉我们为什么一个机构好于另外一个机构。

绩效评价是第二个让我们进行客观项目比较的可能数据来源。这些是经过训练的观察者使用的观察工具。加利福尼亚在其资格测验中包含有一项绩效评估（Performance Assessment for California Teachers，PACT）。作为盖茨基金会资助的有效教学测量研究的一部分，哈佛研究者托马斯·凯恩(Thomas Kane)正在研究教师在 6 项绩效评估中的得分与学生的学业成长的关系。这些结果是很有用的东西。

然而，很难知道这种"结果"评估如何才能成为一项辨析教师质量有效能和有效率的措施。在其本质中，这些评估只能对教师的表现来一个快照，其中的大部分是"断章取义"的。数学教师兴许会在部分评价量表中得分高一些即使他们不是在教正确的内容。虽然可以使量表变得更具有主体结构并能更频繁地观察教师，但这么做将会增加对受过训练的观察者的工作量以至于使系统运作价格高昂。

"产出"数据的缺陷可以通过加入另外一个教师培养项目的数据源而获得改善，即他们的一系列的绩效对照有意义地捕捉了学校提升学生成就所需的知识与技能的标准。

尽管阻力来自许多教育学院，但全美教师质量委员会 5 年多来一直致力于研发这些标准，求教于地区的同时也在全国范围内试验这些标准（标准可在 www. nctq. org 上查阅）。这些标准能够对教育学院进行评价，利于培养更有效的教师。

在我们的讨论中，督学非常清楚他们想要聪慧的教师，除其他胜任素质之外，要熟悉其所教科目，知道如何最好地教，如何评估其学生，以及如何管理教室。在我们的实地研究中，我们发现督学所辨识的素质与教育学院认为重要的东西之间几乎没有关系。

教育学院有关这些标准的抱怨既指向我们标准的内容又指向我们依赖教学大纲和教科书决定课程内容的方法论。这些批评再也没有更具体一点，但当他们更具体一点的时候，他们就揭露了学校对未来教师的期待（我们标准的基础）和教育学院如何培养这样的教师之间的不衔接。

举例来说，我们听到许多的批评说我们的标准缺乏一个研究的基础，但反驳的时候，最基本的目标却是有最多的研究做支撑的标准（科学地基于阅读教学）。我们认为教育学院对标准的抗议源自太多的教育机构不能达标的事实，导致全国教师教育认证委员会已经有意回避结果（不过，对此，我们认为方向是错误的）。

结论

将教育学院放在同一页，或甚至在同一本书的努力是失败的，因为它们没有捕捉到学前至 12 年级学校的需要。高质量教师的培养可以提升学生成绩。我们既不愿意仅仅依赖选择性的培养方式而围着教育学院转，也不愿意容忍表现不佳的学院培养不能使儿童的教育增加价值的教师。

吸引更多精英学生不是唯一的策略。"选择性的教师资格认证"也不是万能灵药。我们提议更大的选择性，但是教师培养还是拥有潜力的，因为如果人受到有目的和系统的培养，是能成为更好的教师的，特别是对年轻的学生来说的好教师。达到那个目标需要有严格的要求以及对教师教育项目的度量。

反对观点

阿尔弗诺学院，玛丽·E. 迪茨

作为高中辩论队的一员，我曾深刻认识到一个论点中的术语定义在准备辩论时是关键的第一步。如果我们打算有一个清晰的论点，我们要讨论的问题是"更严格的教师教育标准应该被设立吗?"则需要很多的信息解锁。因此让我从定义如下术语开始：严格、教师教育标准、设立。

举例来说，一个人可以从"输入"方面定义严格——确切遵守教师教育项目中一系列具体的要求。也可以从"输出"方面来定义——作为项目的结果，攻读教师教育者所掌握的知识和技能的深度。本文认为输出方面对于确保质量而言是更为重要的，并提议更严格意味着更深和更强的发展而不是更具体的要求。

有关标准的概念也需要注意。有三种标准：内容标准、绩效标准、学习机会标准，三者都用于教师教育。内容标准确认了攻读教师教育学位者应该掌握的关键知识领域。联系学前至 12 年级学生学习标准和学科领域的教师标准，我们对于那些知识领域的理解有日益增长的共识。绩效标准为攻读学位者如何在情境中展现应用他们知识的技能提供了准绳。学习机会标准则呼吁，保证在攻读者对其知识和技能负有责任之前，教师教育项目应提供给他们适切的课程和实地实习，并配有正式的反馈以支持他们的发展。本文认为有效的标准需要反映上述三方面：内容、绩效和学习机会标准。

在被动语态中问"更严格的教师教育标准应该被设立吗?"其实没有提及活动的主体，也就是说，谁应该设立教师教育标准。设立标准的管理机构可以在三个群体中找到——政府机构（government agencies）、鉴定机构（accreditation bodies）以及教师教育项目（teacher education programs）本身。当教师教育标准从项目的外部施行，无论是通过州层次负有教师教育法律责任的机构还是通过鉴定机构的同行，我们都可以称之为外在的标准。

当标准被内化并且为该教师教育项目所拥有，我们可以称之为内在的标准。在教师教育中，理想的标准既是外在的又是内在的。州府和鉴定机构明确教师教育标准是为了通过对教师专业形成共同的期望以向公众提供保证。但是教育机构需要超越仅仅遵从外部的要求，他们必须"拥有"自身培养教师的道德目标。本文认为如果想要标准是有意义的，教师教育项目必须使标准为其所有，并在州政府和鉴定机构提供的结构下支持这种拥有权。

现在，让我们移至更充分的讨论。本文将从教师教育中有关标准的最近历史简介开始，检查对培养教师项目的当前期望，以及有理有据地总结我的总体观点以反对一些主张。

教师教育中标准的简史

回看 20 世纪 80 年代末和 20 世纪 90 年代初，作为参与州际新教师评估和支持共同体（Interstate New Teacher Assessment and Support Consortium，1992）原始的模型标准发展的一员，我会说这些教师教育中标准和评估改革的努力是有意要实现三样东西的：

①使教师教育关注的焦点从输入转至结果。

②为新教师提供清晰的预期。

③实现三个目的——支持攻读教师教育学位者的成长、记录攻读教师教育学位者的发展、贡献持续的教师教育项目提升的评估系统。

在帮助州府和鉴定机构检查这三个目标方面，州际新教师评估和支持共同体起着主导作用。

从输入的聚焦到结果的聚焦

20 世纪 80 年代晚期高度官僚化的教师教育是以聚焦要求为标识的：要求了学分数量、课程具体内容——有时还规定了题目以及其他州政府和教育部门——说明的细节。在威斯康星州，州章程中甚至还有这个系统的残余。比如，社会研究的教师教育攻读者要求有涉农企业经济学的课程作业。

当许多先前的要求未被结果的期望所替代之后，其他的要求就加入进来了，特别是有关攻读学位者的考试。大多数的州明令攻读者既要通过入学考试也要通过毕业考试，而通过的分数由州决定。这项要求意料之外的后果是引起全国范围内的攻读者多样性的减少——从种族和少数民族以及来自不同社会经济背景的人来看。教师教育者们都担心许多有能力学和说明项目结果的多样化的攻读者已被这类狭隘的措施排除在外了。在威斯康星州早期的测试应用中，项目是允许使用不同种类的证据以显示在阅读、写作和数学方面的胜任能力的。举个例子，阿尔弗诺学院项目所使用的措施就强烈地与教学实践中这些技能的应用相互关联。此外，有些教师教育者比方说达琳·哈蒙德就抱怨州所使用的当下的基本技能测试没有展示出与有效教学表现的相互关联（Daring-Hammond，2010）。

全国教师教育认证委员会是相对较早地将焦点移至结果的，差不多同时教师教育认证委员会也以类似的议程登台。两个鉴定机构都寻求让教育机构给出清楚的攻读者的学习结果，关注能说明攻读者结果的证据以及这个项目的学生在学前至 12 年级学校的后续表现（NCATE，2006；TEAC，2010）。今天，当我们讨论高素质的教师与高质量的教师的差别时，很明显这是在重申如下观点，即指明输入并不总是产生想要的结果。

为新教师提供清晰的预期

州际新教师评估和支持共同体在 20 世纪 80 年代末期停止了一系列讨论，与主要州立学校官员理事会联盟——这个组织发展了 1992 年州际新教师评估和支持共同体的模型标准。这些模型标准提供了一个可选择的办法以详细说明新教师需要知道什么、能做什么以及所持有的性情倾向的输入。它被 38 个州采纳或修订，州际新教师评估和支持共同体的模型标准为教师教育者提供了一幅清晰的对于新教师预期的图景。

提供一个有意义的评估系统

州际新教师评估和支持共同体模型标准假设了一个很强大的评估系统，涵盖教师教育期间和进入教学的第一年。尽管它没有具体指明任何一个系统，但是拿康涅狄格州的新教育者支持和训练（BEST）项目来说，一个教师第二年的档案袋评估就提供了一个健全的关注教师绩效的适当评估模型；这样将教师本人的文件放在一起也为其提供了具有重要意义的支持。全国教师教育认证委员会将州际新教师评估和支持共同体的标准吸收进其体系，处理了两个关键领域：一是攻读者知识、技能和性情倾向发展的档案；二是为了持续的项目提升的使用证据。全国教师教育认证委员会标准同时也详细阐述了评估对攻读者成长的重要性，特别是

通过正式反馈的方式。教师教育认证委员会在其指引认证的四项原则中
也强调了类似的议题——特别是聚焦作为一个持续过程的提升和攻读者
学习及学前至 12 年级学生学习证据的确实性。

新兴教师教育标准中的当前期望

在州个体和全国范围内，修正教师教育标准的工作已经被完成或者
是正在进行中。比如，西弗吉尼亚州和北卡罗来纳州就采取了重大的修
正以处理 21 世纪教育的要求。2010 年夏季，一个推动了州际新教师评估
和支持共同体标准的修订的类似的关注被公布。这个州际新教师评估和
支持共同体组织是受如下信仰指引的：当仍旧必须关注教师需要知道什
么、能够做什么和所具有的性情倾向时，标准需要重新定义给学习者带
来什么——他们的背景、兴趣、需要、优势和未来目标与机会。我们学
前至 12 年级的学生带着怎样的背景——从在家说的语言以及有科技含量
的设施到全球议题的意识，他们的兴趣、强项和需要是什么？在一个全
球性的市场中他们需要准备些什么以应对将来未知的工作？

令人惊奇的是，组织发现 1992 年标准的许多内容在这 18 年的应用中
起到了非常大的帮助；标准修订小组，正像在西弗吉尼亚州和北卡罗来
纳州那样，寻找措辞以捕捉更深的语言和文化多样性意识、更多的技术
力量作为学习工具，以及正式评估中丰富的机会以支持学生学习的意识。
认识到教师对其学科的理解仍旧是非常关键的一点，修订组探索着强调
联系学科和其他领域以及联系学科和拓展学习所需的关键技能的能力。
确认教师有必要理解学习者，包括他们的发展、他们的差异和他们的相
似点，修订组扩展了教师更有效地设法解决个人和群体需要的期望。

虽然承认有持续的需要以使教师有能力计划和提供教学，但是修订
组呼吁的是在学习经历、学习环境发展的设计中与学习者进行更多的协
作实践。基于反思和社区契约的需要，新的修订也拓宽了专业责任的含
义以包含教师领导。修订的目标是既要抓住过去 20 年学与教的研究，又
要以多样化学习方式、模式和地点的新意识挑战传统惯例的实践。这些
修订的标准有可能影响教师教育标准中的外部力量——州和鉴定机
构——正像 1992 年版本所发挥的影响。但在州和鉴定机构中已经有相当
大的动作了。此外，全国教师教育认证委员会和教师教育认证委员会正

在商讨着建立一种联盟以提供给教师教育项目广泛的鉴定选择和保持关注结果而不是输入的政策。

当前绩效标准和程序的工作有着更有意义的教师教育项目评估的承诺。最近新成立的教师绩效评价协会（Teacher Performance Assessment Consortium，TPAC）与美国教师教育学院协会、国家学校管理委员会和斯坦福大学（Stanford University）会面，这些组织的领导与加利福尼亚州教师绩效评估一道为全国性适用的教师教育攻读者绩效评估的发展提供了一个基础。20 个州已经签字同意进行这项努力并正在加入接下来的 3 年的预研究。

教师绩效评价协会正在发展一种通过一项 3～5 天"教学事件"（包括计划、反思、录像和有教师反馈的学生作业样本）记录的绩效评估以捕捉有效教学实践证据。用文件证明工具和程序有很强的效度和信度，绩效评价协会所致力的这种评估是非常有前景的（Pecheone & Chung，2006）。

教师绩效评价协会也确认处理学习机会标准的需要，并将个体的教师教育项目中的嵌入式特色评价（embedded signature assessments）和在教育机构群里通用的毕业教学实践（the capstone teaching event）结合起来。这些正式的评估在项目的全程之中为攻读者的学习提供脚手架，帮助提供重要教师角色的实践。这些评估也在其说明项目结果进步的方面给攻读者提供正式的反馈。典型的例子包括儿童案例研究、学生学习分析、学习活动发展和小学生适当评估、课程或教学事件分析。在毕业教学实践中的表现可以反馈说明项目中所需要加强的领域，引发额外的嵌入式特色评价能提供给攻读者更多的学习和实践机会。嵌入式特色评价和通行的毕业教学实践合在一起，支持这种教师培养所需要的严格要求即教师知识、技能和情感倾向更深和更强发展。

回应支持施行严格标准的主张

正如我们站在新千年的第一个 10 年末，我们教师教育的方向应该是什么呢？我们应该如何看待在我们面前的这个问题里的主张：更严格的教师教育标准应该被施行吗？接下来的部分总结三个论点以反对这些主张。

第一，考虑到这里所说的"严格"是指教师教育攻读者作为项目结果所需要掌握的知识和技能的深度，内容标准的当前工作（如州际新教师评估和支持共同体、西弗吉尼亚州和北卡罗来纳州）结合绩效标准的当前工作（如加利福尼亚州教师的绩效评估和教师绩效评价协会），提供着确保攻读者深度发展至精通的最佳途径。底线是我们需要拥有教师教育毕业生准备好在学前至 12 年级教室有效工作的证据——不是他们进来时候考试的分数和（或）他们项目详情的具体说明。因为对于确保质量来说，结果较之输入是远远更为重要的，回归先前的输入规格的关注将是一个重大的失误。

第二，如果有效的标准需要设法解决内容、绩效和学习机会的问题，则当前内容标准结合绩效标准的工作已经是准备好的关键的部分了。学习机会标准的观念是全国教师教育认证委员会评估系统的一个关键成分，对于教师绩效评价协会的嵌入式特色评价也是这样。如果我们打算拥有强大而多元的教学力量，我们则不应该在开始的时候就对攻读者做筛选从而保留那些已经能够通过州项目的填空考试的人，就像一些项目所做的。教师教育项目需要确保有潜力发展为强手教师的攻读者有机会入选学习；教师教育项目也需要有能力基于使用教师绩效评价协会的证据或一个类似的关注结果的评估来做攻读者学业完成的判定。

第三，是有关内在与外在控制的概念。将来总是由州政府和鉴定机构监管教师教育的，那是一项公共责任。然而，大陆航空公司（Continental Airlines）上一年在全国各地的机场做的搞笑商业广告提醒了我："工业有标准；幸运的是，我们拥有我们自己的"。如果想要标准是有意义的和有效的，教师教育项目必须使标准属于他们自己，在州政府和鉴定机构提供的结构下去支持这种拥有权。最后，用强而深的知识、技能和情感倾向发展教师攻读者的道德目标与教师教育项目同在。我们有足够的经验知道遵照一系列外在的详细规定并不能保证培养出优质的教师。不过，全国教师教育认证委员会和教师教育认证委员会都允许教育机构设定自身质量和严格标准。全国教师教育认证委员会最近通过结果和评估体系的设计这么做；教师教育认证委员会简要使用证据的手段来形成支持。像教师绩效评价协会有另外的一些工具，教师教育者组合项目的本土拥有权和一个有效且可信的教师攻读者准备情况的评估以承担起对一个课堂的责任。

注释

我们最新的估计是 1 408，但我们现在知道这是一个有待修正的数字，因为我们不再依赖任何州的统计而是在看这个国家中每一个机构的水平层次。统计时使用不一致的水平层次是相当明显的：国家研究委员会（National Research Council，NRC）在 2010 年 5 月发布一份关于教师教育的报告，在报告的第 13 页说整个国家有 1 096 家机构提供教育学院项目，第 161 页则说有 1 300 家机构。（NRC，2010）

拓展阅读资料

Crowe，E. （2010）. Measuring what matters: *A stronger accountability model for teacher education.* Washington，DC: Center for American Progress.

Darling-Hammond，L. （2010，February）. *Teacher performance assessment: Raising the bar for teacher effectiveness.* Panel presentation at the Annual Meeting of the American Association of Colleges for Teacher Education，Atlanta，GA.

Interstate New Teacher Assessment and Support Consortium （INTASC）. （1992）. *Model standards for beginning teacher licensure and development: A resource for state dialogue.* Washington，DC: Council of Chief State School Officers.

National Council for the Accreditation of Teacher Education （NCATE）. （2006）. *Professional standards for the accreditation of schools, colleges and departments of education.* Washington，DC: Author.

National Research Council （NRC）. （2010）. *Preparing teachers: Building evidence for sound policy.* Washington，DC: National Academy of Sciences.

Pecheone，R. L. , & Chung，R. R. （2006）. Evidence in teacher education: The Performance Assessment for California Teachers （PACT）. *Journal of Teacher Education*，57，22-36.

Teacher Education Accreditation Council （TEAC）. （2010）. *TEAC's philosophy of accreditation.* Retrieved April 9，2010，from http: //www. teac. org/? page _ id＝168.

U. S. Department of Education，Office of Postsecondary Education. （2009）. *The secretary's sixth annual report on teacher quality: A highly qualified teacher in every classroom.* Washington，DC; Author.

Wilson，S. , & Youngs，P. （2005）. Research on accountability processes in teacher education. In M. Cochran-Smith & K. Zeichner（Eds. ），*Studying teacher education* （pp. 591-644）. Washington，DC: American Educational Research Association.

话题 6

非传统教师证书能够吸引更优秀的教师吗？

支持观点：波士顿教师住校项目，耶西·所罗门、
爱德华·刘；公立教育新视野网站，
莎拉·凯利

反对观点：俄亥俄州立大学，桑德拉·A. 斯特鲁特

概　述

正如在这一卷其他话题所见到的，《标准和问责》(*Stands and Accountability*)，存在着有关如何解决美国课堂教师这方面人力资本问题的真正讨论。各种各样的政策方案是为了确保美国课堂中有合格和有效的教师。一些改革者赞成更严格的教师教育机构认证标准。其他人则认为放松管制是答案，坚称放松教师许可过程的管制使吸引更广泛、有希望达到更高水平的教师人才到教室中去成为可能。最后，正如在本话题所见到的，也有人提议替代路径是真正的吸引学校和学区所需要的人才的最有效方式。

一些初步的研究表明，教师的学术质量与该教师培养学生学习的能力之间有清晰的关系。如果这是真的，那么很明显所有那些致力于招募和保留高素质教师的核心任务之一将是识别拥有强大学术背景的个人。确实，部分组织，如全美教师质量委员会，提议未来的教师应该是毕业于他们高中毕业班前一半的人。这一要求所暗指的正是这样一种必要，即教师个人拥有的学术素质能随后注入和塑造他们所教的学生。

在本话题中，两方面主体提供有关替代路径作为提升教师质量机制的论证。美国大多数的教师都是通过基于大学的传统项目培养的。最近，全国各地的政策制定者都赞成把替代性路径作为一个提升课堂人才库的工具。通过耶西·所罗门(Jesse Solomon)(波士顿教师驻校实习项目)，爱德华·刘(Edward Liu)(波士顿教师驻校实习项目)和莎拉·凯利(Sarah Kelly)(公立学校的新视野)以及桑德拉·A. 斯特鲁特(Sandra A. Stroot)(俄亥俄州立大学)对替代路径效能的辨析，读者将具体知晓这种观点。耶西·所罗门，莎拉·凯利和爱德华·刘为替代性路径提供存在理由，而桑德拉·A. 斯特鲁特则主张课堂人才库需要通过已经准备好的和获得认证的传统培养项目才能得到成功保障。

耶西·所罗门及其同事所描述的波士顿教师驻校实习项目和其他项目都是替代性路径的例子。正如他们所指出的，这些项目并不侧重职前教育但却特别努力吸引展现出强烈教学兴趣且获得学位的个体。耶西·

所罗门及其同事指出这些项目能使参与者在现场工作、与真实的学生和熟练的教师有直接而重要的互动。替代性路径培养项目的参与者能够通过直接的临床和实习看见理论与实践的联系，能够与在和学生（随后将对之担负起责任的学生）相处方面已经相当成功的教师一起工作。耶西·所罗门，爱德华·刘和莎拉·凯利所强调的这些方法不是唯一已经准备好的替代性路径模型，只是波士顿项目，最近已经被认为是最有效的招募和配置高质量教师于课堂之中的方式之一。

桑德拉·A.斯特鲁特的视角则不一样。她认为教师培训确实重要，同时也有研究表明教师教育过程的卓越之处。桑德拉·A.斯特鲁承认现存的体系尚需改进，但她主张如果有广泛的职前教师教育经验和有关未来教师责任的任务训练，美国的学校也将能够获得他们所需要的师资。她反对在进行正规教师任务训练之前仅提供有限教师暴露的替代路径。在其分析中，桑德拉·A.斯特鲁特特别提起，替代性路径的教师所教的学生往往是最需要高水平的专业技能教师来教的。简而言之，她坚称替代性路径使这些本身已经处于危境的学生陷入进一步的危险之中。

在阅读这两篇文章时，思考如下问题。第一，什么样的学生是典型的、最有可能被替代性教师教育项目培养的教师所教？换个方式来说，哪种类型或组别的学生倾向于被具有替代性教师许可的教师教？第二，传统教师培养项目应怎样改进才能确保获得认证资格的教师是将使美国学校更具国际竞争力所需的学术人才？

托马斯·J.拉斯利
戴顿大学

支持观点

波士顿教师住校项目，耶西·所罗门、爱德华·刘；
公立教育新视野网站，莎拉·凯利

教师资格替代路径的发展无疑吸引着更优秀的教师到美国教室中去，鼓舞着教师教育以创新去达成必要的改进。这也就是说，与所谓的替代项目和传统训练相比，然后问哪一个更好？是对问题的简单化。这个问题关注的是成人和输入，其实最终的教师教育受益者是我们国家的儿童。因此，问题应当是，教师教育需要看起来像什么样才能为学生提供最好的结果？正如本话题所探索的，必须组合替代和传统模型，如是支持以下论点——认证路径的放松管制已经带着我们更接近教师教育理念，给这个领域提供了许多使理想成为现实所必需的改进。

长久以来，来自各个部门的共识就是我们需要更优秀的教师——而不只是由于我们的学生持续落后于中国或世界其他地方的同龄人。美国的人口特征改变得非常快，而与此同时日益深化的经济全球化和技术进步又要求有新技能和资源。为达到该目的，替代性资格项目展示了明显的成就：它们专注于有高需求的学科领域，如数学、科学、特殊教育和作为第二语言的英语；它们为很难招到教师的城区或乡村提供人选，从而确保博学的教育者更均衡分布；它们灵活地回应地方性的情境。对个别替代性项目的研究也已表明，在一些案例中，它们的毕业生留在教学岗位的时间更长，与传统项目的毕业生比起来也更有效。

可以说，教师资格替代路径最重要的贡献在于在整体上给教师教育领域置入竞争与创新。从早就建立的为美国而教项目到新近"医学模式"的教师驻校实习项目看，替代性教师教育项目确实有助于提升各种类型的教师训练。它们带来了紧迫感、实验的兴奋感以及给一个多世纪以来大体没有改变的教育实践带来许多新的想法。自 20 世纪 80 年代开创以来，替代性培养路径对许多教育学院产生了深远的影响——同时，明显地——两者之间的区别就模糊了。所以，也有这样的结果：我们不能明确地说其中哪一个路径覆盖了培养更优秀教师的市场。

在深入探讨以前，有一个告诫值得说一说：作为一个领域，教育者并不擅长测量教师的优势。这个问题主导了当前的教育改革景观——如何定义效能，如何测量，以及这些方法应该基于怎样的技术、实践和结果——但这仍然是一个新兴的专门技能领域。研究者通过说服"更优秀的、更有能力的"教师去教而使所有学生达到其知性上的优势，推动他们前进至精通水平，这些教师有能力通过一系列有研究基础的、紧密联系学生需求和在一定的年级水平、一定的学科领域中能做什么的协作教学实践去实现教的超越。没有人会拒绝让更多具有这样胜任能力的教师到教室中去实现教育的最佳利益。这样，总的问题就是要通过既包含教师质量又包括学生成绩的棱镜来看：教师教育项目，包括传统和替代的，需要做什么以产出将对学生学习有最好影响的教师？

替代性认证的合理性

替代路径项目的论证和合理性随着时间推移不断演进。从 20 世纪 80 年代到 21 世纪初，替代性认证主要被看作是扩大教师供应的机制。许多为这些项目辩护的潜台词就在于批评政府管制和垄断。不同于医学和法律，其专业组织对培养人选进入的门槛有高度的控制，教学专业的进入则是受州政府的控制。教师教育项目必须被其所在的州许可，同时个体必须完成一个受到许可的项目以获得从教资格。

在 20 世纪 80 年代和 20 世纪 90 年代，一些政策分析者认为这种安排在本质上是让大学获得垄断权，从而使大学有很少激励因素去回应市场要求或者是学校和学区变化着的需要（Thomas B. Fordham Foundation，1999）。与此同时，他们认为，认证的要求构成许多有能力的人选不能从教。20 世纪 80 年代和 20 世纪 90 年代初期的研究发现考入教育学院的学生，其学术能力评估测试（Scholastic Aptitude Test，SAT）分数一直下滑（Hawley，1990），有人就认为放松进入管制将自然促进供应和吸引有较强学术背景的个体。这种观点所暗含的意思（有时说得更直截了当）是传统教师教育项目中的许多课程作业不是必需的。确实，有些研究者提供了证据——教师认证和学生表现之间微弱的关联能支持这个观点（Ballou & Podgursky，1994，1998）。

这些政策观点为 20 世纪 80 年代就在一些州如新泽西、德克萨斯和加利福尼亚出现的替代性路径项目提供了更清晰和连贯的合理性说明。在1984年，新泽西州通过法案创造了一个在全州通行的替代性路径认证，成为"第一个准予获得其他领域学位的未来教师以永久资格的州，避开了教育学院从而接受在教室中的在职训练"（Barclay et al.，2007）。这样，起初的替代认证运动的使命就是为过去不能或不愿意走传统路径的优秀教师人选的入职移除障碍。这是基于传统项目两个主要不足的认识：这些项目的时长和费用让高端人才不敢涉足，而大量的课程作业又是不实际的，这与培养优秀教师无关。

第一个替代性项目尝试正面解决这些问题。它们的目标，在本质上，是出去寻找优秀的人，并让他们尽快投入到教室中工作。许多的训练就在工作之中，最大化"真实世界"的教学经验和最小化无偿攻读该项目者的时间。起初的目的和许多替代性项目的设计让它们一开始就饱受争议。由于它们倾向于回避许多课程作业和传统项目的职前教育，这些项目（过去是也持续是）被批评在攻读者未准备好去教之前就放他们进教室。最糟的是，这些项目被说成把需要最好的教师来教的儿童——那些在表现不佳，很难招到教师的学校的儿童——交给没有其所需的技能和知识的教师来教。虽然这种说法有一定的道理，但是替代路径的支持者要指出的事实是：这些教室经常是由没有受到认证的教师或甚至是一连串的经常更换的代课者在管理着。虽然替代性认证的教师通常不是全面准备好的，但是至少在紧急情况之下，是有点准备的教师在从业。

最近几年，替代性路径认证的合理性转移至强调质量和满足学校、学区需求之中。虽然还是注重减少入职的障碍和让人选尽早进入学校，但是替代性认证的支持者日益强调学校作为训练场所的益处。他们认为学校的临床教育具有使攻读者获得更多真实世界技能和对学生理解的潜力。的确可以说高质量替代性认证项目的元素是相似于专业发展学校的，这些是为追求教师教育质量提升的人所长期倡导的。此外，替代性认证项目能够根据地方需要来定做训练，不只是提供一般普遍的训练，他们能够为一个特定的地区课程、政策和学生人口培养教师（Johnson，Birkeland，& Peske，2005）。

当前的景观

替代性认证项目自20世纪80年代起就开始了。今天，在美国每年登记聘用的 21 万名新教师中，大约 1/5 都是通过"替代性"方式认证的。但是，绝大部分新任教师是通过基于大学的研究生、本科生教师教育项目来进行专业学习的。这些"传统的"项目要求有 30～36 个学时的课程作业以及在 1 个或以上的学校进行 6～16 周教学的预先实践经验。

由于这些年来对其质量的讨论已经高度政治化，教育学院最近经受了大量的审查。虽然有一些攻击是尖酸的，但是许多教师教育者还是承认是有一些道理的，从录取的低学术门槛到非常理论化的课程作业要求来说，是有道理的。时任教育部长阿恩·邓肯在 2009 年哥伦比亚教师学院的一次大型讲话中总结这些批评道："几乎以任何一个标准来看，在这个国家的 1450 所学校、学院和教育系中，如果不是大部分，也是许多都是在为 21 世纪课堂的现实教学培养教师。"

然而，正如接下来要讨论到的，传统和替代性路径（alternative route）之间的区分有太多可以说的。两者之间的界限是模糊的，每一个路径都包括不同质量的项目和多样的设计。发展组织的力量去实施一个强大的项目，以及一贯地培养高效能的教师，是所有的教师教育项目，无论何种类型，都一起努力争取的（Johnson et al.，2005）。

此外，考虑到社会和经济上的一些变化，教育领域也许需要提供多种专业许可的路径以吸引其所需的高素质人才（Johnson & The Project on the Next Generation of Teachers，2004）。21 世纪初退休的那一代教师是不平常的一代，因为他们中大部分人的几乎整个工作生涯都贡献给了教师这个职业。对于 20 世纪 50 年代的美国大部分历史来说，教学更多是一个短期工作（Lortie，1975）。到了 20 世纪 70 年代，主要是被其他职业所排斥的女性和有色人种稳定地提供高教育水平和有资质的教师。

在此后的几十年里，美国的就业背景发生了激烈变化。向女性和有色人种开放机会，同时学校和学区所面临的人才竞争也日益激烈。而且，个体在开始一项职业之前尝试过多种行业的工作以及人们在一生中有多种职业历程也成为正常。教育中的替代性路径在做出更长久承诺之前减少从教的障碍以及使个体在职业中更容易从教，为该领域提供了一种适应当前已经改变了的职业环境的方式（Peske，Liu，Johnson，Kauffman，& Kardos，2001）。

替代性模型

替代路径项目的数量在过去 20 年中获得了快速增长，基本上帮助解决了城区和农村所面临的吸引足量高素质教师的难题。自 20 世纪 80 年代中期以来，遍及 50 个州的很多各种类型的"替代性"模型给这个职业培养了大约 50 万名新教师。

尽管它们在许多方面不一样，但被看作是替代性的项目在今天一般是市场驱动的，同时大多数项目很早就将攻读者安排为正式教师。它们在具体学科领域培养教师以填补鸿沟，在有高度需要的学科、有高人员流动率的学校和地理区域提供重要的教师补充。其正式的训练通常更关注被视为即时适用于课堂的技能，如课堂管理。

此部分描述 3 个名声比较响的替代性项目：为美国而教，新教师计划（The New Teacher Project，TNTP），以及教师驻校实习项目。

为美国而教

为美国而教兴许是最知名的"替代性"项目，但它严格来说不是一个替代性认证的路径。更确切地说，为美国而教是一种招募和工作项目——通过短期而集中的培养为高度贫穷、低成就的地区服务。尽管各州的具体安排不一样，但是为美国而教的参与者，被称为团队成员，能获得某种允许他们立即开始教学的资格（通常是在紧急情况下）。然后，如果他们选择了的话，就到当地与为美国而教有合作的项目中登记，以获得州的教学资格和硕士学位。团队成员接受 5 周的夏季训练，然后就在一所有高度需求的学校承诺承担两年教学。为美国而教雇佣项目管理人员在这两年中支持其团队成员的发展。1989 年施行的这个项目是第一个大规模尝试面对日益严重的未经过资格认证、无高素质教师服务我们国家有此最大需求的学生的问题。也许最为出名的地方在于它成功吸引了一大批刚从著名大学毕业的毕业生，在于其录用过程中就具有明显的择优性。这个项目在 20 年之中安置了 2.8 万名教师，也向其他更集中高强度培养的项目开放。

新教师计划

2001 年启动的新教师计划已经在全国范围内展开了一系列替代性路径项目。其核心项目组约城市教学团队（New York City Teaching Fellows)是在纽约市教育部门的联合下推出的，旨在处理数十年来这个城市最严重的教师短缺问题。表现最差的学校往往充满着不具备必要专业素质去教有高度需求学科的教员；这些薄弱学校大约 20％的教师是没有受到认证的。此团队项目提供了持续的训练以帮助教师快速获得认证：在教师实习之前有 6 周集中的以知识内容为基础的培训，同时教学的前两年需要有持续的课程作业以获得资格。竞争是非常激烈的，此项目每年只接收不到 10％的申请者，仅次于为美国而教的择优模型，但却面对准备从事更有意义工作且具有优越学术背景的职业中期的人员。以 2010—2011 学年来说，超过 9 000 名团队成员执教于纽约城，5 个科学教师就对应 1 个数学教师和 4 个特殊教育教师。项目教师比重的提升与极贫困学校不能满足纽约市教学测验标准的教师百分比的明显下降是相一致的。新教师计划在全国一系列受到轻视的、高度贫困的学区运作。截至目前，超过 3.7 万名新教师计划的教师在全国各地的教室中从教。

驻校模型

正如教学团队项目在过去 10 年的成长，非传统路径认证的广阔市场也是在拓展和转移着。到 2004 年，3 个基于医学训练模型的同时配备 1 名有经验的专家实践者的新型城市教师驻校项目在波士顿、芝加哥和丹佛开展开来。既是对难招到教师地区急需高效教师的回应，又是对速成项目日益增长的影响的回应，波士顿教师驻校项目（Boston Teacher Residency，BTR）及其伙伴建立了一种新的、集中的学徒培养方式。它不是快速训练新教师然后立即让他们管理教室，而是驻校教师与一位博学且技能精通的导师结成一对在城区教室待满一个学年（取得硕士学位的课程作业与其课堂经验是紧密关联的）。驻校项目自认的使命是吸引、培养和留住有高度需求领域的有效教师；这些领域很少是基于地理区域或行政区域划分的，但一般包括有色人种的教师，数学、科学和特殊教育的教师。如今正在全国范围内开展 17 个驻校项目。

替代性认证的影响

给有高度需求的领域带去高质量的教师

这里谈到的 3 个替代性模型及其分支，对于提升教师质量是有重大贡献的。多年来发展对于提升教师质量具有深远影响的创新，它们帮助扩充了美国最有需要的城市的总体教师人才库。

根据国家教育信息中心（National Center for Education Information）的数据，替代性认证项目正在帮助填补在地理区域、人口学和学科领域方面有高度需求的教师岗位。比如说，接近一半的替代性路径的教师在城区工作，同时项目还吸引着越来越多的男性和各种肤色的人到该领域来工作（National Center for Education Information，2005）。进一步来说，在2005年，当20%替代性路径的教师教数学的时候，所有教师的7%才能教着数学；在科学课方面，包括生物、地理、物理和化学，与所有学前至12年级教师的18%相比，28%的替代性路径教师教着科学科目。与之类似，44%替代性路径的教师在特殊教育领域从教（Feistritzer，2009）。

弥合理论与实践

在波士顿教师驻校项目的开启中，波士顿公立学校尝试着处理太多主要来自传统教育项目的教师未能应对城市学校的教学现实和需求的问题。基于在城市学区学习教学的最好方式是在有经验的导师的手下学的原因，波士顿教师驻校项目保障其驻校教师参与长达一年的有关学生、学生学习和有效实践的反思和基于数据的对话交流——在他们成为正式教师之前。虽然许多大学教师教育项目都要求预先的实习经验和13周的学生教学经历，但是波士顿教师驻校项目则基于一年的实习期——在学校开学前一周开始然后持续到学期的最后一天。

在他们一年的实习期中，波士顿教师驻校项目的参与者，即驻校教师，作为有效管理课堂和经验丰富的老资格教师所领导团队的一员，需要每周4天，且每天都是一整天待在其所在学校。波士顿教师驻校项目设计和提供了所有的配套，以及与硕士学位对等的课程作业，并允许项目根据波士顿公立学校的具体需求来裁剪。例如，作为其小学数学课程系列的一部分，波士顿教师驻校项目强调波士顿所使用的课程。项目的目标是所有毕业生在其成为正式教师的第一年就能够熟悉课程；何况第一年教师的学习在无须学习新课程的情况下也是足够艰辛的。

波士顿教师驻校项目和其他驻校实习项目就提供了在许多传统教育学院中已经失去了的理论与实践的联结，而同时也回应了城市学区对于紧缺科目、将会留职执教的好教师的市场需求。根据波士顿教师驻校项目使用的数据，与波士顿总体新教师从教第 3 年刚刚超过 50％ 的留职率相比，波士顿教师驻校项目在其进行的第 8 年已经达到 80％ 的留职率。其创办时期的驻校项目伙伴，城市学校领导学院（Academy of Urban School Leadership）和波伊彻教师项目（Boettcher Teachers Program）的留职率分别达到了 85％ 和 96％。结合日益增长的普遍认可的教师效能数据，这些教师不仅执教时间长，而且通常可能更有效；高达 95％ 受到调查的校长说他们将会给同行推荐聘任另一个波士顿教师驻校项目的毕业生。

测量教师质量

波士顿教师驻校项目和其他替代性认证项目的另一个重要贡献在于认识到这个领域需要更尖端的教师效能测量工具以对教师质量做出持久的区分——同时它们致力于发展这种测量工具。比如，在其他方法之外，波士顿教师驻校项目选择启动了一项对于其毕业生的增值研究，对明显的差距做出反应以帮助完善这个项目的每一个方面。

新教师计划正在领先一项基于研究的项目：对教师未来影响的最佳预测指标是其过去的课堂效能。新教师计划正在开发一个系统以建议认证基于教师展示出了的课程表现。到 2015 年，新教师计划所培养的所有新教师将需要展示他们能够提升学生成就到一定的目标门槛，从而被建议获得认证以及继续留在课堂。为美国而教最近发布了它的《作为领导力的教学》（Teaching as Leadership）框架。基于对其最有效教师特征的持续分析，该框架就有关什么成就一个优秀教师的全国讨论做出了意义重大的贡献。

模糊界线

看到替代性运动越来越大吸引力的教育学院也开始发展类似的教育项目——去吸引寻求速成路径和带薪进行训练的人选。最初界定的这个运动的标准——特别是高度择优性、理论与实践联结以及积极的支持本身有时也迷失于建立新项目的匆忙之中。然而，很多教育学院——包括密歇根大学、斯坦福大学、加利福尼亚大学、洛杉矶大学——都发展了融合替代和传统两种路径为关键特征的项目，并在这种混合的方式中强调教育学院的模型。

虽然替代性项目最开始是为了回应传统大学主办的教育项目，但是到了目前基本上没有了区别。具体的学校(公立的、私立的和特许学校)、校董事会、州教育部门、非营利机构和教育学院自身都有举办替代性路径的教师教育项目。事实上，估计有75%的教育学院独立或者是作为合作伙伴运作着替代性教育项目，有超过50%的替代性项目实际上被高等教育机构管理着。

总结

替代性认证的路径不容置疑地开启了更好地服务各领域师生的领域创新。通过进一步分解问题，正如本文通篇所做的，可以看到这些创新在教师教育领域引起改进的确实证据，可以看到以具有突破性的基于临床的教育、持续的技能发展和各领域教师问责的方式为争取大范围教育改革准备了条件。

今天，在具体的教师教育路径类型内部的差异比传统和替代性路径之间的差异要大得多。此外，替代性路径已经扎根到有些人都觉得他们实际上不再是替代性路径的程度。

当然，没有任何一个项目覆盖了培养美国最优秀的教师的市场。最高质量的项目，无论是传统的还是替代性的项目，关注的是学生的需要以及发展其使命、招募工作、遴选环节、课程和支持结构以回应这些需要。

此替代性运动对于推动传统项目创新以及确保注意从输入到结果的重要转移是有实质作用的。如此，从"你来自哪一个路径?"改变焦点为所有问题中最为关键的"你的学生正在学习吗?"，替代性认证项目将继续追求"有雄心壮志的"方法以保障学生的学业成长。

反对观点

俄亥俄州立大学，桑德拉·A. 斯特鲁特

本话题的目的是要讨论"替代性路径的教师资格许可将吸引更优秀的教师到美国课堂中去吗?"这个问题。回答是否定的，替代性路径不是吸引更优秀的教师到美国课堂中去的办法。采纳这一立场的依据是由教师培养所强调的两个基本方面构成的：通过替代性路径培养出来的教师数量和质量。此部分的反对观点还谈及其他影响聘任替代性认证教师的因素，如包含留职率和聘任替代性认证教师给董事会造成的不必要成本的因素。文末我还将陈述我对应该做点什么以吸引和保留优秀教师到美国教室中去所持的观点。

替代性路径的定义

在我们更详细讨论之前，鉴于可能引起的模糊，定义"替代性路径"这个术语是重要的。构成模糊的问题既在于被称为是替代性教学方式其本身的多样性，也在于在历史上有影响的、知名的被符号化为传统的路径中所发现的相似的多样性。一般而言，传统的路径是由学院或大学举办，由州或国家鉴定机构认证，以及授予一个学士或者是硕士的学位。替代性路径是那些不一定要满足相同的标准，而"相对于传统的州认证、基于学院的教师教育项目路径而言的另一种路径"(National Center for Alternative Certification，n. d.，"An Introduction")。即使是这样定义，还是有疑惑存在，正如专家们指出的"路径和项目之间的区别是不鲜明的，在'传统的'和'替代性的'类别内部比类别之间有更大的差异"(National Research Council，2010)。

全国替代性认证中心(National Center for Alternative Certification)(日期不详)声称美国有 136 条替代性认证路径，同时有将近 600 项替代性路径项目支撑着这些替代性路径。一些知名的替代性路径是由国家项目支持的，如为美国而教、军人当教师以及美国优秀教师认证委员会(the American Board for Certification of Teacher Excellence)(NRC，2010)。此外，多数州都有自己的替代性项目，如纽约城市教学团队(New York

Teaching Fellows，NYC）或德克萨斯州的替代性教师认证（Alternative Teacher Certification）项目。

本文聚焦国家级或州级项目中引人注目的两个以阐释要点，特别引用一个更大型、公众知名度高的国家项目，即为美国而教；引用另外一个知名的州级项目，即纽约城市教学团队。再强调一遍，要记住这些只是众多项目中的两个，同时，这些路径内部的差异是显著的。例如，替代性路径的纽约城市教学团队项目就与传统教师教育项目非常接近。这样，通过替代性路径认证的教师就有可能和接受传统项目培养的职前教师一样去相同的地方机构接受他们的硕士学位。在其他情况中，大学并没有涉入，同时这些项目几乎没有入学和结业的相关规定。一些替代性项目表明要删减教师教育的课程任务，完全"倾向于更简单和更灵活的准入教学规则"（Walsh，2001）。尽管有很多的差异，但是关键点在于一个教师能否承担学生在教室中学习的充分责任以成为真正的教师所需要的教育。

根据过去的做法，职前教师被要求在相关科目中完成重要的课程作业，被要求修一系列让教师个性化教学、满足所有学生需要的教学方法的教育课程。在传统项目中，在教师成为正式教师之前，他们拥有一些方面的知识，如儿童发展、学生学习和教学方法（包括教有特殊需要的儿童和教英语语言学习者）。他们体验过整合技术学习的过程，以及他们应该知道与文化相关的教育教学策略以使来自不同背景的学生投入学习。作为职前培养项目的一部分，这些教师有多种机会对儿童生活所在的家庭和社区进行了理解。此外，传统培养的教师在正式成为教室中的教师之前，有多元且高度监管的、跟着有经验的教师临床实习的经验。在许多替代性路径中，仅在其科目领域有学士学位且几乎没有任何关于如何成为有效教师的课程学习就可以成为正式教师。

正如前文提到的，这些使教师成为正式教师的路径是混合培育正规合格教师连续体的两端（见图6-1）。不要求大量课程作业的替代性路径是不打算为美国课堂培养优秀教师的。

为何选择替代性路径来增加教学供应？

有很多理由可以解释为什么教学的替代性路径在过去的10年是增长

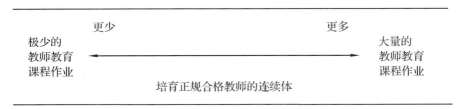

图 6-1　培育正规合格教师的连续体

的。其中之一就是对我们教育系统强有力公开的批评和教师在美国所受到尊重的缺少。大部分人，都听说过 H. L. 门肯（H. L. Mencken）的名言，"有能力的人——直接去做。没有能力的人——就去教。"这种说法明显暗示着在其他职业中能力不够的人就成了我们的教师。教学是少数几个专业性较低的专业之一：没有在课堂上教过（学生或人）的人就自认为可以比那些受过训练的专家做得更好。本文认为只有一点或没有任何职前教育而认为就能教的人应该在我们城市的一所中学花点时间，以帮助他们更好理解教学的复杂性。具有讽刺意味的是，H. L. 门肯同时也说，"对于每一个复杂问题来说，存在着一个简单、整洁同时也是错误的解决方案"。对于美国教育系统的批评持续到 21 世纪，与此同时越来越明显地可以看到，普通大众和我们许多的政策制定者对这些批评的观点都有共识。广泛的共识是指我们必须处理呈现于学校和学院的挑战以提升教师的质量和学生的成绩。辩论之所在是我们如何实现这些改进。

　　替代性路径之所以日益增长的另外一个理由就是已经公开为人知晓的对大量高质量教师的需求。公立学校聘请新教师的需求是处于上升期的。威廉·J. 赫萨（William J. Hussar，1999）以及国家教育统计中心（National Center for Educational Statistics）的工作人员曾指出 2008—2009 年度公立学校新聘教师的需求总量范围在 170 万到 270 万人。当我们进一步看看未来的情况时，可以看到对教师的需求是明确的，而且是呈增长趋势的。丹尼尔·阿隆森和凯瑟琳·麦克尔（Daniel Aaronson & Katherine Meckel，2008）的预测指出 2008—2009 学年到 2020—2021 学年有 390 万名的新任教师总量需求。赫萨和贝利（Hussar & Bailey，2009）发现小学和初中教师的总量从 1993—2006 年，在 13 年的时间里增长了 27%，同时预测在接下来的 12 年中，即从 2006—2018 年，再增加 16%。无论我们使用哪组数据，都毫无疑问地表明我们需要培养更多的教师以满足这些日益增长的需求。

替代性认证教师的数量将引致更优秀的教师到课堂中去的结果吗？

为了满足 21 世纪对优秀教师逐渐增长的需求，官方必须招募、培养以及保持有效教师人选的数量增长。然而，来自替代性路径的教师数量明显不足以提升我们学校教师的全面质量。

根据全国替代性认证中心的估计，在 2008—2009 年度，5.9 万人通过替代性路径获得了教学认证。如果替代性路径仅仅提供 2008—2009 年度所需 270 万名新教师中的 5.9 万名，这将是杯水车薪。考虑从个别项目出来的教师数量，问题也是如此。由于为美国而教是项目之一，它的数据可以用于说明这个问题。朱莉安·海利希和苏·金·耶兹（Julian Heilig & Su Jin Jez，2010）曾说，"为美国而教的教师仅仅占美国 35 万名教师的 0.2%。因此，为美国而教很难被看作是万全之策，或者是教育改革的主要因素"。

另外一个挑战是保留替代性路径所培养的教师，同样，也是为美国而教这个项目来做说明。为美国而教的使命是"建立一个多元的、高度筛选性的由新近知名大学的毕业生和专业人员组成的精英团队——他们付出两年时间在低收入社区教学，并成为追求教育卓越和教育公平的终身的领导者"（Teach For America，n. d.，"Core Member Impact"）。为美国而教项目的基本目标是招募大量在多个科目领域有背景的优秀人选到比较贫困的城区和乡村学校任教两年。基本上，对于精英大学的毕业生而言，这是他们在投入有意向的职业之前的一项服务承诺，非常像"美国和平工作队"（Peace Corps）的承诺。

尽管为美国而教成功地招募了大量多元、聪明而成功的学生进入项目，但是，这些人并没有留在学校，大约有 13% 的为美国而教的教师还没有完成最初的两年承诺就离开了（Miner，2010）。此后，50% 的为美国而教的教师两年之后就离开了，与此同时超过 80% 的教师在 3 年以后离开（Heilig & Jez，2010）。由于为美国而教项目的慈善性质以及两年之后就离开的教师"十字旋转门"，一些批评者就给为美国而教起了一个绰号叫"教片刻"（Teach for Awhile）。由于招募来自为美国而教的精英合作伙伴，如高盛集团（Goldman Sachs）、摩根大通（JP Morgan）、谷歌（Google），其他批评者就叫它"为简历而教"（Teach for a Resume）。无论是哪一种情况，意思是清楚的：为美国而教以及其他类似项目的基本目的，是为聪明而多元的大学毕业生群体在转向追求另外一个领域的真正职业之前提供一个仅是临时的经历去教我们最有需求的学生。

替代性认证教师的质量将引致更优秀的教师到课堂中去的结果吗？

在美国其他领域都在进行加强管制的时期，许多替代性教学的路径却要求放松教师教育管制（Cochran-Smith，2001；Cochran-Smith & Fries，2001）。那些支持放松教师教育管制的人会提倡教师教育的低准入门槛，典型地只要求在相关科目有一个本科学位以及在州的考试中有合格的分数即可。他们会认为当前的教师教育项目有着不必要的条件妨碍了聪明而有能力的人士进入教学职业。切斯特·芬恩（Kanstoroom & Finn，1999）称教育学的课程为"包围障碍"，认为是"通过缩小途径来限制教师潜在供应"的设计。与依赖学生学习结果来决定教师的去留相比，他们宁愿简化准入和招聘的过程，移除包围障碍。

坎斯特鲁姆和芬恩（Kanstoroom & Finn，1999）也曾在一份由福特汉姆基金会发表的文献里说，"通往质量的最宜路径是拓宽准入方式，放松过程管制，同时让人们对结果负责——结果基本上根据课堂效能来判断，正如通过教师使学生的教育经验所增加的价值来测量。"放松管制的支持者们认为通过给团体组织，而不是已有资格准许项目的大学，以培养教师的权力，通过提供不那么严格的替代性教学路径，将会开启替代性教师教育的大门。

越来越多的证据表明替代性路径培养出来的教师所教的学生学得不如基于大学项目培养的教师所教的学生。在一项为美国而教教师的审查中，达琳·哈蒙德，侯德兹曼，加特琳以及海利希（Linda Darling-Hammond，Holdtzman，Gatlin & Heilig，2005）发现传统体制培养出来的教师比替代性路径培养出来的教师表现更好。他们是这样说的：

尽管有些人也许认为像那些加入为美国而教的聪明的大学毕业生可能不需要经过专业的教育教学训练，但是我们没有发现在相似情境中在教学可比较的经验水平上，未经鉴定的为美国而教的教师表现得和经过标准鉴定的教师一样好的例子……一年多下来，由未经鉴定的为美国而教的教师所教的学生可以被期待达到的水平是，在同年级内，低于经过标准认定的教师所教的学生1.5～3个月。

在最近一项对为美国而教的检查中，朱莉安·海利希和苏·金·耶兹(Julian Heilig & Su Jin Jez，2010)总结他们的发现时说道，"研究表明为美国而教新手教师的学生在阅读和数学方面明显差于经过鉴定的新任教师所教的学生"。

达琳·哈蒙德等人(Linda Darling-Hammond et al.，2005)发现随着新教师在他们的课堂中获得更多经验，来自不同路径的教师的差异在减少。差异之所以减少，是因为在其正式成为教师之前仅有很少职前教育的教师，如为美国而教的教师，在岗位上直接学习教学——用教室中的儿童进行实践。这点可见于一位曾经是为美国而教项目的教师最近的一本书《拿其他人的孩子进行学习：成为一名为美国而教的教师》(Learning on Other People's Kids：Becoming a Teach for America Teacher)(Veltri，2010)。当来自替代性路径的教师，如为美国而教的教师，在正式成为一名教室中的教师之前接受仅仅5周的职前教育，同时他们被分配到有高度需求的城区或乡村学校直接接受他们的"岗位实训"，这变得明显的时候，问题也就变得严重了。这意味着准备得最不好的教师被送去服务有最大需求的学生。有一个曾经是为美国而教的教师的例子，亚历克斯·黛蒙德(Alex Diamond)说道：

我离开夏季培训时不认为自己已经为教师职业生涯做好准备。我想这点对于我，几乎所有的为美国而教的同事而言都是如此。这对于我第一年的学生来说是不公平的，这些学生花了一年中的大部分时间看我学习教学而不是直接学习世界史……我渐渐成为一名教师后，却发现我最大的成长源自试误——尝试新事物的机会，一败涂地，然后从头开始。("Do I Really Teach"，2010)

虽然都承认在有高度需求的学校里需要更多的教师，但是这种在岗实训的解决方案是不充分的，因为它最终将抑制有最大学业需求的学生的学业成长和成就，而且在这些有最大学业需求的学生中许多是有色人种和居住在贫困区的弱势群体。对于我们社会中其他任意受到重视的职业而言，我们从未考虑过这种选择，因此，为什么我们在教学的职业上就要这样考虑？我们能允许医生经过 5 周的培训后就直接在儿童身上做外科手术吗？当认识到这些大多数的教师都没有留到第二年期满的事实，循环只是重新开始而已，有最大需求的学生"与一个接一个路过的没有经验的新手年复一年地努力着"（Corroll & Foster，2010）。

教师留职对质量的影响

正如前边提到的，尽管我们都知道经历确实会提升教学表现，但还是存在着为美国而教新教师的"十字旋转门"现象，即教师还是会流失。托马斯·卡罗尔和伊丽莎白·福斯特（Thomas Carroll & Elizabeth Foster，2010）曾说，"研究清楚表明从教的前 7 年，伴随着每一年的经历成长，教师们不断提升他们教学的精熟度和有效性"。再者，弗朗西斯·黄（Francis Huang，2009）曾发现特定年级的教学经历年数与学生进步的阅读成有显著关联。两项研究都指出教师经历是提升学生学习的重大因素。然而，由于教师流动的"十字旋转门"，为美国而教的教师所教的学生从未在新任教师从教初经历成长的连续体中受益。

教师流转的问题并不仅限于在整个系统中运作的为美国而教项目的新任教师。有经验的教师在诸如波士顿、北卡罗来纳州-梅克伦堡华盛顿特区城市里也下岗。然而，当这些有经验的教师被解雇了的时候，为美国而教的教师的位置却是预留的（Minder，2010）。尽管大部分的为美国而教的教师不能提供资深教师所能提供的相同的学习机会，并且，大部分的为美国而教的教师在两年的服务期过后不可能继续留在原地，这些地区的儿童失去了这些有资深经验和专长的教师，但新的为美国而教的教师的位置还被保留着。其实，留住这些经验丰富的教师在学校里是至关重要的，而不是用只有很少或者是没有职前教育经历的教师来替换他们。

教师变动的成本

根据卡罗尔和福斯特（Carroll & Foster，2010）所言：

我们现在有着半个多世纪以来最老的教学劳动力队伍。50 岁以上教师的数量从 1988 年的大约 53 万上升到了 2008 年的 130 万……教师退休的通常年龄是 59 岁。

随着这些教师的离开，他们必须被替补。众所周知，教师变动是一项昂贵的付出。不论他们怎么来到该地区，当教师离开的时候，成本都很大。

卡罗尔(Carroll，2007)研究 5 个地区教师变动成本发现，"明显地，每位教师离去，千万美元也跟着流失"。他补充道，"每位教师离去的成本变动范围可以从乡村吉麦兹山谷的 4 366 美元到芝加哥的 17 872 美元。芝加哥公立学校教师变动的总成本每年超过 8 600 万美元"。这些成本上升得很快。据 2005 年的估计，替换公立学校教师的成本将达到每年 49 亿美元(Alliance for Excellent Education，2005，"Teacher Attrition")。到 2007 年，教学与美国的未来国家委员会预计教师流动的成本是每年 79 亿美元(Carroll，2007)。卡罗尔也同时曾指出，由于城区、贫穷区和少数族群聚居地的高流动率，相关成本是更高的。

教师变动正在加剧，与此同时，替补这些教师的成本又非常高，特别是替补那些从一些较知名的替代性路径出来的教师。比如，除了教师变动的一般成本，为美国而教增加了一项附加的一次性中介者费用，每位教师高达 5 000 美元(Heilig & Jez，2010)。如果一个地区每年聘任 50 名为美国而教的教师，这项支出就是每年 25 万美元。鉴于大部分的这些教师都不会在该地区长期工作，这项一次性成本也就成为循环的花销了。

总结

教学是一个复杂的过程，同时，在学校里成功培养新教师是一项持续的挑战。很明显，必须在美国整个学前至大学的教育系统做出改变，这样，我们的儿童才能够在这个全球化的经济体中获得成功，以及我们能够继续成为世界学术和经济的领袖。教育者有责任培养教师准备好教 21 世纪的技能，特别是教来自城区和乡村有高度需求的儿童。本文的反对观点表达了如下意见：鼓励教师无须扎实的职前教育就可以成为正式教师的替代性路径，这种放松管制的议程，不是为美国的学校创造优秀教师的方法。

科克伦·史密斯(Mary Cochran-Smith，2001)、科克伦·史密斯和玛丽·金·弗里斯(Cochran-Smith & Mary Kim Fries，2001)所讨论的专业化议程是改革的适当机制，因为它是有最大潜能提升和改进美国教师质量的模型。达琳·哈蒙德(Darling-Hammond，2010)动情地认为在我们国家从工业经济转向知识经济的过程中，大学的教育学院要承担帮助教师培育儿童实现成功的改革责任。在专业化议程中，教师教育者赞同有一组共同核心标准去指引他们的项目，也赞同需要一份共同的结果测量以判断教师教育项目质量、项目毕业生的质量。然而，脱离了我们的学校，这些工作是无法完成的。

有需要将影响美国教育系统的整个学前至大学的管理系统进行改变，因此，我们必须清楚我们学校间、大学间、学校和大学之间的关系。如果教育者有意在 21 世纪的学校中培养成功的教师，那么教师教育者必须理解学校中儿童的需要，以及教师教育项目攻读者必须花时间在有高度需求的学校中工作。就此，研究者们并不是从头开始的。大学教师教育项目在过去的 10 年里一直处于改革的中心，同时，结果也是令人印象深刻的。达琳·哈蒙德（Darling-Hammond，2010）探讨了教师教育中进步的证据，同时，她高举依据质量标准、加强严格的临床实践、强调在前边提到过的关键领域的课程作业，如学生学习、评估、教有特殊需要的学生以及英语语言学习者，重新设计大学的教师教育项目。

领导者需要加强与一线学校的协作伙伴关系。达琳·哈蒙德（Darling-Hammond，2010）曾建议通过与优秀的实践者紧密联系缔结协作性的学校-大学伙伴关系以更好地联结理论与实践。与此同时，一个主要的认证机构也领导了临床教育的蓝带小组、改进学生学习的合作伙伴去提升和拓展我们大学教师教育项目攻读者的临床经验（National Commission for Accreditation of Teaching Education，2010）。这样，通过与伙伴学校紧密联系获得持续支持的长期承诺，在教师整个的职业生涯中为其提供可持续的指导和专业的发展项目，是势在必行的事情。致力于提升教师质量和全体学生学习的协作性合作伙伴关系对于全面的成功是至关重要的。

证据表明高素质教师的培养是重要的，尽管在教师教育的质量和数量问题上存在着大量的分歧。挑战所在是要去创造一个将会减少分歧和保持质量的、改善教育的体系。在一份讨论如何为更好的学校创造更好的教育系统的报告中，巴涅特·百丽、A. 多特里和 A. 维德尔总结道，"其学生取得显著学业成就的教师有着广泛的教师教育经历和有关他们当

前工作的经验（学科、适用年级和所教学生人口）"（Barnett Berry，
A. Daughtrey，& A. Wieder，2010）。

　　是时候选择一个立场了。你希望你孩子的教师是在一个高质量、基
于大学的项目中学习，还是希望你孩子的教师仅有一点训练或者是一点
训练也没有就成为正式教师，在岗位上直接学习教学，利用你的孩子以
试误的方式进行教学实践？是时候结束这里的争论而集中精力和资源发
展引导所有美国儿童进行高水平学习的优秀的、基于大学的教师教育
项目。

拓展阅读资料

Aaronson，D.，& Meckel，K.（2008）. *The impact of baby boomer retirement markets on teacher labor markets*［Chicago Fed Letter］. Retrieved June 20，2010，from http：//www. chicagofed. org/webpages/publications/chicago _ fed _ letter/2008/september _ 254. cfm.

Alliance for Excellent Education.（2005）. *Teacher attrition*：*A costly loss to the nation and to the states*（p. 1）. Retrieved June 20，2010，from http：//www. all4ed. org/files/archive/publications/TeacherAttrition. pdf.

Ballou，D.，& Podgursky，M.（1994）. Recruiting smarter teachers. *Journal of Human Resources*，30(2)，326-338.

Ballou，D.，& Podgursky，M.（1998）. The case against teacher certification. *Public Interest*，132，17-29.

Barclay，R，Feistritzer，E，Grip，R，Haar，C，Seaton，G，Sherman，S，et al.（2007）. *The New Jersey alternate route program*：*An analysis of the perspective from alternate route teachers，alternate route instructors，and alternate route mentors*. Retrieved January 24，2011，from http：//www. state. nj. us/education/educators/license/research/alternate. pdf.

Berry，B.，Daughtrey，A.，& Wieder，A.（2010，February）. *A better system for schools*：*Developing，supporting and retaining effective teachers*. New York：Teachers Network and the Center for Teaching Quality. Retrieved June 20，2010，from http：//effectiveteachers. org/research.

Carroll，T.（2007）. *The high cost of teacher turnover*. Washington，DC：National Commission on Teaching and America's Future.

Carroll, T. , & Foster, E. (2010). *Who will teach*? Washington, DC: National Commission on Teaching and America's Future.

Cochran-Smith, M. (2001). Reforming teacher education: Competing agendas. *Journal of Teacher Education*, 52(4), 263-265.

Cochran-Smith, M. , & Fries, M. K. (2001). Sticks, stones, and ideology: The discourse of reform in teacher education. *Educational Researcher*, 30(8), 3-15.

Darling-Hammond, L. (2010). Teacher education and American future. *Journal of Teacher Education*, 61(1-2), 35-47.

Darling-Hammond, L. , Holdtzman, D. , Gatlin, S. , & Heilig, J. (2005). *Does Teacher preparation matter? Evidence about teacher certification, Teach for America, and teacher effectiveness* (Education policy analysis archives, North American). Retrieved July 10, 2010, from http://epaa. asu. edu/ojs/article/view/147.

Diamond, A. (2010, Spring). Do I really teach for America: Reflections of a Teach for America teacher. *Rethinking Schools Online*, 24(3). Retrieved July 10, 2010, from http://www. rethinkingschools. org/archive/24 _ 03/24 _ 03 _ tfadiamond. shtml.

Feistritzer, C. E. (2009). Teaching while learning: Alternative routes fill the gap. *EDge*, 5(2).

Fordham Foundation. (1999). *The teachers we need and how to get more of them: A manifesto*. Washington, DC: Author. Retrieved June 20, 2010 from http://www. umd. umich. edu/casl/natsci/faculty/zitzewitz/curie/TeacherPrep/107. pdf.

Hawley, W. (1990). The theory and practice of alternative certification: Implications for the improvement of teaching. *Peabody Journal of Education*, 67(3), 3-34.

Heilig, J. , & Jez, S. J. (2010). *Teach For America: A review of the evidence*. Boulder, CO: Education and the Public Interest Center & Education Policy Research Unit. Retrieved June 20, 2010, from http://epicpolicy. org/publication/teach-for-america.

Huang, F. L. (2009, April). *Is experience the best teacher? A multilevel analysis of teacher qualifications and academic achievement in low performing schools*. Paper presented at the Annual Meeting of the American Education Research Association, San Diego, CA.

Hussar, W. J. (1999). *Predicting the need for newly hired teachers in the United States to 2008－2009*. Washington, DC: National Center for Education Statistics,

U. S. Department of Education.

Hussar，W. J. ，& Bailey，T. M. （2009）. *Projections of education statistics to 2018* （NCES 20009－062）. Washington，DC：National Center for Education Statistics，Institute of Education Sciences，U. S. Department of Education. Retrieved from http：//nces. ed. gov/pubs2009/2009062. pdf.

Johnson，S. M. ，& The Project on the Next Generation of Teachers. （2004）. *Finders and keepers：Helping new teachers survive and thrive in our schools.* San Francisco：Jossey-Bass.

Johnson，S. M. ，Birkeland，S. E. ，& Peske，H. G. （2005）. *A difficult balance：Incentives and quality control in alternative certification programs.* Cambridge，MA：Project on the Next Generation of Teachers，Harvard Graduate School of Education.

Kanstoroom，M. ，& Finn，C. ，Jr. （1999，July）. *Better teachers，better schools.* Washington，DC：Fordham Foundation.

Lortie，D. C. （1975）. *Schoolteacher：A sociological study.* Chicago：University of Chicago Press.

Miner，B. （2010，Spring）. Looking past the spin：Teach for America. *Rethinking Schools Online*，24（3）. Retrieved June 2，2010，from http：// www. rethinkingschools. org/archive/24 _ 03/24 _ 03 _ TFA. shtml.

National Center for Alternative Certification. （n. d. ）. *An introduction and overview.* Retrieved July 10，2010，from http：//www. teach-now. org/intro. cfm.

National Center for Education Information （NCEI）. （2005）. *Profiles of alternate route teachers.* Washington，DC：Author.

National Commission for Accreditation of Teacher Education （NCATE）. （2010）. *NCATE Blue Ribbon Panel on Clinical Preparation and Partnerships for Improved Student Learning.* Retrieved from http：//www. ncate. org/SearchResults/tabid/37/Default. aspx？Search＝blue＋ribbon＋panel.

National Research Council. （2010）. *Preparing teachers：Building evidence for sound policy.* Committee on the Study of Teacher Preparation Programs in the United States，Center for Education，Division of Behavioral and Social Sciences and Education. Washington，DC：The National Academies Press.

Peske，H. G. ，Liu，E. ，Johnson，S. M. ，Kauffman，D. ，& Kardos，S. M. （2001，December）. The next generation of teachers：Changing conceptions of a career in teaching. *Phi Delta Kappan*, pp. 304-311. Retrieved from http：//blogs. law. harvard. edu/jreyes/files/2006/04/5624599. pdf.

Teach For America. (n. d.). *Core member impact*. Retrieved June 2，2010，from http：//www. teachforamerica. org/mission/our _ impact/corps _ impact. htm.

Teach For America. (n. d.). *Our theory of change*. Retrieved June 20，2010，from http：//www. teachforamerica. org/mission/theory _ of _ change. htm.

Veltri，B. T. (2010). *Learning on other people's kids：Becoming a Teach For America teacher*. Charlotte，NC：Information Age.

Walsh，K. (2001). *Teacher certification reconsidered：Stumbling for quality*. Baltimore：Abell Foundation. Retrieved June 20，2010，from http：//www. abell. org/ pubesitems/ed _ cert _ 1101. pdf.

话题 7

新一代学校领导的产生真的需要非传统的学校领导准备项目吗？

支持观点：托马斯福特汉姆研究所，埃米·L. 帕廷、杰米·戴维斯·奥莱利

反对观点：戴顿大学，西奥多·J. 科沃斯基

概　述

　　本话题关注的问题是如何将最具领导天赋的人才吸引到学校的领导岗位。多年来，已经被公认的做法是在高等教育机构中接受传统的学校管理项目。这些项目几乎只专注于大学教育和学校教育，包括从学校法律到学校财政等一系列课程，通常都属于有关联的和嵌入的领域。

　　学校领导准备的重点在于对《不让一个孩子掉队法案》的部分回应。很显然，这是对校长如何能够成为有效的学校领导这一问题的进一步探讨。例如，美国企业研究所（American Enterprise Institute，AEI）的范恩·赫斯（Frederick Hess）对传统准备项目进行批判，他认为目前的校长准备课程很少集中于问责，没有给校长留有足够的机会用数据来解决问题，校长也无法对报告人员进行有效的评价。

　　包括赫斯在内的一些批评家期望校长能够尽可能使用数据来帮助他们管理学校项目，让所有学生都能够发掘自己的全部潜能，让每一位教师都尽可能地促进学生的学业成长。批评者质疑传统项目是否与教育需求保持共同发展的步伐，这是经济全球化带来挑战的一部分。这种批评是否正确值得商榷，但无论是批评者还是倡导者都认为这是学校成功的关键。教师需要学校领导明白如何管理复杂的教育环境，这个问题仍然涉及如何更好地准备这样的学校领导，这同样是本话题的重点。

　　对于管理者素质的关注已经讨论过不止一次，但是仍然存在一系列持续被关注的问题，如传统项目是否能够真正为学前至 12 年级的学校带来必要的教育智慧。一些批评者认为，真正的解决办法是将懂得如何操控、管理、经营市场的商人带到学校。事实上，全美一些大学正在通过商学院为那些具有商业学位却致力于服务教育事业的人们提供准备项目，以便能够让他们成为校长或学校领导者。

　　托马斯福特汉姆研究所的埃米·L. 帕廷（Emmy L. Partin）和杰米·戴维斯·奥莱利（Jamie Davies O'Leary），做了很多非传统、非大学所需的案例。他们认为如"新学校、新领导"等特许的管理组织或精选的非营利组织，能够为学校吸引优秀人才提供新载体，而不是简单地通过传统的、以大学为依托的项目开展。此外，埃米·L. 帕廷和杰米·戴维斯·奥莱利认为，很多传统项目主要关注为那些较薄弱学校准备学校领导，然而最重要的是为那些高质量学校提供高水平领导。

戴顿大学的西奥多·J. 科沃斯基（Theodore J. Kowalski）提出不同观点。他认为学校领导的准备实践是国家思想领导产生的一方面。他断言"可替代性"将瓦解学校领导的专业化，学校管理中更复杂的责任则需要更多的专业技能和专业理解。他还认为，通常来讲在美国不缺少管理人才，而传统项目更符合目前教育市场中所需要的需求准备。

这两篇文章采取更加积极、本质的讨论来发现专业文献如何确保满足学校领导者的需求。每个人都认为学校校长和学区管理者是教育成功的重要因素。这两篇文章从不同方式入手，强调政策制定者和实践者如何采取更好的方式来招募和培训下一代学校领导。

请带着以下问题阅读本话题的两篇文章。首先，"可替代性"真的能够瓦解学校领导的专业化吗？其次，如果领导岗位上安排适合的人是必要的，那么学校如何才能招聘到所需人才？最后，招募更多专业校长的核心是投入更多的资金吗？吸引更高质量的校长并加以培训的困难是确保他们获得通往成功所需的技巧吗？

托马斯·J. 拉斯利
戴顿大学

支持观点

托马斯福特汉姆研究所，埃米·L. 帕廷、杰米·戴维斯·奥莱利

目前学校领导者的工作与几十年甚至几年前都有显著不同。为满足学生尤其是那些处于美国底层社区学生的需求，K-12 教育采取多种形式。如今的学校领导者不仅要对传统学校进行监督，而且还要对一些非典型环境进行监督，包括特许学校、虚拟学校、薄弱学校和学区学校等，这些被称为"改革地带"或组合管理区。由于多样标准的存在，在提高学生学习成绩、缩小成绩差距、增加州和联邦问责体系方面都存在紧迫感，这就要求学校领导在学术内容标准、测试和行为数据方面提供专业评价。

简单地说，如今的学校领导已经与三四十年前典型的红砖校舍的学校领导有明显不同，过去对成功校长是这样描述的："如果学校整洁有序，教职工满意，家长认可，所在辖区无麻烦，那么校长就被称作是称职的。"（Broad Foundation & Thomas B. Fordham Institute，2003）

为什么需要"可替代性"领导项目？

K-12 教育趋势对学校领导提出了新要求和新希望，这也为"可替代性"领导项目提供了必要依据。更明确地讲，"可替代性"项目意味着运用不同方式培养学校领导，与传统学校教育相比其关注点不同。"可替代性"项目包括混合教育，如商业项目，校本培训项目，为了满足特许学校和薄弱学校领导需求的专业项目，或者其他在非传统设置中使学校领导行之有效的培训项目。

特别的是，在重新设定学校领导角色方面，教育存在五种发展趋势。

第一，学术问责时代不再是一个"时代"——具有永久性。

无论学校类型如何，所有学校校长都必须在州政府和联邦政府的问责系统中有所作为，要求校长能够在评价标准、测试和日益复杂的数据中保持专业性。在《不让一个孩子掉队法案》颁布之前，问责已经成为美国教育的一个标志。问责是共和党领导的产物，如今的奥巴马政府和其他杰出的民主领导人已经明确表示会大力支持《不让一个孩子掉队法案》的大部分内容，并且宣布"力争上游"计划有明显的问责成分。美国花费

数百万建立学术内容标准，为学生成绩数据制定评价和机制。教育界通常会认识到这些系统的价值。换句话讲，教育问责制已经从被人们所厌恶的状态逐步转变成可接受的形式，到目前已经成为主流。

在提升所有学生学习成绩的同时，也要注意消除少数低收入学生与富有的白肤色同龄人之间的成绩差距，这种情况的紧迫性表现得越发明显。绝大多数教育者和改革者意识到问责制可以对这样的成绩差距进行诊断并促进解决，尤其是在学术标准、评估、数据报告以及纠正措施方面开展的问责。如今的学校领导必须做好在高风险环境中工作的准备。道德标准不仅是要确保缩小学生的学习差距，而且还要确保学校领导在培训后能够处理好这项艰巨的任务。

第二，不再接受持续失败。

《不让一个孩子掉队法案》的原动力是扭转薄弱学校，薄弱学校不能满足学生的表现目标，不能对学生设立的行为进行纠正，也不能加速学生的成长。许多这样的薄弱学校始终都表现较差，但目前实施的改善计划是直接把钱放到它们面前。时任美国教育部长阿恩·邓肯强调在未来 5 年内需要对国内最差的 5 000 所学校进行改善。学校改善计划（School Improvement Grant Program）第一条款中规定投入 35 亿美元对长期处于薄弱状况的学校进行扭转和改善。学校改善计划同样是耗资 43.5 亿美元作为"力争上游"计划的主要支柱，并且已经被写进很多州的改革计划中。获得改善资金的学校必须从 4 种供选择的改善策略中选择 1 种，其中包括任命 1 位新校长、关闭学校、在特许操作者的操控下重办学校、要求学校校长领导 1 所转型学校。最近，俄亥俄州通过 2 年预算，规定学区排名后 5％的学校必须采取彻底检查的战略，这一战略与学校改进援助项目相类似。为了成功改善这些学校，可以使用上述任何方法，至少会使学校领导得到训练，从容不迫地面对艰巨挑战。

第三，特许学校发展缓慢但持续发展。

在美国 40 多个州和哥伦比亚特区，目前有 180 万名儿童在 5 000 多所特许学校里。根据美国公立特许学校联盟（National Alliance for Public Charter Schools）（2010—2011 年报告），在美国的一些城市中，特许学校在市场中所占份额比较高：新奥尔良州有 69.5％的学生在特许学校上学，首都华盛顿哥伦比亚特区有 39.2％的学生在特许学校上学。在俄亥俄州西南部城市戴顿，有 29％的学生在特许学校上学。即使特许学校的增长速度不是那么迅速，但是还是需要成百上千的学校校长为独立迎接特许学校的挑战做准备。

传统培训没有为特许学校校长提供与区域内同事见面的责任，但事实上，特许学校校长经常会遇到这样的情况。2008 年一份关于特许学校校长发展的报告指出了特许培训和传统培训的明显不同。特许学校注重与之相关的关系，包括劳动关系、人员、特许学校法和立法问题、财务管理、设备管理、合同更新等（Campbell ＆ Grubb，2008）。针对这一技能差距，许多特许管理组织已经开展自己的内部培训，促使这些未来的学校领导独立面对特许学校的挑战。

第四，去学校中心化和学校自主发展逐渐变得普遍。

学校系统正尝试用另一种方式来管理学校，并且这种方式将会持续。在高压的管理负担下，越来越多的中心学区遭到批评，因为它们无法满足每所学校、每名学生的需求。以学校为基础的预算是指学校领导能控制学校财务和人事决策，而不仅仅局限于学术行为方面。在纽约、新奥尔良、芝加哥，无论是根据以学校为基础的预算还是按照管理学校的文件，学校校长都可以在必要时通过典型的教育课程发现自己的位置。

电影《重塑公立教育中心》（*Center on Reinventing Public Education*）的导演保罗·希尔（Paul Hill）也是教育研究者，他预计到 2030 年，以文件形式的管理将在教育体系中有所变化，将会出现去学校中心化、学校自主发展的新标准（Hill，2010）。许多城市的学校校长已经在学区内实行了多种形式的去中心化领导。如果保罗·希尔的预言变成真的，很多校长将需要发展必要的领导技能，与所面对的特许学校的同行保持一致，其中包括个人抉择、支出、采购服务等，这些决策也像教学决策一样频繁。

第五，工作流动和职业变化是标准。

与上一代人对于工作的从一而终不同，如今的大学毕业生大都会从事更多类型的工作。为了吸引更多精力充沛的领导者到国家所需要的学校工作，我们应该从教育外界进行招聘，通过记录证明他们有能力改善这些薄弱学校。通过学校领导培训课程，有才能的领导者更可能被教育吸引，而不是被刻意禁锢在某一特定职业。校长培训的一种混合项目是商业课程，如私立部门可能更能吸引聪明的申请者。

K-12 教育发生了极大的改变，下一代学校领导能够在工作中得到培训，而这需要几十年的发展过程。对于那些希望控制特殊类型学校的人来讲，培训表现出明显不足，这些特殊学校包括特许学校、学区薄弱学校、其他非传统学校、具有较大成绩差距的传统学校。

由大学教育提供的研究生课程，通常不能为特殊类型学校的领导者提供足够和合适的训练。很多典型的校长培训不能满足正规学校校长所需的知识，更不要说培养下一代学校领导者。表现较为明显的在于学术问责和学校改进方面。

2002 年签署的《不让一个孩子掉队法案》建立了学术问责体系，并应用在全美的每一所公立学校。学校需要满足行为期望，继续改善或面对重大改革。然而，美国企业研究所在 2005 年发现，只有 2% 的传统校长培训课程"强调在学校管理环境中的问责或者学校改善，不到 5% 的课程通过数据、技术或实证研究促进学校改进管理教学"（Hess & Helly, 2005b）。

美国企业研究所在同一研究中发现，传统的校长培训项目对于数据运用几乎不关注，也不重视教学中重要的个人管理话题，如教师招聘、教师选拔、教师雇佣、教师解聘或教师补偿。教育逐渐变成数据驱动的结果导向，学区领导的决策权逐渐转向学校校长，校长个人决策的自主权逐渐增加。以部分特许学校为例，学校领导已经成为小企业的首席执行官。

此外，从学校校长角度来看，传统培训项目可能并不是很有用。时任哥伦比亚大学师范学院院长亚瑟·莱文（Arthur Levine），通过自己大学 4 年的考试发现，管理培训课程是"几乎随意的收集课程"，与校长工作的现实联系不大（Levine, 2005）。

在传统培训项目中，专业知识的角度和未来学校领导需求的视角之间存在错位，尤其是对那些很有可能去特许学校和薄弱学校工作的人来说更是如此。

浏览任何一个大学教育管理培训项目的网站，你将会发现所有培训教师通常具有辉煌的简历，广泛的研究兴趣通常是教育议题。校长资格证书项目包括以下领域，教育领导、学校文化，可能还包括一些模糊的课程描述，如"教育改变"（education change）或"政治领导"（political leadership）。这并不是说这样的主题对于传统学校领导者来讲没有用，正如比较幸运的学校领导者在此之前没有遇到过组织或成就项目。但你会发现，传统学校教育的经验几乎不能管理一所新学校，或者能够很好管理一所学校，教材中不包括学校财政、设备购置、理论规定之外的学校资助方面的知识。

如果专家没有为学校做好 5 年的预算，也没有为未来学校招收学生情况做好市场分析，或者没有使用学生成绩的数据作为校长个人决策的依据，也没有时间去研究谁会依靠数据做出决定，那么我们怎么敢奢求这样的校长能够指导别人如何工作。

在学校里，你几乎不会发现重大教育改革的支持者，从择校、特许学校到衡量学生资助和教师绩效工资等方面。公共议程组织在 1997 年的一项调查中发现，在个案中越新的研究越趋于真实。美国企业研究所出版的《学会领导》（Learning to Lead）一书中提到，主题描述中存在一种强烈的"左倾"偏见，归因于传统校长培训项目中的阅读影响（Hess & Kelly, 2005b）。（2005 年研究进行时，特许学校、津贴等都被牢固地定性为"右倾"）

校长在传统培训项目中通过实习或实践接受经验型教学，但无论从经验的时间长度、内容还是其他因素，这样的培训都显得不足。例如，莱文发现校长培训是以方便为原则对待学员，与实践标准不相符，不能在实践中促进校长的成功。

对于学校领导尤其是那些在最需改善学校中的领导，应该培养他们在高风险和多元化的学校环境中实行有效管理，而批判仅仅为了迎合校长个体所需而开展的可选择性培训项目。

这些可替代性选择看起来像什么？

可替代的学校领导培训项目用技能武装学校领导，否则他们不会参与到传统的培训项目中。根据对可替代的学校领导培训项目的定义，项目是根据学校和学生的不同需求而采取不同的培训方案。

长期表现不佳的学校面临着裁员一半的现状，需要学校领导者对混乱的学校文化进行监督。这种类型的领导者必须懂得如何迅速、显著改善学生的行为表现，同时也需要了解如何在日常环境中处理动荡问题。一所重新启动的特许学校需要处理校舍的租赁合同，发展学校预算，招募、雇佣新教师，筛选新课程。此外，重新启动的特许学校校长必须理解如何借助州法律和联邦法律来引导学校的支出、记录学生行为、处理学生个体化教育项目（Individualized Education Programs，IEP）等。

所在学区被划为创新区的传统学校领导，他所面对的典型规则都是由州法律或集体谈判而产生的，传统学校领导必须跳出束缚，根据学生需求重新设计学校的基本发展模式。如果预算决定权被下放给学校层面，那么学校领导必须具有自主意识和商业敏感度。

许多培训项目已经能够根据非传统模式为学校领导提供培训，并且大多数人通过校友对学生行为给出令人印象深刻、可衡量的结果。这些项目植根于大学、非营利组织、特许管理组织，他们可能适合各种类型的学校领导。下面对这些项目进行简单介绍。

莱斯创业教育项目

坐落在休斯敦的莱斯大学设立了琼斯商业研究院（Jones Graduate school of Business），莱斯创业教育项目（Rice Education Entrepreneurship Program，REEP）为学校校长执照的获取提供了两种途径。一种途径是通过两年的学习获取工商管理硕士（Master of Business Administration，MBA）学位，为申请者提供了核心业务技能以及一系列课程，课程包括领导学、管理学、组织行为学、会计学、数据分析学。另一种途径是通过15 个月的学习获取商业证书，在此期间内对学生进行高度筛选（每年能够获得此证书的只有 15 人）。学生参加莱斯创业教育改革项目（Rice Advanced Management Program），接受大量关于商业和教育的课程。以上两种途径都需要校本培训和以往的教学经验（工商管理硕士需要两年的工作经验，商业证书则需要 4～7 年的工作经验）。领导应具备领导各种类型学校的能力。

新学校新领导

新学校新领导（New Leaders for New Schools，NLNS）是一项为期 1

年的实习项目，将校长安置在全美的 11 个学区中进行培训。申请者在公立学校中跟随导师进行工作，实现具有个性化的"领导力发展计划"(leadership development plan)。2001 年以来，新学校新领导项目已经在全美 21 个地区安置了 640 位学校领导。项目所涉及的校长涉及所有年级，既有在公立学校的，也有在特许学校中的。

建设优秀的学校

建设优秀的学校(Building Excellent School，BES)是一个为期 1 年的项目，在全美范围内对学校校长进行战略性培训并给予奖学金鼓励，以便让他们能够独立开办和领导特许学校。项目成员在高水平的特许学校中完成实习，对资助学校所在的社区进行 1 年的规划。项目包括严格的现场培训、训练实践、咨询、培养学校领导，撰写并提交特许学校的申请、建立安全设施、招募学生、雇佣教师、建立课程。该项目的筛选性很强(只能接受 4% 的申请者)，2011—2012 年该项目将辐射至 20 个城市的 48 所学校，服务学生 19 500 人。

弗吉尼亚大学薄弱学校改造专家项目

受弗吉尼亚州教育厅(Virginia Department of Education)的委托，弗吉尼亚大学于 2004 年开设针对学区领导和学校校长团队的薄弱学校改造专家项目，以满足对学校彻底检查的需求。弗吉尼亚大学提供了特殊的管理教育，通常来讲这种课程只针对高水平的商业领导。此项目针对学区里表现最差、急需改造的学校，包括从个案研究数据中呈现的课程排名，也包括重组后又面临困难的组织。此项目所涉及的 43 所改造学校都表现出积极的结果，学校领导降低了学业失败率，满足适当年度进展和其他标准的要求。

圣母诺特丹大学的教育领导项目

圣母诺特丹大学的教育领导项目(Notre Dame's Educational Leadership Program，NDELP)是一项联合项目，一方面申请者可以从大学的商学院获得 MBA 学位，另一方面可以从教育改革研究所中获得培训。圣母诺特丹大学的教育领导项目自称为"结果导向的培训道路"，这意味着人们更加关注学校领导者能够领导成功的学校，而不是"仅仅传授关于学校和领导的教学理论"。该项目始于 2009 年，要求申请者必须具有两年的教学经验，与其他可选择性培训项目一样，通常涵盖商业和专项教育的混合式培训。

可选择性培训项目的对手通常植根于他们对整体理论的讨论，即可选择性培训对工作的专业瓦解、削弱学校领导的地位、导致违规和教育工作者"什么都行"的危险心理。事实上，我们主张的可选择性项目不涉及这些方面。对该项目的效能进行检查，统计学生人数情况，对管理过程进行高度筛选，这样的要求迅速消失。如果可能的话，可选择性培训项目支持对专业的诋毁，此类项目具有较高的竞争力，能够吸引那些无法参加学校领导培训计划的杰出领导者。

此外，毋庸置疑的是可选择性项目对学校校长带来的专业瓦解是次要的，应关注美国最贫穷社区的学生成绩差距和长期处于弱势的群体。现存的校长培训项目通常有几十年的历史，以期望通过培养更好的学校领导来改善功能失调的学校，但是他们并未成功，其中包括对滞后学生学习成绩、毕业率、各群体间差距等方面的关注。可选择性项目是通过严格的管理程序来筛选最优秀和最聪明的领导者（从而增加专业声望而不是减损专业声望），可选择性项目应该通过效能进行判断，而不是通过撤销对专业的限制，也不是通过学生来保护成年人的兴趣爱好。

最后，值得注意的是所有这些项目的目的都是为申请者提供技能和知识，而这些技能和知识是在传统校长培训项目中无法获得的。他们坚持要求申请者在成为校长之前具有一定的教学经验。可选择性培训项目的对手通常依靠虚构，声称可选择性培训项目是反教师或反教育的。"外行人"认为，他们知道可选择性培训比传统培训能够更好地使学校运转，这样的结论是不准确的。很多可选择性培训项目不能将学校校长从教学中分离出来，而是需要更多重要的教学经验。

人们已经意识到，需要为全美最艰苦的学校培养校长提供更多的培训项目。参议员迈克尔·班纳特（Michael Bennet）（D-科罗拉多州）是丹佛公立学校的前任督学，他在 2010 年 6 月提出申请并创建了学校领导学院（School Leadship Academy），培养校长对于失败学校进行有效干预的能力。培训项目的网络安排是由若干部门共同管理的，包括非营利组织、大学、州教育机构或者农村薄弱学校所在的学区。为了重塑美国的教育观，需要开展一系列项目，如可选择性培训项目并且能够获得政治支持。

更重要的是，这些项目的目的是为全美最薄弱的学校提供更有效的学校领导。参与可选择性项目的申请者必须做出承诺，去改善低收入家庭和地区儿童的教育成果。为了满足这一目标而对可选项目进行抑制是不明智的。的确，不能完全支持儿童成长的任何事情，对于处在全美最贫穷社区的孩子和家庭来讲都是会产生伤害的。

反对观点

戴顿大学，西奥多·J. 科沃斯基

在弗雷德里克·赫斯和安得烈·凯利（Frederick Hess & Andrew Kelly，2005a）的文章中有关于校长政治培训的内容，其中描述为"传统培训的长期倡导者""预示着在学校教育中将会出现一批新的改革者"。确切地讲，我相信学校教育中的传统校长培训应该持续，但是我同样相信这些培训项目的本质和数量应该改变。值得注意的是，培训项目需要变得更加同类型、严格、以实践为基础、专业达标（如果项目也同时涉及其他专业）。如果发生这种情况，我预测很多以项目为基础的贫穷大学将关闭，因为他们不能或者不愿意达到这样的专业标准。相反地，我相信可选择性培训项目的创建是一种短视甚至鲁莽的决定，主要因为这会加剧而不是减轻一些问题，它将继续减少传统项目的有效性。

可选择性培训项目（alternative preparation）这一定义已经通过多种多样的方式在使用。本文介绍的可选择性培训项目拥有以下特征的一种或多种：培训项目不受达标学校教育的资助和控制；培训项目不是基于教育专业的标准，如教育领导选举委员会标准（Educational Leadship Constituent Council Standards）；培训项目允许非教育工作者参加。按照这种方式定义，可选择性培训几乎总是对州管理许可证的普通标准提出挑战，这些标准包括参与者必须拥有有效的教师证书、有课堂教学的经验、完成国家批准的专业认证培训项目。作为一个公共政策问题，可选择性项目应在社会后果的基础上进行评价。具体来讲，如果设有充足的证据证明培训将改进学校或者至少促进学校管理的实践，那么这个过程将被处罚。

本文的目的是对通常的四种争论进行反驳，这些争论是由倡导可选择性培训项目的人们坚持的。这些论断涉及以下主题：学校管理的专业地位，高质量管理者的缺乏，以大学为基础培训的有效性，非传统管理者的社会效益。

学校管理的地位

如果我们只是认为学校管理是管理角色而不须具备专业特质时，那么可选择性培训项目可能就逐渐变成了公共政策。大多数专业人士、从业人员、掌握深奥知识的人、具有核心技能的人，是通过许可、自主权、声望等方面来获得自身服务的回报。为了避免不称职实践者和骗子行为的影响，教育工作者在实践中开始不断质疑这样的安排。在很大程度上，挑战来源于民主和专业化之间的冲突（Levin，1999）。随着时间的推移，国家从立法方面进行了妥协。明确地讲，教育工作者由各州授权并允许他们实现专业成长。同时，根据其他专业领域的从业者情况看，教育者的地位和自主权通常会得不到承认（Kowalski，2009）。

这些建议实施公立学校政策的督导和校长应该处于专业状态，这样的公立学校政策已经存在了一个多世纪。早在1895年，如美国伊利诺伊大学的校长安得烈·德雷珀（Andrew Draper）写了一份全国报告，其中详细记录了专业化的优势。此后，安得烈·德雷珀又任纽约教育委员会主席。在报告中，他明确声明学校董事会应该给校长充分的自主权，包括聘任教师、监督课程、管理经费（Callahan，1962）。在当时提出给学校更多的自主权和力量的观点仍然饱受争议，这是因为一些人相信专业化削弱了他们的力量，另一部分人不相信管理者具备深奥的知识。对于那些怀有这些信念的人来讲，可选择性培训是对专业化进行瓦解的途径。

如果学校管理被缩减为只是一个管理角色，那么就不需要校长对教学进行理解，没有理由向校长推荐教学策略，也不需要获得校长的许可。然而那些寻找制度改变的人，很容易忽视可能导致的结果。在民主代表的范围内，学校管理者希望制定一些基于专家知识、学校董事会的建议，然后决定是否采纳这些建议。学校管理者和学校董事会成员对社区进行问责（Shedd & Bacharach，1991）。这个安排总是将公立学校管理者放置在政策的困难位置，而保持人们的希望（Wirt & Kirst，2009）。

可选择性培训概念或直接或间接地将管理者划归为管理人员，这消除了对民主和专业精神的平衡。作为一种结果，未来政策决定将不会带来专业智慧。我们必须审问自己，这样的安排是否将会帮助学校的改善。

高质量管理者的缺乏

可选择性培训的第二个理由是，改善高质量管理者缺乏的现状。与劳动力缺乏相关的概念已经早有先例。例如，在第二次世界大战期间，为了解决保健医生缺乏的状况，社会主要通过为医生和牙医创建快速证书通道的方式来解决问题。具体来讲，这些专业学习变为持续的活动（包括夏季学期），课程被压缩，医学院或牙医学院的学习时间减少到两年。尽管培训的可选择性形式显然是为这个目的服务的，但仍然要重点关注 3 个事实，尤其是那些相信培训学校管理者在进行同样改变的人们。第一，无论在政策制定者方面还是专业人士方面，医生和牙医缺乏的事实是被确认和被接受的。第二，速成教育项目是由有资格的医学院和牙医学院开展的，而不是由独立的机构进行。第三，战争结束后短缺的现象也在减弱，可选择性项目随之减弱，因为这只是传统培训的短期替代物。没有人认为这是公平或具优势的选择。

在学校管理的案例中，劳动力缺乏已经被广泛接受。事实上，1 个空缺岗位平均会有 15～20 个申请者。我们还能在其他什么行业声明劳动力缺乏并能够给予这样的统计数据证明？这就是事实，反专业倡导者认为在"合格"管理者和"优秀"管理者之间存在明显差距。最典型的例子是《美国学校的更好领导：一项声明》(Better Leaders for America's Schools：A Manifesto)(Broad Foundation & Thomas B. Fordham Institute，2003)中的发现。匿名作者承认学校管理缺乏的问题"不是一个数量问题：很多州都储备了大量具有资格的学校管理者，对于目前的空位来说是供大于求，最急迫需要解决的问题是质量"。然而作者也没有为这个笼统概念提供支持性证据，同时也没有对"高质量"给予理论定义。

如果共同考虑质量和数量的问题，那么逻辑表明可选择性培训将不会根除缺乏高质量学校管理者的状况。一些公司高管和退休领导已经成为非传统教育管理者，他们在更大的学校体系中作为督导，如果不是存在成百上千的管理助理，他们将能够获得较高薪水。然而，典型的督导和校长在不同的环境中实践，如他们必须直接处理领导和管理问题，他们几乎没有管理支持者，他们获得适中的工资。问题是一批高素质的管理者已经迫不及待地想成为学校管理者，但这只是一个神话。因此，可选择性项目可能培训混合教育者，让那些想通过多年的研究院学习的人和非教育工作者在私人项目中获得极具吸引力的岗位(Kowalski，2004)。总之，管理者缺乏的本意是值得质疑的，即使这不是本意，但只能为申请者提供或多或少的低水平培训，而不是素质的提升。

传统培训项目的无效

批判者从教育专业角度对基于大学的学业培训进行了全方位批判。尽管批判的本质通常是相同的，如开设无关课程或者缺乏以实践为基础的经验。在传统培训中的概念和解决方案中，以上两个方面表现出明显不同。来自学校管理专业之外的批评（例如，Hess，2003；Mazzeo，2003）大都认为以大学为基础的培训具有同质过程的倾向，而来自学校管理专业之内的批判则表现不同。事实上，在全美大约 550 所学校领导培训机构中，存在较大的差异，其原因可归结于课程、教学质量和资源的变化，这些都不是同样有效的。

作为传统培训概念化的结果，外部批评者认为通常不符合常规，而可选择性培训项目有利于公立政策的发展。很多内部批评者（例如，Björk，Kowalski，& Young，2005；Elmore，2007；Murphy，2002）提出了一个相反的解决方案，他们寻找基于大学培训的改革，尤其是对于那些基于实践和严格的改革。

作为反常规项目，应该对课程和标准的检测给予一定的自由。大约在 19 世纪 30 年代，如很多州修改医生执照的法律，因此医学院拥有了自主权，尤其是将医学院毕业证书与医生行医执照等同起来。这些短视的政策违反了国家对医生的控制，不能促进医学院的发展，也不能培养出更多的高质量医生。在这种环境下，一些能力有限的医学院学生乐于在假冒机构中用钱购买学位。美国很快产生足够数量的医生，但其中有很多是不合格的医生，人们不相信他们的服务，事实上其中有些医生甚至是文盲（Numbers，1988）。

作为前任教师、督导、教育学院院长，我的工作是对几十年来的学术培训进行批判。虽然我相信对于现状的急剧改变是必要的，但我相信创造捷径、增加项目、允许多元和非常规的课程只会使事情变得越来越糟。在管理培训的研究中，哥伦比亚大学教师学院的前任院长亚瑟·莱文（Arthur Levine，2005），他发现与传统项目相比很多新项目并没有改革创新也没有提高效率。在很多案例中，改革实际上只是越来越糟。

可选择性培训的社会福利

可选择性培训的支持者通常认为这些项目的研究者将胜过传统学校管理者。在很大程度上，这个许诺很显然只是基于管理层面，将管理作为独立的角色对待。这些推测需要仔细检查。例如，20 世纪的前 10 年里，领导管理者促进工业的领导，尝试将实践教学和教育专业化进行分离，模拟企业的管理模式。

历史学家雷蒙德·卡拉汉（Raymond Callahan，1962）在研究后得出结论，认为目前的学校领导不是专业领导人，这些管理者将自身文化强加到不假思索的人身上。例如，他们用商业思维考虑教育问题，将一些非科学的、含糊的方法和实践贴上科学的标签，并且重建反智力环境。雷蒙德·卡拉汉声称"不能理解教育或学术，因此他们够通过商业、机械、组织的方式接近教育"。

最近，戴安娜·拉维奇（Diane Ravitch，2010）又重新关注促进公立教育的思想合作。她为改革提供不可抗拒的证据，如教育券、专业瓦解、可选择性培训，在改善薄弱学校方面达不到预期效果。对于经验丰富的管理者来讲，这一结论并不吃惊。他们认识到转化低效学校极其困难并且设计复杂，已经超越了基本的管理。因此，可选择性培训缺乏能够为公立政策带来社会福利的证据。

有关教师可选择性培训的研究同样具有洞察力，因为它对于瓦解专业化教育具有指示性作用。例如，理查德·A. 诺依曼（Richard A. Neumann，1994）发现参加可选择性培训的教师不如没有参加可选择性培训教师的表现好。很显然，他们中有很大比例的来自内陆城市、低收入学校，正是在这样的学校中学生要求进步的需求最高。在此研究中，劳拉·科恩-沃格尔和托马斯·M. 斯密斯（Lora Cohen-Vogel & Thomas M. Smith，2007）发现这与支持者本意相反，可选择性培训项目没能通过吸引大量经验丰富的个体来提升申请者的质量。

最后的想法

本文通过对可选择性培训项目支持者的 4 个普通原因进行挑战，目的是解释反对概念，并表明原因背后的假设是有缺陷的。过去的非常规实验和可选择性培训很显然不能说服反专业的学者，乔治·桑塔亚纳

(George Santayana's，1980)警告说，忘记过去的人注定要重蹈覆辙。

从对立的观点来看，学校管理者的可选择性培训项目表现出反常规，为解构美国公立教育体系提供更广阔目标（Ravitch，2010）。具体来讲，企业将公立教育从公立市场转向私立市场，这种转移允许个体而不是社会对所提供教育的数量和质量进行监督。相关的一个战略目标是重塑唯一的管理角色并为未来管理者提供培训。如果成功将会是有害的，尤其是对于那些最需要改进的学校来讲更是如此。

对于学校改进，学校校长和督导必须具有一定水平的社会权力，允许他们与教师和其他利益相关者进行合作并制定必要的修改。很明显，他们无法通过简单地管理人力和物力资源达到这一崇高目标。具体来讲，他们的学术培训需要严格的、基于领导和管理的有效实践（Elmore，2007）。很难想象如何通过教学实践和教育专业化进行分离的项目来促进改进。最后，值得注意的是可选择性培训项目朝着反方向发展，他们认为未来校长将有可能成为管理者和政治操控者。

拓展阅读资料

Björk，L. G.，Kowalski，T. J.，& Young，M. (2005). National education reform reports: implications for professional preparation and development. In L. G. Björk & T. J. Kowalski(Eds.), *The contemporary superintendent: Preparation, practice, and development*(pp. 45—70). Thousand Oaks，CA: Corwin.

Bliss，J. R. (1988). Public school administrators in the United States: Analysis of supply and demand. In D. Griffiths，R. Stout，& P. Forsyth (Eds.), *Leaders for America's schools: The report and papers of the National Commission on Excellence in Educational Administration* (pp. 193-206). Berkeley，CA: McCutchan.

Broad Foundation，& Thomas B. Fordham Institute. (2003). *Better leaders for America's schools: A manifesto*. Los Angeles: Authors.

Callahan，R. E. (1962). *Education and the cult of efficiency*. Chicago: University of Chicago Press.

Campbell，C.，& Grubb，B. J. (2008). *Closing the skill gap: New options for charter school leadership development*. Seattle，WA: Center on Reinventing Public Education.

Cohen-Vogel，L.，& Smith，T. M. (2007). Qualifications and assignments of alternatively certified teachers: Testing core assumptions. *American Educational Research Journal*, 44(3), 732-753.

Elmore, R. F. (2007). Education: A "profession" in search of practice. *Teaching in Educational Administration*, 15(1), 1-4.

Hess, F. M. (2003). *A license to lead? A new leadership agenda for America's schools*. Washington, DC: Progressive Policy Institute.

Hess, F. M., & Kelly, A. P. (2005a). An innovative look, a recalcitrant reality: The politics of principal preparation reform. *Educational Policy*, 19(1), 155-180.

Hess, F. M., & Kelly, A. P. (2005b). *Learning to lead: What gets taught in principal preparation programs?* Retrieved from http://www.aei.org/docLib/20050517_Learning_to_Lead.pdf.

Hill. P. T. (2010). Reinvented school districts. In C. E. Finn, Jr. (Ed.), *American education in 2030: An assessment by Hoover Institution's Koret Task Force on K-12 education*. Available from http://www.americaneducation2030.com.

Kowalski, T. J. (2004). The ongoing war for the soul of school administration. In T. J. Lasley(Ed.), *Better leaders for America's schools: Perspectives on the Manifesto* (pp. 92-114). Columbia, MO: University Council for Educational Administration.

Kowalski, T. J. (2006). *The school superintendent: Theory, practice, and cases* (2nd ed.). Thousand Oaks, CA: Sage.

Kowalski, . J. (2009). Need to address evidence -based practice in educational administration. *Educational Administration Quarterly*, 45, 375-423.

Levin, H. M. (1999). The public-private nexus in education. *American Behavioral Scientist*, 43(1)124-137.

Levine, A(2005). *Educating school leaders*. Washington, DC: Education Schools Project. Retrieved from http://www.edschools.org/pdf/Final313.pdf.

Mazzeo, C. (2003). *Issue brief: Improving teaching and learning by improving school leadership*. Washington, DC: National Governors Association.

Murphy, J. (2002). Reculturing the profession of educational leadership: New blueprints. *Educational Administration Quarterly*, 38(2), 176-191.

Neumann, R. A. (1994). Reconsidering emergency teaching certificates and alternative certification programs as responses to teacher shortages. *Urban Education*, 29(1), 89-108.

Numbers, R. L. (1988). The fall and rise of the American medical profession . In N. O. Hatch (Ed.), *The professions in American history* (pp. 51-72). Notre Dame, IN: University of Note Dame Press.

Ravitch, D. (2010). *The death and life of the great American school system: How testing and choice are undermining education.* New York: Basic Books.

Santayana, G. (1980). Reason in common sense: Vol. 1. The life of reason. New York: Dover.

Shedd, J. B. , & Bacharach, S. B. (1991). *Tangled hierarchies: Teachers as professionals and the management of schools.* San Francisco: Jossey-Bass.

Wirt, F. , & Kirst, M. (2009). *The political dynamics of American education* (4th ed.). Berkeley, CA: McCutchan.

增值评价模型应被用于鉴定高效教师吗？

支持观点：巴特尔儿童组织，詹姆斯・W. 马奥尼
反对观点：戴顿大学，凯思琳・金妮恩・威尔士；
　　　　　威明顿学院，玛莎・S. 亨德里克斯；
　　　　　莱特州立大学，苏珊妮・弗朗哥

概　　述

　　多年来，对高效教师的鉴定近似于一种艺术而不是科学。对一些管理者而言，高效教师是那种从来不会将学生叫到办公室的教师。对一些家长来说，高效教师是关注学生和能对年轻人的潜力表现出积极期待的教师。对社区中的其他人而言，在一个原本流动性很强的后现代世界中，高效教师是能够在时间洪流中保持一种稳定性的源头。

　　几十年来，对有效性的直观表述能够满足公众兴趣，在很大程度上是由于没有心理测量工具来评估教师 A 是否比教师 B 在促进学生学业提高方面更加有效。在 20 世纪 90 年代，统计学家威廉·桑德（William Sanders）的工作使这种情况发生变化。威廉·桑德负责研制田纳西州增值评估系统（Tennessee Value-Added Assessment System ，TVAAS），这个评估系统能使调查者判断教师对学生表现产生的影响。就这点而言，学生的进步可以与标准组进行比较，最后得出结论。学生将参加标准化测试，教师（和家长）能看到一个学生是怎样与更广大学生群进行比较的。这种方法存在的问题是它将重点过多地放在儿童带到学校的智力资本上，却过少地认识哪些方面的提高是由教师带来的。鉴于家庭社会经济地位与学生学业成就有密切联系，富裕社区里的教师将会表现得更具有效性，因为他们的学生更可能获得高成就，然而调查论文显示，在非常贫困社区里的教师却表现得非常不好，因为那里的学生测试分数低于标准水平。

　　本质上来说，成绩趋向于与家庭社会经济地位相连，但实际上，学业进步是与教师有直接联系的。从结果上来看，郊区的教师会表现出高成就但是小进步，因为学生将许多学术知识带到学校但却从教师那里所学甚少，或者，城区教师能表现出低成就但有大进步，设想他们的学生带着非常局限的学术技能和对课堂的理解来到学校，但在学年中他们从教师那里学到了很多。实际上，这恰恰是威廉·桑德发现的：一些教师促成了真正的进步，而其他教师没有。

　　引入的问题是，目前应该如何使用教师增值知识以及这些知识应该如何被使用。在这本书的其他部分作者提到了当前在洛杉矶基于增值数据，关于使任课教师的有效性"公开化"的争论。这个话题的两篇论文呈现了专业文献中一些对增值评价模型（Value-Added Modeling，VAM）进行提倡和批评的争议性观点。

詹姆斯·W. 马奥尼（James W. Mahoney）是增值的倡导者，他提出"为孩子而战的校长"。他的论文采用休斯敦独立学区的数据，概述了支持增值评价模型的基本原理和文献，增值评价模型的方法应该怎样被用于提高教师表现。并且，通过对增值评价模型的使用，詹姆斯·W. 马奥尼认为现在使某些教师有效（产生 1 年学业进步）或者高效（产生 1.5 年的学业进步）的一些特征独立出来开始成为可能。詹姆斯·W. 马奥尼描述了那些属性当中的某一些，如教师开展差异化教学的能力，并且对为什么现在的增值评价模型方法成为已建立的评估教师草案的一个必需部分（并非是唯一部分）做出了清楚的论述。

凯思琳·金妮恩·威尔士（Kathryn Kinnucan-Welsch）、玛莎·S. 亨德里克斯（Martha S. Hendricks）和苏珊妮·弗朗哥（Suzanne Franco）都在大学里担任一定职位，不是增值的批评者。即使这样，这些调查者对增值数据能否或者应不应该用来评估教师还是很谨慎的。在某些方面，这些作者与增值评价模型的倡导者分享着同样的观点：他们清楚地看到增值数据在教师评估中占有一定地位。然而，这些作者不想因为补偿金和问责的目的而使增值数据被用作为一种排除性数据，他们提出要思考构成有效教学的所有行为并且这些高效教师是怎样被评估的。

在阅读这两篇论文的时候，考虑以下问题。第一，如果可以，学生获得的进步分数应在何种程度上被用于评估教师的有效性？第二，增值数据应该被用于描述优秀教学的事实性吗？如果不能，其他什么（优秀教学的）属性应该被纳入考虑？

托马斯·J. 拉斯利
戴顿大学

支持观点

巴特尔儿童组织，詹姆斯·W. 马奥尼

很明显，学生、家长、教育者、政策制定者和其他人对什么能促成一个"伟大"的教师有着强烈且各不相同的见解。当学生被问及什么能促成一个伟大教师的时候，你会得到以下回答："一个伟大的教师会鼓励我学习并使学习变得有趣。"当问及学生家长同样的问题时，你可能会听到以下回答："一个伟大的教师保证学生能接受挑战，使他们成功地为大学和工作做准备。"政策制定者和商业领导会做出如下回应："伟大的教师知道他们所做的什么是重要的，并为学生学习负责。"事实上，伟大教师从多方面将自己的价值加诸学生的教育经历——有些可被测量，有些则不能。

几十年来，专家和实践者在怎样正确测评教师有效性上有所争议。并且，在 2008 年一项被认为是教师有效性评估的综合认识中，劳拉·歌德、考特尼·贝尔和奥利维娅·利特尔（Laura Goe，Courtney Belly，& Olivia Little，2008）引用了克鲁克尚克（Cruickshank）和海福乐（Haefele）的话，他们总结道，"一个关于教师评估的巨大深层问题，与在什么构成了伟大或高效教学上缺乏共识脱不了干系"（Cruickshank & Haefele，1990）。在没能对优秀教学的特征进行描述并达到普遍共识的时候，是不会有一个能被普遍接受的测评的工具。并且，在没有从这种工具中得出量化数据时，让普通教师变得更好，让好教师提出伟大的规范性建议将很难实现。

增值分析应该被用于测评教师有效性吗？毋庸置疑，增值分析能帮助鉴定那些年复一年与学生一起创造高学业收获的超凡教师。尽管统计学家可能会质疑增值评价模型的某些细微之处，但很明显的是，不管所用到的模型如何，这种经验性测评能被用于鉴定卓越教师。

测量的误差被数据所抑制，表明年复一年工作的教师与学生学习之间产生积极影响。所有教师都有成群与自己联系良好的学生和那些不那么成功的学生。多年来，这些教师与所有学生和不同组群学生的教学关

系都表现出持续的进步。我们需要从这些教师身上学习的还很多。

让我们进一步将增值分析看作是一种对生产力的测量，它如何能被用于经验性地鉴定高效教师，理解高效教师的特征、行为和态度的重要性，以及什么是教育者提高和变得成功所必需的支持系统。

增值分析：一种对学生学业表现更公平的测量方式

无可争辩的是，什么被测量什么就被监控，什么被监控什么就能提高。增值分析是通过一种批判的新维度，来审视教师对学生学习的影响。并且，增值分析为教育领域存在已久的挑战带来了一种不同的方法即如何正确地测量学生的进步。

多年来，主要靠学生在州测试中的成绩来对学生的表现进行评价。通过州测试的学生数量在很大程度上体现着学校和地区的表现水平。州测试分数提供了一些对学生成就有用的信息，但并不能提供一个对学生个体提高或者学校与地区使同一群学生进步的正确图景。仅仅是测量学生最终成绩而不对学生的起点进行测评，就像只知道一个人的旅行是向南或向北走了多远，而不知道往东或往西走了多远。对进步不评价会导致我们对学生成就进行错估的悲剧。

在许多方面，增值分析提出相似问题并通过一面透镜对新方法的答案进行检视。在对古老问题的新回答下，学校能开始阐释课程、教学、项目的优劣，并解释影响学生学习的实践，看学生是否能在一年时间中获得了具有价值的学业进步，而不是仅仅按学生某一特殊时刻的成绩进行评价。

从统计意义来说，增值分析能排除非学校因素（种族、社会经济因素、文化、语言和其他）对学生成绩的影响。相反地，评估教学和学校相关因素同样对学生的学习产生影响。从另一方面来说，成就是与社会经济地位相连的，这样的增值分析仅仅与测量社会经济地位有一丝关系。最终，增值分析引人注目，因为它成了一种描述和检测学生进步的方法。

与此同时，有一要点需要被清楚地认识：增值分析并没有代替传统对成绩报告的方法，而是进行了补充。把两者放在一起看，成绩结果和增值信息告诉我们学生处于与学业内容标准相关的位置以及当前的项目对学生达到更高精通水准的有效程度。

增值分析展现了一种通过测评教学来影响学习的新方法，是一种更加公平和可靠地看待学生进步的方法。它成为教育者的一个有力激励因素，因为它公平测量竞争，测量学生个体、班级、学校和地区从起始点的每年进步。

多种评价方式的重要性

增值分析显著改变了教育愿望——将讨论从构成伟大或高效教学的定义转向如何客观和可靠地测量伟大教师对学生学习的影响。这在美国教育历史上，第一次将伟大教师的定义植根于学生的学业进步，而不仅仅是学生成绩。这种差别是微妙却极其重要的。

如果对"有效的"教师进行定义是通过获得特殊成就水平的学生数量或比例来进行，那么那些在低成就学生身上创造了显著学习增长的教师将被忽视。同样，拥有高成就学生的教师，即使没有使这些学生产生显著的学业提高，但仍然会获得莫须有的荣誉。

虽然增值分析应被用于提高教师有效性的评估中，但是它不应该被当作评估教师有效性的单一方式。多种评价方式之所以重要是因为教学和学习是复杂的。如果我们认为教师的贡献仅仅能够被转化为年度学生测评的简单分数，那无疑是在为教师职业帮倒忙，因为在此基础上做出的重要评价还关乎教师的未来。但认为测试成绩不应作为一种评价的观点同样不值得遵从。当然，它们应该成为评价的一部分，因为学生的成绩是教师表现的一部分。这是基准的重要部分，但不是全部内容。

抑制测量误差的唯一办法是拥有许多数据分数。学生个体考试失败可能是因为她在公交车站吵架，与男朋友分手了，或者仅仅是在考试中没有表现好。不能因为单个学生而否定教师带给学生的影响，许多学生的总体分数才能决定这种影响。当你关注教师多年来对学生学习的影响时，他们的影响也变得更加清晰。

爱因斯坦有句话或许是对的，"不是所有有作用的事都能被计量，也不是所有能被计量的事都有作用。"辨别有效教学要考虑周全。我们不能再举起双手宣称教学是一个神圣的职业，不测量它的影响。我们不能再将教师当作商品。在挑战中存在着众多机遇，需要研发多种方法帮助学校辨别教学的有效性。

"正确的"实践有意义

人的发展和使用正确的测量同样需要一系列高水准且有效的实践和方法，这能允许学校加快学生的学业进步。随着研究证实了教师在学生学业成功方面有最重要的影响力，我们需要迫切了解的是高效教师在课堂中做了什么。我们需要挖掘那些帮助学生并使他们的学业进步达到最大化的高效教师的专门知识和技能。为了持续促进学生学业进步，我们必须创造研究方法，发掘和分享已被证实的、可重复的、可推广的实践。

2008—2009 学年，休斯敦独立学区开展了一项研究，这项研究由贝尔和梅琳达·盖茨基金会(Bill & Melinda Gates Foundation)支持，由"为孩子而战"的调查者们展开，目的是探索高效教师的实践。一组有 60 多名的 3～8 年级核心课程的教师参与了研究，他们教授数学、科学、语言、阅读和社会研究等科目，促成学生学业最高水平进步。基于 2006—2007 年和 2007—2008 年不同学区教师的增值结果，选择出教师个体连续两学年拥有最高的平均增值累计收益指数。

这个研究与在俄亥俄州进行的一个研究相似，意图通过每一个学科领域组来探索如下反复出现的主题。这些高效教师拥有以下共同点。

①提供教学支持并使所有学生参与教学。

②以学生为中心建立关系并满足每个学生的学习需求。

③有一种兼容的和可预见的班级环境，这种环境积极、安全，有组织并且有助于借鉴所有学生的高质量学习。

④通过合作、个人专业发展和辅助领导，教师具有专业的自我效能感且持续提高。

通过使用不同类型的媒介和相异的经历，那些被高效教师证实的实践可被教育者相互讨论并分享。校长需要促成一种合作文化来支持观念分享，这样已被证实的实践才能以一定规模推广。通过合作学习经历，教育者所具备的集体力量、兴奋和承诺，将能够产生希望、鼓励与提高的结果。

以正确的支持系统提高教师天赋

思考你做得好的任何事，你是否一开始就很精通？可能不是。心理学家 K. 安德斯·爱立信（K. Anders Ericsson）提出，平均水平表现和高水平表现的真正差异是 1 万小时的刻意努力。可以通过实践、接受反馈和提高表现来建立技能和专门知识。

长久以来，教师为了良好的事业，严格遵循教科书、课程计划，用粉笔书写教课、用红色铅笔批改作业。教师期望能够通过大学或学院的项目，学会正确地准备教学。世界上的所有职前项目都很少能使教师为他们自己将面对的充满不同能力、动机、挑战和家庭学生的班级做准备。

教学是一件难事，但是我们知道，拥有集中于个人化的支持，教师能提高他们的技能并且变得更加有效。不幸的是，这种活动经常因为要完成一次性职业提高而受到困扰，这种提高与教师真实需要关系不大。抑或是"为权利而赛"，教师为准备与他们工资提升的相关要求，他们在教育中承担与角色无关的课程而负担甚重。

如果我们期待教师满足不同学生个体化需求而采取不同的教学指导，那么，我们为什么不对教师专业发展采用同样的方法呢？比如，有些教师可能致力于帮助低成就学生获得成功，而其他教师可能需要改进使有天赋学生成长的方法。丹尼尔·平克在《动力》（Drive）（Daniel Pink，2011）一书中提到，征服是一种重要的激励，它是使有意义的事情变得有更好的驱动力。什么样的激励方法能够为教师提供更好的实践支持呢？

对于教育者的专业发展使用增值信息可以说是必需的。教育者能获得世界上所有的信息，但是如果他们不理解怎么去运用这些信息，也将不会对学生产生什么影响。

有一个古老的故事，虽未经证实，但的确能说明这个问题。两个樵夫参加 12 小时的伐木比赛，他们在彼此面前伐木，旁边还有个焦急的观众。一个樵夫每小时休息 10 分钟，另一个樵夫从不停歇。在比赛的最后阶段，停下来休息过的樵夫砍了更多木头。另一个樵夫非常震惊，"这是怎么做到的？"樵夫回答道，"因为我每小时都停下来打磨一会儿斧子。"

专业发展就是打磨斧子，也是使用增值评估时的关键组成部分。几乎所有教育者都能认同基于数据而制定的决策，但是有两个问题持续困扰着多数教育者。第一，如果有的话，教师只接受过一丁点儿基于数据的决策制定的教育。第二，教师没有收到经过剖析的数据，即使有也只是有很少信息能被用于改善项目或者提升学生成绩方面。

增值数据让教师从起始点上认识他们所处的位置以及将要前进的方向。成功故事发生在通过增值测量加速专业发展的地方。这些事件不仅帮助教育者认识他们产生的结果，也使他们将其他学生的数据拿来与结果一起审视。这种结合帮助教育者为学生设计一种新结果。

结论

使用增值分析来测量高效教师的争议还会持续，用它来评价进步将不会停止。当然，统计学的讨论将持续贯穿整个学术社区。具有讽刺意义的是，当教育者坚持严格对待学生学业的时候，一些人却认为不能使用增值分析，因为它本身所具有的复杂性和潜在的统计学分析。在获得必要的时间和专业发展机会的情况下，教育者能轻松地学会使用并受益于增值分析。更重要的是，在这个国家里有很多事迹表明教育者是怎样使用增值分析来提高教学的。

增值分析为帮助教育者提高学生成绩提供了很多便利。很明显，这是一种测量进步，通过推广合作对话，使成绩测试成为更加有意义的工具。但是它或许不能测量这样一种教师的影响，这种教师能激发学生动机，鼓励学生热爱学习，这能促使学生学业成功。像动机和灵感这样的特征可能不能被直接测量一样，但可能通过间接形式进行反映。认识的旅程和有效测量进步与成就的航行将会继续，这对理解和加速促进所有学生取得更高的成就有至关重要的意义。

很难想象哪些教师不想变得更好。仅仅以学生表现结果来标榜教师是在判决——不是提高。是不是每个教师都能成功？答案是否定的。但也不是每个售货员、建筑师、机械师或其他职业的人都能成功。教师无效将不能再被容忍。我们迫不及待地想让一些教师增加能变得更有效能的经验，因为他们中的有些教师从来没想过获得更多有效经验。

教师是提高学生表现的重要支柱。学习最高效的教师在课堂中做了什么以及植根于他们身上的行为、态度是帮助所有教师变得更加成功的第一步。增值信息给我们指示了一条帮助鉴定最佳教师的明确道路。

反对观点

戴顿大学，凯思琳·金妮恩·威尔士；威明顿学院，
玛莎·S. 亨德里克斯；莱特州立大学，苏珊妮·弗朗哥

在过去的 20 多年，教师对学生学习所做贡献的重要性众所周知。一些研究者认为，教师是解释学生成绩差异的最重要因素。在前几十年里，许多教育研究文献主要基于学生特征探索学生成绩的差异，如家长的教育程度、社会经济地位、种族和性别等。仅仅是在最近，教师才被置于研究以及对学生学习问责的中心地位。简单地说，"教师很关键"这句话才广为流传。并且，教育问责最近的发展方向是将学生成绩提到鉴定教师有效性的第一位置。针对教师有效性最近出现的一种方法是增值评价法，这种方法是基于学生在标准化测试中的表现而进行的。

这篇论文的第一部分重点论述了一些将增值评价作为教师质量指标而感到担忧的议题。第二部分讲述了从教师质量指标到教学质量指标的问题重构，并且设想了一些问题，提供一种更健全的方法来检验教学质量。最后一部分包括对如何鉴定和支持高质量教学的一些思考。

将增值评价作为教师有效性指标的概览

当下，对学生成绩进行问责已经嵌入我们的教育系统中，并包括以多种方法来掌握或收集学生的测试成绩。其中包含，对达到标准水平（美国教育进展评价）的学生比例进行汇报，将一组学生表现的平均变化逐年相比较（年度进步）。20 世纪 90 年代，教育调查和政策共同体开始表现出对方法论保持持续增长的研究兴趣，这种方法更加关注教师、教学楼和学校对学生学习成绩增长带来的贡献，是将学生的先前成绩和其他特征等纳入数据统计的考虑范围，这样的评价方法叫作增值评价方法（value-added methodology）。作为对教学有效性的评价方法，增值评价的缺陷是本论文讨论的焦点，它是对教师有效性进行测量的可能选择方法。

最近联邦和州的政策掀起了一股教育热，大量改革的举措和当前的调查采用了增值评价方法。例如，出于美国教育部门的"力争上游"教改计划基金的优先考虑，鼓励将教师水平纳入到增值评价分数中。另外一

个例子，包括俄亥俄州在内的一些州，将学校水平增值指标和其他表现指标纳入到年度报告中。最后，一些州和地方学校董事会都将教师表现评估和补偿政策纳入了增值测量。

包括国家研究委员会和国家教育科学院（National Academy of Education）在内的教育调查和政策共同体的成员，他们提出了一系列对基于增值方法所做的高风险决策的担忧，尽管方法论的当前问题都没有被完全解决。这些忧虑包括，缺乏证据支持估算的信度和效度，依靠测试不能完全体现预期的教育目标，对影响学生成绩的教师、学校和区域归因进行随意推断的影响，违背了选择和将学生分配给教师和学校的随机性原则。

其他担忧突出了多种增值评价模型的存在，并且每一种模型都建立在与不同目标相一致的不同设想上。不是很清楚的是，谁在方法与目的一致的基础上使用了增值评价方法。例如，包括多元数据方法在内的一些模型，将社会经济地位、先前测试结果和学生因素，如种族、性别、母语和流动性考虑在内。一些模型同样包括先前教师的影响。让消费者和利益相关者更为困扰的是，那些使用这种模型的人还没有养成使用指定计算增值分数模型的习惯。通过一个增值分数对来自不同州的教师进行评价可能产生非同寻常的意义，这是由于不同州使用不同的方法来决定分数。

除此之外，学校和州的真实情况引发了对学生和教师相关数据质量的严重怀疑，这样损害了进行估计的信心。这些顾虑包括：受质疑的现存州数据系统的技术质量；在特定地区学生的高流动性，特别是城区；以及可能归咎于学生通常会在一年里面对不止一个教师的事实。

当下，增值方法还没有充分发挥支持高风险决策的作用。问题回到构建反对观点的论文方面，增值评价方法是否应该被用于高效教师的鉴定方面？答案是，依照具体的情况来决定。

关于增值的问题缺乏基础又具有复杂性特点，这是从根本上对班级所有学生产生影响的问题。结果很明显，与低效教师所在班相比，高效教师所在班级的学生通常是具有较高质量的学习经历。更重要的问题是，我们怎样才能达到使所有学生拥有高质量学习经历的目标？这个目标不能仅仅通过增值评价方法来对高效教师进行鉴定。

通过增值评价的方法测量学生成绩来鉴定教师质量，这是一种循环争论，教师质量和学生成绩通过增值这一观念被等同起来。换句话说，教师有效性是由成果定义，而成果又与质量等同。对学生学习有作用的教学实践、教师特征和学校背景在这种对教师质量的定义中被抛开。教师质量的问题需要通过一个更复杂的包含高效教师与教学的特征及背景的图景才能被更好地解决。下一个部分将重构问题并将研究重点从高质量教师转向高质量教学。

重构问题

对于教师的关注主要集中于教师质量，但不局限于此，包括教师应具备的特征如语言能力和学科知识；教师经历，如质量和教育类型，证书，教龄；还有一些因素如学生倾向，效率意识和坚持，以及对专业发展的兴趣。教师的特征应该如何与学生的学习成绩相关联呢，这个话题已经被论述得很多了。但大多数人仍然同意这些特征充其量只能展现教师质量的部分图景。

一种可选择的方法是，同时鉴定高质量教学和与高质量教师相联系的特征。教师特征很重要，但要从与学生和学生学习的直接联系中删除。通过鉴定高质量教学，问题转向学习发生的地方，也就是课堂。先前对教学的研究是将具体的、分散的教学行为或举止，以及学生接受教学（过程）的条件与学生成绩（产品）联系起来。近期关于教师质量与教育的文献将一幅基于教学认知视角的更加整体的视图纳入其中。基于观察课堂表现和实践来归纳高效教师特征，如通过教学日记，努力产生许多评估教学质量的工具。

因此，如下问题提供了一个更加健全、为每个学生创造高质量学习环境的方法：什么特征与高质量教学相关或者能够鉴定高质量教学？什么条件能够最好地支持高效或者高质量教学？关于高质量教学的信息怎样才能使所有学生达到最大化学习？

高质量教学包括理解教师特征和教师的所作所为。当把这些问题放在一起处理，创造了一系列集中于实践的变量和实践发生的背景，便能更好地理解什么有利于使所有学生的高质量学习经历成为可能。

接下来对这种方法的阐释是根据一项针对俄亥俄州新任教师的调查研究得来的。新任教师研究是一个纵向的、遍及全州的研究项目，调查与新任教师相关的特征，如教学实践和学校背景。这个调查的数据包括对使用课堂评分系统(Classroom Assessment Scoring System，CLASS)进行教学的观察，课堂评分系统作为评价工具由弗吉尼亚大学的罗伯特·皮安塔(Robert Pianta)和他的同事共同开发，是为了评估师生的课堂互动而开发的系统。数据包括教学观察之后的访谈与由新任教师完成的问卷，问卷包括与教学准备、效率和学校背景相关的多维设计。基于课堂评分系统，对更高表现和更低表现教师的案例进行研究，从这些案例研究中，建立起对高质量教学特征的描述与对支持高质量教学的条件的描述。

高质量教学的相关特征

论文的这部分描述与高质量教学相关的特征。在这里值得一提的是在对新任教师研究的调查中，分析框架应包括教师特征，但这个案例研究的基础是通过课堂评分系统对教学进行观察。对教学的观察，更精确地说是观察师生互动，使用课堂评分系统从 4 个领域进行观察，包括情感支持、教学支持、班级组织和学生参与，结果产生 1 至 7 的分数。当前的课堂评分系统漏掉了班级参与这个领域。表现较好的教师平均分在 6 至 7 分，表现不好的教师平均分在 1 至 2 分。3 至 5 分的教师被认为是中间水平。通过分析访谈、调查问卷和学校背景数据来构建案例研究，案例研究将对表现较好的教师与表现不好的教师进行比较。

表现较好的教师能明确说出打算让学生完成的教学目标，这些目标指向具有丰富内容的知识并与州学业内容标准相联系。学生对学习目标和与目标一致的教学有着清楚的理解。在教学过程中，表现较好的教师根据学生是否达到教学目标来调试教学，教师还采用具体化的系统评估策略找出需要额外教学支持的学生。调试教学要求教师对学生正在经历的阶段有所了解，此外还能使用学科知识和教育学知识强调这些挑战。表现出有丰富学科知识的教师将那些知识编入教学之中。这是一个非常清晰的例子，体现了教师特征和教学特征是怎样相互联系的，很难将教师特征和教学分离开来。

在课堂评分系统中表现得更好的新任教师讲述了他们的教学指导是

如何对学生产生影响的，并提供了他们如何完成这些任务的具体例子。这些教师同样显示出在相关调查项目中的高效意识。此特征作为另一个体现这些变量是怎样与高质量教学相联系的例子，体现出与高效教师属性和高质量教学特征的相互关系。

这个调查研究反映出，能够提供高质量教学的新任教师使用了有目的的、被选择以用来满足具体教学目标的材料。这些资源通常由同事提供，或者从网上搜罗，但是这些教师却有着特殊的目标。技术通常被提及，却在很多情况下不能满足使用，而教师常常只能凑合着适应有限的资源。

与此同时，调查表明，在进一步的观察访谈中新任教师提供的描述显示存在着一种普遍的威胁。这些表现出高质量教学的教师能够提供一个清晰的、与他们做出决定挂钩的解释，在教学指导计划与根据学生需要调试教学这两方面都是如此。调查中有一种明确的意向，即当决策没有使学生的学习达到最好效果时，教师便有了下一步计划。

支持高质量教学的条件

教师很关键，但是他们的教学背景同样关键。这并不是说艰难的环境能成为低质量教学的借口。新任教师研究调查清楚地表明，教学是在一定环境下发生的，对教学环境的忽视就是忽视了教学的复杂性。在这些地区受教育的新任教师跨越了人口和学业成就的分类，但是资源的获得与资源综合运用的表现却因环境差异而表现得不同。大多数时候，被证明有高质量教学的教师不是拥有需要的资源，就是适当地调整教学。

支持高质量教学的另一个背景因素是教师拥有继续提高的机会，许多教师提到在他们教学生涯的第一年里，从一起工作的其他教师那里得到了帮助。

专业发展的机会集中于具体的教学实践，如技术综合，在调查中一些教师还提到了与数学指导有关的夏季研讨会。当前关于有效教学的调查提到了尚在前行的专业发展的重要性，尤其是当它与具体内容和教学实践相联系的时候。

以与高质量教学相关的信息来支持学生学习

增值评价模型应该被用于鉴定高效教师吗？依情况而定。增值指标本身并不应该被用于鉴定高效教师，尤其是出于补偿和问责的目的。通过学生测试分数鉴定高质量教师是从产出的意义来定义质量，并不是通过可鉴别的特征和属性。除此之外，这个基于增值指标使用的调查仍然在很多方面体现了冲突，且不支持高风险目的，如教师评估和补偿。但是，增值评价模型应该与其他测量教学质量的方法同时被使用吗？如与直接观察教师表现的方法一起使用。对这个问题的回答在一定条件下是肯定的。

在对什么有利于学生学习问题的理解中，增值指标扮演着重要的角色。它包含于一系列变量中的部分信息，这一系列变量提供了表现较好的教师和高质量教学的壮观图景。当前由公共和私人资源资助的调查正通过测量与有效性相关的产出探索教师质量，如增值和绩效标准。

关于教师和教学特征的信息能够服务于多种目的。目的包括提高教师和行政管理者的教育项目，在新任教师教学第一年里提供支持和一个教师职业生涯中的评估与发展。当前的趋势强调在评估、补偿、学校和地区问责中，对教师和教学质量测量的使用。将这些用法打折是很幼稚的做法，但如果我们忽视了提高教师教学的机会和为教师准备的项目，那么它们可能会对学生、家长和社区帮倒忙。

仅强调教师或者教学都不能对教师怎样对学生学习有所作为的问题做出解释。只有通过探索这一系列变量，包括除教师教学背景之外他们的所知所做，政策制定者、学校董事会、教师教育者和其他利益相关者才能合理解释影响学生学习的变量。一旦我们充分明白了什么能对学生学习中的变量做出解释，我们就能开始在教育系统中做出改变，扩大所有学生的学习机会，而不管他们正在经历的教育背景。

拓展阅读资料

Battelle for Kids. (2010). Why are some teachers more effective than others? *The challenges and opportunities of defining "great" teaching*. Columbus，OH：Author.

Braun，H.，Chudowsky，N.，& Keohig，J. (Eds.). (2010). *Getting value out of value-added：Report of a workshop*. Washington，DC：National Academies Press. Retrieved from http：//www. nap. edu/catalog/12820. html.

Darling-Hammond，L. & Bransford，J. (2005). *Preparing teachers for a changing world：What teachers should learn and be able to do*. San Francisco：Jossey-Bass.

Goe，L.，Bell，C.，& Little，O. (2008). *Approaches to evaluating teacher effectiveness*: *A research synthesis*. Washington，DC：National Comprehensive Center for Teacher Quality.

Harris，D. N. (2010). Clear away the smoke and mirrors of value-added. *Phi Delta Kappan*，91(8)，66-69.

Mahoney，J. (2006，March/April). How value-added assessment helps improve schools (D. R. Walling，Ed.)[Entire issue]. *Phi Delta Kappa EDge*，1(4).

Pianta，R. C.，& Hamre，B. K. (2009). Conceptualization，measurement，and improvement of classroom processes：Standardized observation can leverage capacity. *Educational Researcher*，38(2)，109-119.

Seidel，T.，& Shavelson，R. J. (2007). Teaching effectiveness research in the past decade：The role of theory and research design in disentangling meta-analysis results. *Review of Educational Research*，77(4)，454-499.

Whitaker，T. (2003). *What great teachers do differently*: *14 things that matter most*. Larchmont，NY：Eye on Education.

话题 9

强大的学校联盟促进还是阻碍学校问责发挥？

支持观点：俄亥俄州教育委员会，丹尼斯·M. 里尔登

反对观点：戴顿大学预备学院，伊丽莎白·拉斯利·卡梅伦

概　　述

正如本书提到的那样，洛杉矶地区和全美曾经有过一次激烈的争论，即关于运用增值数据评价全体教师的有效性。当然，此外的争论还有聚焦于联盟的未来和集体的契约。一方面，是联盟和联盟的支持者。对于联盟支持者来讲，运用增值数据作为教师有效性的主要指标不仅代表威胁，而且能为真正了解复杂的教育现象提供途径。另一方面，大量的政策制定者是联盟的反对者。他们认为联盟阻碍对教师有效性的真诚的、长期的评价。联盟的批评者坚持认为，增值数据和学校改革的其他努力持续成为教师和教师联盟的阻碍。正如批评者说的那样，联盟更侧重于关注现状，因此，保护所有教师的工作，除去少数几个最不称职的教师。联盟官员认为他们很乐意接受改变，但却不包括改变过程中的部分，如在基于指标对成员和教师进行评价时是不公平或完全不适合的。

读者将在本话题看到关于联盟在美国教育中所起作用的积极讨论。讨论主要通过两个渠道表达，一位是美国教育协会的前执行主任，另一位是中西城市学校的英语教师。中西城市学校最初是一所公立学校，随后成为特许学校，产生变化的部分原因在于当地教师联盟的斗争。文章主要关注美国联盟角色的强动力和复杂性。他们同样关注不同观点中关于提升学生教育质量的相同立场。

丹尼斯·M. 里尔登（Dennis Michael Reardon）（俄亥俄州教育董事会成员、俄亥俄州教育联盟的前执行主任）认为不公正的争论归因于教师联盟对于美国教育的影响。他认为如果联盟的确存在问题，那么未获得法律认证的 15 个州产生的性能则与授权州存在较大差异。事实上，数据不能简单地作为事实的支持，未形成联盟的州比那些获得联盟授权的州表现得更好。里尔登承认过于频繁的教师联盟无法发挥需要的领导力以改善教师的工作状态，无法为学生提供高质量的学习状况。他认为教师和领导必须成为创造有效学校的解决方式，他们既不应该被边缘化也不应该被排斥。里尔登建议，如果教师被招聘或准备走进课堂参加改革，那么美国的教师成员则需要为高质量的公立教育提供服务。

伊丽莎白·拉斯利·卡梅伦(Elizabeth Lasley Cameron)(中学英语教师、戴顿大学预备学院)认为，联盟是连接成员需求的核心，对于公共利益漠不关心，过于关注于联盟成员的利益。卡梅伦没有坚持联盟存在固有"劣势"。她认为联盟自我利益获取的多种方式阻碍了获得成员的拥护、教师为学生设定目标的实现。卡梅伦同样认为频繁的实践将产生无效，如按资排辈的雇佣无法促进学校真正的改变实现改革。联盟利益也同样聚焦于阻碍改革而非促进改变。

阅读这两篇文章时，可考虑如下问题：如果没有联盟存在，美国学校真的会变得更好、更强吗？如果联盟对于改变起积极作用，那么需要哪种实践转变以确保未来的问责方式不对真正的教育改革产生阻碍？最后，很多人认为在集体协议的美国各州(如威斯康星州和俄亥俄州)存在迅速的改革，联盟需要进行改革以满足新兴的工作状况。在我们自己所处的州，也会看到这些现象的发生吗？如果未被证实，那么这些案例为什么会这样？如果发生了这些现象，是谁推进改变，联盟是如何反应的？

托马斯·J.拉斯利
戴顿大学

支持观点

俄亥俄州教育委员会，丹尼斯·M. 里尔登

随着经济的发展，美国的技术、经济、社会等多方面都出现了大范围的变化，美国公立学校也正在积极准备培养学生以成功面对 21 世纪，因此也面临着一场激烈的、国家范围的讨论。大讨论的核心是如何看待联盟所扮演的角色，联盟代表教师，支持专业发展。在一些学校的管辖中，管理者通常扮演着学校改革的角色。因此，国家反对的背景在于未来的联盟和集体究竟应该怎样，讨论也因此聚焦于强大的学校联盟是促进还是阻碍学校问责发挥？

从美国历史来看，工会的作用和影响已经产生了强烈的争论。在过去的三四十年，联盟被认为是美国经济失败的主要原因，包括汽车和飞机制造、矿藏、钢铁生产等领域。

与之相对的观点是尝试理解影响美国学校的复杂动力。一些教师联盟的反对者认为，教师联盟是阻碍学校发展的重要障碍，联盟成员将自身的利益凌驾于学生的幸福之上。批判者指责教师联盟不利于学校改革，在学校管理过程中采取繁杂的管理规则和程序，因此几乎不可能免除不称职教师。

如果联盟是美国学校教育质量的主要影响因素，那么表现出来的现象就看似合理，即在学生的高中成绩和高中毕业率方面，未获得法律认证的 15 个州要比其他获得法律认证的州要高。然而，根据美国教育部国家教育统计中心（National Center for Education Statistic，2009）的数据，这并非如此。

为权利和影响力而斗争

讨论的矛盾点是联盟的影响，这不是简单的直接定义，还包括权利。矛盾主体会涉及很多群体，包括管理组织、学校董事协会、教师联盟、商业团体，这些都能影响、控制美国教育，并获得自身利益。事实上，如果在教育事业中联盟的合法性被剥夺，那么在剩余群体中，权利和影响力的斗争还将继续。

　　我没有作为坚定的教育联盟支持者而接触这场讨论。在学校体系中一些联盟具有积极动力，而其他的则表现出消极倾向。2001—2008 年，作为拥有 13 万成员的俄亥俄州教育委员会的执行主任，我有频繁的机会去学习关于生活的课程。教师联盟成员拥有广泛的信念、偏好、恐惧、畏惧，成员们相信带来的改变会威胁到他们的安全。相同的方式对其他群体带来影响，包括学校董事会成员、管理者群体、汽车工人、飞机机械师等。他们反对这些能够带来不利的改变。

　　本文认为在美国学前至 12 年级教育体系中获得有意义改革的唯一方式是设法有效处置学校改革的设计和执行阶段，必须依靠改革的前沿教育者创建优质学校。教育领导者必须发展创造性能力和培养与利益相关者的创造性关系，其中包括教师和教师联盟，创造体系准备使每个孩子都能够成功成为见多识广的、约定的公民。教育领导者必须在教师从事、参与、合作中起到重要作用，并对教师联盟起重要作用。尽管来源于力量或权威的要求无疑能够产生更多的讨论和引人注目，这可能带有政治目的，它将不会显著地改进美国教育体系。

　　在努力相对客观地展现强大的学校联盟是促进还是阻碍学校问责发挥时，重要的是对"问责"和"强大联盟"的概念进行界定，并确认美国教育体系中教师联盟的重要方式。"问责"概念可以通过不同方式进行定义。在本文中，"问责"强调责任和权威的关系，责任伴随着权威的实现，即一系列州制定的标准和优秀结果的产生，这些标准包括有备而来的学生、高质量以及公平。

　　根据定义，强大联盟必须具有强力的特点。例如，一个强大联盟应该能够有权招募和保留一定比例的成员；为了联盟目标、工作日程、工作方法而获得成员的支持；为满足学生不断改变的需求，强大联盟能够在合适的时间劝说成员修订成员的专业实践；选择或任命代表，这些代表不仅理解和领会成员的工作现状，而且能够为成员实现专业实践创造更好的环境；为创造学校体系，强大联盟能够与学校管理者创造和培养强大的工作关系，促进联盟成员的成功。

　　尽管很多教师联盟已经通过标准证明其强大，但是一些案例中仍然表现出联盟领导无法预测社会、政治和经济方面的动力，因此无法获知美国教育体系的改革需求。联盟领导对教师工作环境和促进学生学习环境的核心关系不了解。因此，这些联盟领导牺牲了改善联盟成员工作环境的机会，而工作环境的改善能够积极影响学生的学习。利用过时的、工业时期的联合主义遗产，一些教师联盟几乎不关注教师的工资、待遇和工作环境等，而是强调雇员的工作状况需求，如工作日时长、工作年时长、计划时间、病假和休假以及类似的条件。

如今联盟必须不断努力确保联盟成员的工作状况，同时促进学生学习。联盟的努力无法反映出与合作、问题聚焦有关的态度，那么就导致在很多联盟成员和潜在成员的心目中，未来公众道德将会丧失。

教师联盟的角色

随着讨论的不断产生，逐渐聚焦于两个主要的国家教育协会，即美国教育协会和美国教师联盟。从简单定义来讲，两个联盟都是隶属于国家层面的。从结构来讲，两个联盟都包括数以百计的地方隶属机构，它代表的范围很广，包括大都市、小农村、郊区学区、社团和教育者。对于教师联盟的高水平关注能够形成对系统中核心因素的关注：上述两个联盟由数以千计的当地隶属机构构成，但是这些隶属机构却不被国家联盟所控制。

与教师联盟反对者的声称产生明显对比，教师联盟不是自上而下的，实行中央集权的组织对群体进行等级训练，实现聚焦、编造的议程。教师联盟由很多成员构成，成员期望他们的领导能够体现出组织的民主特点，挑战联盟追求迅速、巨大改变的能力，为隶属机构设置更多变化的阶段，与最初联盟中的政策方向保持一致。

没有呈现出的是，教师联盟反对者对结构力和文化力进行有意义的检测，这些力量能够控制很多机构的执行，包括美国教育协会和美国教师联盟，甚至数以千计的各州和各地方隶属机构。反对者既没有表现出两个国家联盟和其他州层面隶属机构要求各地方隶属机构和成员的盲目支持，也没有极力要求进行学校改革，如联邦政府"力争上游"计划的竞争拨款。

教师联盟究竟扮演什么样的角色？在很多服务中，无论是否是专业问题，联盟能够为成员提供发言权；代表成员的利益，游说政府的执行和立法部门；教师联盟协商劳工合同；教师联盟为成员提供管理和立法的陈述，处理与雇员相关的事物；教师联盟为成员提供广阔的专业服务，包括专业发展机会；教师联盟可作为公立教育的主要拥护者和促进者。

教师联盟是宣称美国教育体系失败的主要贡献者，反对者不仅忽视美国社会、经济、技术结构改变带来的影响，包括贫穷、分离的家庭、高比率的流动性、不适合的社会支持体系，这些都会对学生的学习能力产生影响。反对者还忽视了美国学校体系中存在的严重的、体系的缺陷。这些由来已久的问题包括不稳定的资金体系和学校资源的不公平分配；过时和不适合的政策框架；学校董事会执行和策略领导中的很大悬殊；不能满足学校改革和领导需要的领导力和管理力；期待领导者实现传统上被落到家长和监护者身上的基本责任，从而为教育者实现不断扩展的责任设置阶段；学校领导没有很好计划的、短暂的教学项目；使用行为评价体系，无法向管理者、教师和学生提供有意义、及时的反馈。

重置由来已久的关系

正如托马斯·弗里德曼（Thomas Friedman，2006）记录的那样，个体、集体、国家、社会之间最基本的管理规则是对世界中混乱的、具有挑战性的、长期的假设、传统和实践进行重置。在美国学校中，这个歪曲的改变发生的范围较广，包括州和地方层面公立教育的空前扩张，以及对于地方控制干预的联合作用；采用范围更广的、跨州的学术标准；针对每名学生学习项目的个体关注；教师假设成为新型的、更具挑战的"学习代理"的期望；破解教育领域中的等级结构、学术权威和动力，包括教育服务的私人化和学校选择的扩张；对科学、技术、工程、数学项目不断提升的需求。

教师和联盟对于改变的重要的阻力部分进行表达，这些改变是基于两种信念，其一是基于很多未被测试的概念和实践的改革努力，其二是如果这些未被证实的实践和项目未获得成功，那么教育者将被指责。众多的学校改革努力在实践中暴露缺点，于是州和学区的领导者会被单方面抛弃，无须惊讶的是教育者将不会盲目遵循个人的爱好，个体将不会盲目相信每天遇到的挑战的广度和深度。目前，广泛关注的是奥巴马政府和各州政府对于教育改革的努力。

就解决教师联盟不合理的负担而言，K-12 教育体系承担不必要的规则和阻碍，让我们检查学校体系中真正的权利结构。

极少数的例外是，教师联盟在很多方面都没有起到积极作用，包括对教职员工的雇佣、评价、解聘；决定学校的毕业需求；设计、商议、采纳州或学区的教育政策、经费准则或学校财政负担。在这些学校的管理权中，教师联盟有权通过商议规则和程序来管理教师的工作状态，重要的是教师联盟能够单独施加规则和程序阻碍学校改革的努力或建立不合理的工作环境，其中包括禁止雇佣不胜任教师或者违反一定标准的人员。总之，教师联盟代表必须与更高等级的管理者对规则和程序进行协商，这些更高等级的管理者有权力、有责任对威胁学校体系中的有效行为进行挑战和拒绝。

有效教育改革的关键

教育质量中心（Center for Teaching Quality）研究发现，教师对于一定工作环境的感知力与学校能够提高学生成绩的能力相符合。这些批判性的工作环境影响学校管理能力，促使教师在学校环境中形成信任和相互尊重，推动教师对学术权威制定重要教育决定时的积极理解，支持教师承担教师领导职责，为教师提供充足的实践和机会与同事一起共同关注教育问题（Berry，Smylie，& Fuller，2008）。创造如此积极的工作环境需要学校领导者和教师掌握满足有效管理和改变现代组织的知识和技能。因此，期望政府官员、立法者、教育领导者在学校体系中投入发展需要的资源看上去很有道理。很多案例表明，批判关系看似已被忽视或被有意地置之不理。

一些教师联盟的反对者可能绝不承认联盟对于有效教育体系起到有意义的、积极的促进。然而，在很多案例中，教师联盟的确起到这样的作用。例如，2009 年新港教育董事会（New Haven Board of Education）和新港教师联盟（New Haven Federation of Teachers Union）签署协议，为教师专业化和发展提供新途径，重点强调对低效学校进行转变的共同承诺。其中值得注意的条款包括由委托校长筛选学校员工、重新制定工作条款、调整日工作和年工作时间、修改教学进程和程序。很多年前，哥伦布教育协会（Columbus Education Association）和哥伦布教育董事会

(Columbus Board of Education)就已经开展了一个项目，用来保障联盟的高质量教学。2010 年 5 月 16 日，美国智慧平方辩论会上，坐落在喜瑞都的美国加州洛杉矶郡联合学区的管理者加里·史末资(Gary Smuts)发表言论，他认为：

不要因为失败学校而指责我们的学区联盟，影响学区成功的原因有很多，其中包括将学生成绩作为衡量教师联盟的重要指标。事实上，去年联盟代表的名称已经由"联盟代表"转变为"学习代表"。联盟主席也告诉各成员，联盟的首要任务是学生成绩。(Intelligence Squared U.S.，2010)

知识生产基金会是美国俄亥俄州从事高等学校重新设计的先锋，这个组织位于辛辛那提市，它对联盟能够成功促进高校改革进行批判。基金会在协议中对参与学区提出一项毋庸置疑的条款，即在重组工作中将教师联盟的招募包含其中。知识生产基金会发现，尽管最初联盟可能打算重新设计这一倡议，但是重新设计的阻力主要来自于设计之初的努力和确保实施的过程(KnowledgeWorks Foundation，2009)。正如迈克尔·富兰(Michael Fullan，2010)说的那样，"如果没有整体的专业教学和领导者，那么就不可能实现全系统的改革。"

在过去的 20 多年里，美国教育体系的改变主要集中在需求和期望方面。从全国和部分州层面看，代表教师、管理者、学校董事会的主要组织已经实现了对主要教育变革的分享性理解，并且已经对其进行整合并在政策层面有所体现。然而，这些利益相关者却不能在州和地方层面帮助隶属群体，理论的解决方式遭遇现实世界的复杂，需要采取协作的态度和适合的技巧去解决共同的问题。这并不意味着州和地方联盟没有对管理者和学校董事会做出促进教育发展的工作，正如上文说的那样，学区中有很多有效联盟合作和改革的案例。但是令人遗憾的是，在很多案例中，包括教师联盟、管理组织、学校董事协会在内的教育保守派已经允许教师、管理者、学校董事会在地方层面根据实践确立相应的依附关系，而不再是为公立教育提供最佳利益。然而这样的情形不适合运用在每个学校或学区，这只能代表美国教育体系公立学校教育视角的一种普通模式。

　　一种制度的成功改革需要时间、资源和建设性方法。在很多学校体系中使用的管理模式不再适合。好斗的集体协议模式通常发生在工业实践中，而他们的雇员联盟不适合服务取向的环境，而服务取向正是21世纪学校的发展方向。现今的成功需要更高层次的契约、参与和协作。依靠权力和控制产生的改变必须屈服于创造合作关系。与"输赢"相对，领导联盟、管理者、学校董事会成员必须学会创造"双赢"关系。

　　与预期变化相反，学会合作代表着另一派观点，这要求教育事业的领导者拥有全新的知识、技能和态度。在很多案例中，联盟领导、管理者、学校董事会成员将不得不改变自己的态度，向另一派的合法角色发展。联盟必须学会认清和理解管理功能的重要性，学校管理者的行为和管理将通过学校董事会实现。或者，管理者和学校董事会必须认清联盟实现的核心代表角色。所有相关群体必须采取共享，使学生处于教育事业的中心，认清他们有责任确保每名学生成为成功的、有生产力的公民。这也是美国教育体系成功的需求。

反对观点

戴顿大学预备学院，伊丽莎白·拉斯利·卡梅伦

联盟对于教育的贡献包括积极和消极两个方面。在联盟形成之前，管理者拥有所有权力，即使是美国教育协会最初也是由管理者控制。从20世纪60年代开始，各州慢慢开始通过法律鼓励教师就工资等问题进行谈判。直到20世纪80年代，劳资双方的工资问题才逐渐成为全国各学区或各州内的主要议题。与其他职业相比，联盟给教师提供了发言权和绝无仅有的工作安全环境（Moe，2006）。在管理者和教师之间联盟创造了权力的平衡，但在平衡权力的过程中，联盟掌控着公立学校、威胁着数据驱动和以学生为中心，当美国教育体系具有强劲世界竞争力时，联盟将做出深思熟虑的决定。如果公立学校打算开展重要的改变，联盟必须放松对于公立学校的掌控。

目前联盟的角色

特里·莫伊（Terry Moe，2006）认为，"自上而下形成的公立学校联盟涉及劳资双方的工资协议，这将真正地影响到学校组织和管理的每个方面"。形成的联盟会造成学校文化的失调。美国教育体系必须为了不断地优先处理学生的需求而争取平衡。美国学校的权力平衡尚未实现，放松联盟对学校的控制将为政策制定者和进步教育者提供机会，使教育实践不断地走向卓越。各层次的教育者必须争取学校结构中的平衡权力，学校在绝望中尝试改革，使得美国教育更具世界竞争力，让更多学生能接受高等教育。的确，教师的发言权是必要的，因为教师工作状况会影响学生学习。从这方面考虑，联邦是非常有用的。然而，在美国学校中发生着真正的改变是，联盟在财政上集体谈判的做法、教师的无条件支持（不幸的是有很多低效教师）、基于资历的雇佣和解聘制度必须结束。

正如劳资双方基于工资讨论中反映出的风暴一样，联盟往往只关注他们自身的利益。"权利问题是由作为组织的联盟造成的。"（Moe，2006）联盟花费很多时间来招募成员并争取资源。在很多学校中，"自我利益"的基本目标促使决定的达成，学生需求变得不那么重要而作为事后考虑。

和其他组织一样，联盟的目标是通过斗争提升客观状态。

联盟已经涉及很多关于学校政策的问题，包括提升教师工资、保障教师工作、缩小班额。很多批评者同意联盟的这些做法，但是困难在于现实通常认为联盟不应支持这些问题，因为联盟应主要关注学生的最主要利益；相反地，联盟支持这些问题因为这能够帮助自我利益基本目标的实现。以自我为核心设计的联盟有时也会带来对学校的伤害，如对不合格教师的保护。"真实的问题不是联盟力量本身，而是雇佣权利的执行代表着雇工利益。"(Moe，2006)事实上，联邦对教师的保护证明了联盟形成的误导。教师权利不应该超越学生的需求。

联盟的误导支持及其影响

2007 年，戴顿大学预备学院(Dayton Early College Academy，DE-CA)由于联盟的误导支持导致一些合格教师停职。戴顿大学预备学院是很少一部分对雇佣制度进行改善、革新的预备学院，并对第一代大学生提供严格的大学预备课程。戴顿大学预备学院创建之初，是源于戴顿公立学校一个特别的选择。跨学区选择有时是联盟推进的结果。联盟的误导有时在雇佣和辞退雇员的过程中起到重要的作用。2007 年当戴顿公立学校的选择失败后，联盟力量在雇佣和辞退过程中的作用也变得更加明显。失败的结果意味着至少 200 名教师和无数课外活动被淘汰。为了确保戴顿公立学校所有教职人员的工资，联盟从公立学校体系中指派 10 名年长教师到戴顿大学预备学院来代替戴顿大学预备学院的 10 名教师。资历优先于教师效能。

戴顿大学预备学院的部分动力源于教师对所有学生个性成长和学业发展的追求，以及教师因为教学兴趣而帮助学习者实现进入大学前的预科准备。戴顿大学预备学院采用基于技能需求的评分制度而不是字母分数，运用一系列的独立项目和报告促进向大学的过渡。教师对学生进行家访，与分配的学生建立监督关系。学校还为教师提供移动电话以便教师能够在课余时间与所分配的学生随时联系。不是每个人都能够随意感受到戴顿大学预备学院的环境，也不是能随意感受到学校文化。

在系统化的体系中，教师不是无足轻重的成员。学校的文化和任务必须反映在教师的任务和目标中，以确保教师在课堂教学中的有效性。

戴顿大学预备学院在雇佣过程中对教师候选人是否愿意适应学校课程传递模式而进行深入地讨论。向戴顿大学预备学院分派教师是一项比较随意的决定，很多管理者、学生、教师担心这样的行为会毁掉学校。虽然表面上学校发展较为成功，但文化方面却远离成功的标准。许多有效教师将面对帮助其他教师管理的任务，因为部分教师无法真正理解学校任务，甚至无法理解教育改革实践的意图。

戴顿大学预备学院通过接受戴顿公立学校的资助成为特许学校来解决问题。戴顿大学预备学院成为特许学校遭到联盟的抵抗，似乎联盟主要关注于对年长教师的保护。戴顿大学预备学院的任务很清楚，即保护学生利益。明显的变化是，戴顿大学预备学院中接近一半的教职员工将被没有任何利益的教师所替代，因此成为特许学校似乎是唯一的选择。加入工会的教师可能不是有效教师，但联盟却愿意在教育行为中进行妥协，为高水平教师保留工作。

关于谁应该继续从教的决定必须基于教师评价和学生行为的大量数据支持。关于教师有效性的基本评价成为一项斗争，因为对于教师的评价常受规模和频度的限制。通常，教师会提前知道被管理者将要进行听课，那么教师便可以在这一天里进行不同往日的教学表演。教师评价方法必须作为争取改革和提高有效性的方式进行分析和促进。进一步来讲，有效教师评价要能够作为数据支撑帮助教育者做出对教师"去"与"留"的决定。

劳资双方就工资等问题进行谈判的成本同样伤害着学生。戴顿大学教育学院的前任院长以及相关人员在戴顿大学预备学院中为学生争取权利，并对这个自然产生的过程进行见证。"由于教师联盟的无力导致劳资双方就工资等问题进行谈判，在联盟合同中为教师资格规定寻找适合的方式。据统计，戴顿大学预备学院每名学生每年至少花费 1 000 美元"（Thomas J. Lasley, Interview, August 1, 2001）。对于教师的评价实际上是从学生身上拿钱补贴。

保罗·T. 希尔（Paul T. Hill, 2006）反对昂贵的劳资双方谈判，他对联盟所扮演的角色进行定义："当联盟有获得资金的特权，那么联盟的唯一工作就是为教师保留工作"。希尔认为，达成协议的学校董事会愚笨地花钱，或者"确保最贫困的学生获得较少的资助和不公平的教学资源"。

联盟本身不仅仅表现为外在呈现的问题，而且联盟为问题的产生创造环境，因为联盟的决定并非以学生需求作为第一出发点，而在这样的体系中给予教师更高的工作安全保障。

提升花费的主要影响因素是在雇佣所有终身教师之前需要雇佣新教师（Hill，2006）。这个特殊需求不只考虑教师质量。当学校出现财政赤字时，最昂贵的教师通常会保住自身的工作，而花费并不多的教师将失去他们的职位。终身教师具有无可争辩的被保护权。无论在何种情况下学区都应该保证，直到学区内所有高级教师都被替代后，学区才能够雇佣新教师。像戴顿大学预备学院的情况一样，很多高级教师取代职称较低的教师，在没有考虑到质量的同时却带来教育成本的提升。有时，管理者将通过推迟委派教师来解决这个问题，直到学区内所有高级教师都被取代。通过这种方式，管理者才能有权雇佣被选择的教师。希尔认为，在雇佣教师的限制方面，城市学区比城郊学区的限制更多。因为城市学区的替代程序常常需要更长的时间。直到暑期，根据教师质量的要求，教师求职者的挑选机会变得较小，这种现实同样使得城市学区处于另外一种被动的局面中。

联盟对于终身教师的保障成为另外一项妥协动力。部分教师在获取终身教师后只工作5～6个月，而大多数教师被授予终身教师后通常会有3～5年的教学经历（Hill，2006）。当联盟确信与欧洲学校教育相比，美国教育水平不能与之相提并论，甚至不能达到前10名时，联盟就会意识到目前的终身教师制度可能不利于教育质量的提升（Thomas，Wingert，Conant，& Register，2010）。尽管在美国教育体系中存在众多问题，如开除现象较少、低效教师仍然从事教育教学活动。托马斯等（Thomas et al.，2010）中肯地写道：

2008年的纽约，在3万名终身教师中只有3名被开除……2005—2008年，芝加哥地区开除不合格教师的比率也仅为0.1％。在俄亥俄州阿克隆市，比率为0，图雷多市为0.01％，丹佛为0。社会中没有其他专业不受到责任的约束……好像教师被无条件赋予工作的权利。

在教师来源方面，联盟保持一个被误导的体系，高级教师承担着更重的负担而不仅仅是工作行为。事实说明,在对教师质量进行评价的过程中,美国 99% 的教师都会被划为"符合要求的教师"(Thomas et al.,2010)。对教师行为的积极评价暗示着美国教师的有效性,然而在全球教育体系中美国的排名依然落后。低效教师评价与联盟带来的压力,创造出一种教育体系,很多低效教师仍然留在教室中继续工作,因此这可能是使得美国教育质量在全球落后的重要因素。

管理者不应该容忍低效教师仍然在教室中工作。这样的体系带来较强的工作保护和较弱的知情权,数据显示:"校长必须经常对那些不能雇佣和不能开除的教职员工进行监督,知道他们的哪些合作或反抗能够促进教学。"(Hill,2006)那么,联盟可能是根据以教师为中心的标准来雇佣和开除教师,而不仅仅是以学生为中心的唯一标准。

很多教育学者指责学校管理者,而不是联盟,因为学校管理者对不合格教师的保留。戴顿大学预备学院的首席执行官、校长朱迪·亨尼西(Judy Hennessey),她在学校行政部门工作 30 多年(访谈,2010 年 3 月 29 日),她认为当行政管理部门尝试开除低效教师时就会面临挑战。她认为行政管理者通常是独立作战,而联盟通常能够共同面对艰苦、代价较高的过程,如寻找不合格教师。学校行政管理者必须给教师进步的时间,如果能产生任何进步,行政管理者就必须给教师更多的时间。在一定程度上,这是一种正常的、适合的概念。然而,家长会希望自己的孩子被分到不合格教师所在的班级吗?学校为什么要有耐心等待教师变得更加有效?除非这是教师工作的第一年,否则这种教学实践便没有把学生放在首位。

教师工资保证是一项联盟保障,它能改善学校的不利财政和教师质量。教师必须获得与其工作相适应的经济收入。教师是我们社会的核心,但是教师的真正价值体现在课堂中的有效工作,这是教育的本质,但是我们的社会却无法培养和保护它。在很多学校,教师不需要基本保障工资,因为工资是基于教师的教学经验和学历等因素共同决定的(如硕士学位)。总之,这样的保障是针对低水平的教育者,抹杀了教育专业化的竞争界限。

目前,教育专业化吸引了一部分从排名后三位的学校毕业的学生来参与教育专业化(Thomas et al.,2010)。如果情况相反,教育专业化的目标是吸引一部分排名前三位的学校的毕业生并提升教师质量，那么管理机制则需要寻找更多回报教师的行为，而不是仅仅使他们能够留在岗位中继续工作。教师应该从课堂的有效教学中获得经济利益，而不是从课堂中仅仅积攒起工作年限。从本质上讲，越加注意质量的教育者在联盟中可能会越加失意，因为目前的经济回报体系无法充分考虑到教育的有效性或长期预算问题。

教师工资保障在一定程度上制造了学校经费赤字问题。希尔（Hill，2006）通过芝加哥一名工作仅4年的教师工资情况进行说明。联盟支持教师工资增长在2%左右，希尔证明按照收入保障范畴，如果教师是硕士学位，那么教师每年工资增长会在38.6%。尽管基于价值的收入可能同样遭到预算的挑战，但它可能有利于质量的提升，因为通常竞争能够带来更多的努力和卓越。

为了卓越的改革

如果美国打算成为在世界范围内具有较强竞争力的国家，那么基于价值的收入改革是由联盟、管理者、教师、教育政策制定者共同探讨、促进而成的。通常情况是，联盟一贯抵抗基于价值的收入以及相似的改革。尽管基于价值的收入不能作为教师改变教育形式的保障，但这种方式的确能够促进学校发展，在教师收入领域的更具挑战的改革能够不断地提升教师质量。对于很多教师来讲，在入职5年后，教师在课堂中所表现出的技巧和效能将停滞。教师的竞争环境有能为教师提供发展的动力，有效的经济回报同样能够维持竞争环境，有助于教师开展学习。

美国梦根植于竞争和个人主义中。基于这些基础，我们已经为教师提供了包括竞争、卓越、努力为本质的环境。教育有可能吸引高水平的教师申请者，并对其给予适当鼓励，实现专业竞争。丹尼尔·韦斯伯特格（Daniel Weisberg）是美国新教师项目的总顾问，同时也是《部件的影响》（*The Widget Effect*）一书的合著者，这本书对国家和教育问题进行了研究，其中强调竞争的重要性："美国海军陆战队从来没有完成不了的目标，因为这是精英团队，人们若想成为其中一部分就需要不断完善自己，成为最好。"（Thomas et al.，2010）

竞争边缘已经从教学专业化中移开，因为教学专业化遏制了动力的产生，阻止了更具抱负的申请者加入到教育事业中。

丹尼斯·M. 里尔登在他的文章中认为，教师联盟的成员简单地对他们遇到的安全威胁做出改变的反应，正如汽车工人和飞机技术人员一样。我想为教师提供更多的安全保障。尽管，目前的工作只能提供一部分的安全保障。工作安全作为整体的专业化必须被重新定义和高度评价。母亲更喜欢把孩子送到这样的学校中就读：学校中的教师对于自身工作的严谨程度不亚于急救室里的医生。而如果学校教师只注重工作安全和工资增长，那么这样的学校的确不能获得家长的信任。

正如前面所指出的那样，目前的教师评价方式还无法实现基于价值的收入模式，教师评价将不得不进行深入改革。评价的新方法是回报高效教师，"鼓励"低效教师转向其他职业。然而，基于价值的收入模式离不开联盟的支持。

基于价值的收入模式不只是对联盟力量提出挑战的唯一改革思路。挑战联盟力量和价值的想法通常会在联盟学校中遭遇失败。学校改革和非联盟许可已经成为必须条件。在改革和联盟之间的妥协将不能再继续。如果国家想增强世界竞争力并改善体系，那么改革必须变成现实。正如国家中学校经历的改变，联盟的角色和功能的改变将促进改革。联盟支持对于资历较深教师的雇佣和解雇实践，从财政上开展劳资谈判过程，无条件支持教师的革新和改革。如果我们想要实现奥巴马总统"力争上游"计划的教育目标，那么改革和革新就必须成为联盟的发展目标。

里尔登认为在目前的美国教育体系中，联盟并不是存在的唯一问题。联盟并非存在每一个学校中，同样联盟也并非总是产生误导。然而，联盟是问题的组成部分，同样也应该成为解决办法的组成部分。我们认为目前体系中应该产生具体的改变，但是我们同样认为一些联盟已经接触到国家教育领域中的真正问题，并且解决方式已经集中在改善工作条件和促进学生学习方面。如果这些陈旧的联盟推动进步并推动以学生为中心的决策制定，那么目前的国家教育体系将会转变为针对为未来发展做准备的条件。教育问题是多层面的。目前美国部分学校的命运是由联盟控制的，若要战胜这样的局面需要进行特定的改变，这将是美国学校改革和进步的刺激因素。

拓展阅读资料

Berry，B. ，Smylie，M. ，& Fuller，E. (2008). *Understanding teacher working conditions: A review and look to the future.* Retrieved from Center for Teaching Quality website: http: //www. teachingquality. org/pdfs/TWC2 _ Nov08. pdf.

Columbus Education Association. （2009）. *Master agreement between the Columbus Board of Education and the Columbus Education Association 2009 — 2011.* Retrieved from http: //www. ceaohio. org/GD/Templates/Pages/CEA/ceaDefault. aspx?

Friedman，T. (2006). *The world is flat.* New York: Farrar，Straus & Giroux. Fullan，M. (2010). All systems go: The change imperative for whole system reform. Thousand Oaks，CA: Corwin & Ontario Principals' Council.

Hill，P. T. (2006). The costs of collective bargaining among teachers. In J. Hathaway & A. J. Rotheram(Eds.)，*Collective bargaining in education* (pp. 89-110). Cambridge，MA: Harvard Education Press.

Intelligence Squared U. S. (2010，March 23). *Debate: Are teacher unions to blame for failing schools?* National Public Radio. Retrieved from http: //www. npr. org/templates/story/story. php? storyId=125019386.

Knowledge Works Foundation. (2009). *Delivering success to Ohio's high schools.* Retrieved August 29，2011，from https: //exemplarpr. com/uploads/KnowledgeWorks _ Foundation _ Ohio _ High _ School _ Study. pdf.

Moe，T. M. (2006). Union power and the education of children. In J. Hathaway & A. J. Rotheram(Eds.)，*Collective bargaining in education* (pp. 229-255). Cambridge，MA: Harvard Education Press.

National Center for Education Statistics. （2009). *Dropout and completion rates in the United States: 2007.* Retrieved from http: //nces. ed. gov/pubs2009/dropout07.

New Haven Federation of Teachers. (2010). *Master agreement between the New Haven Board of Education and the New Haven Federation of Teachers，Local* 933，*AFT，AFL-CIO.* Retrieved from http: //ct. aft. org/nhft/index. cfm?

Thomas，E. ，Wingert，P. ，Conant，E. ，& Register，S. (2010，March 15). Why we can't get rid of failing teachers. *Newsweek，*155(11)，24-27.

话题 10

应该淘汰卡耐基学分制度吗？

支持观点：阿什兰大学，詹姆斯·L. 奥利弗

反对观点：戴顿大学，特西雷·R. 斯密斯

概　述

在过去的一个世纪，学校改革已成为许多政府机构和非营利组织政策努力的焦点。自 19 世纪晚期，美国那些关注生活质量的人们已经意识到教育和经济持久性的关系。记录表明，那些没有高中教育背景的人们更可能生活在贫困之中（几乎 25％处于贫困中）。同时，那些受过大学教育的人挣得更多，并拥有智力资本来探索事业选择，而对于这些受教育较少的人们来讲经济持续提升的难度较大。

在 20 世纪早期，美国作为全球经济强国而出现。教育体制的创新对于美国的发展至关重要，它能充分地将所有年轻人的智力资本最大化。那些拥有权力的人们意识到，如果没有一个较好的管理和记录学生学业成绩进步的方法，那么创造一批真正受教育的民众是不可能的。

第十届国家教育联合委员会（The National Education Associaition's Committee of Ten）对"学业跟踪"难题提出了一个解决方案。委员们提出这样的建议，认为可以提供更少的课程选择，目前提供的大多数课程可持续 1 年并且每天 1 节（或每周至少 4～5 节）。然后，运用卡耐基学分作为录取学生的依据。自从那时起，关心高中课程结构和内容的组织便提议在中等教育层面进行改革。例如，《中等教育基本原则报告》（*Cardinal Principles of Secondary Education*）为高中制定了一系列明确目标，如学习技巧的掌握和闲暇时间的合理利用。经过 20 世纪所有的课程变化和结构修改，唯一不变的就是卡耐基学分制度。

在本话题中，阿什兰大学的詹姆斯·L. 奥利弗（James L. Olive）和戴顿大学的特西雷·R. 斯密斯（Tracey R. Smith）对卡耐基学分进行批判性的审查，其中特西雷·R. 斯密斯曾经是格林郡的管理者也是俄亥俄州前国家学校理事会成员。两篇文章都追溯了卡耐基学分制度的历史根源，对于卡耐基学分的有效性得出截然不同的结论。

斯密斯将卡耐基学分作为案例。斯密斯认为，卡耐基学分不只是一种完美的测量工具，还是一种必要的工具，尤其是当美国迅速朝着共同核心标准进行的阶段更是如此。创建卡耐基学分有利于学生学习内容的标准化；对于流动学生和那些需要申请高等院校的学生来讲是核心标准。对于斯密斯来讲，卡耐基学分的确是不完美的。但卡耐基学分对于大量流动的学生人口来讲是一项重要的"标准"。

詹姆斯·L. 奥利弗持有一种不同的观点。詹姆斯·L. 奥利弗认为卡耐基学分已经无法保证有效，而且目前存在更多有效且适当的可选择方式。据詹姆斯·L. 奥利弗所说，21 世纪能够使教育内容得到传递的卡耐基学分在 100 年前的时候是闻所未闻的。在所有创新的传递体系中，詹姆斯·L. 奥利弗认为使用在校时间作为评价学生学业成绩的基本标准已经不再具有意义。他认为学生通常是带着丰富的学习经验来到学校，应该对学生已经掌握的知识进行评估，对于学生已经掌握的知识就没有必要进行学习和再学习。因此，詹姆斯·L. 奥利弗建议卡耐基学分应退出历史舞台，并提出一个切实可行并且是必要的方法，即弹性学分。

可以带着以下问题来阅读本话题。第一，卡耐基学分认为每个学生都经历了严格的学校课程吗？第二，弹性学分应通过独立学习还是游学获取，弹性学分应该代替卡耐基学分使用吗？第三，如若使用弹性学分，你认为会出现什么样的问题？

托马斯·J. 拉斯利
戴顿大学

支持观点

阿什兰大学，詹姆斯·L. 奥利弗

衡量知识最好的方式是什么？教育者如何知道学生何时已获得足够的知识，以便于他们可以移向下一水平或下一级？学生在专业测试上获得的分数能够准确评估他们所掌握的知识吗？当考虑到人口的多样性时，这种解决方案证明是有问题的，全美所教课程的不同、特定类型知识中的个人价值观、适合于一个地区而不适用于其他地区的测试。例如，数学和科学真的比音乐和美术重要吗？有人认为这是既定事实，因为在大多数州内，数学和语言文学属于测试范围，而音乐、美术和体育不属于测试范围。

19 世纪末随着学生人数的增加、多元学校的产生、高等院校招生人数的增加，高等院校对于学生知识和准备的评价出现进退两难的境地。高等教育机构需要标准化方案来确保高中教育质量。为了满足这种需求，卡耐基学分应运而生并在 20 世纪早期被采纳。

不幸的是，卡耐基学分在使用一个世纪以后，一些教育者认为卡耐基学分已经成为教育创造性和弹性化的一个障碍，而不是对学生学习成绩进行评价的有效工具。事实上在 1993 年，欧内斯特·博耶（Ernest Boyer），卡耐基基金会的时任总裁，该组织也因他得名——他"正式宣布卡耐基学分过时"（DiMartino & Clarke，2008）。欧内斯特·博耶和其他批评家对于卡耐基学分的相关性进行质疑，认为为了满足现今青年人的需求，是取消卡耐基学分而使用更好评价方式的时候了。

回顾卡耐基学分

为了对卡耐基学分形成一个公正的认识，我们应该首先了解它的历史和定义。正如上文提到的那样，卡耐基的名称起源于卡耐基教学促进基金会，该基金会是由安德鲁·卡耐基于 1905 年建立。从最初开始，卡耐基基金会就为美国教育服务，是一个能够提供独立政策的研究中心。

作为测量高中学生学习时间量的方法，卡耐基学分于 1906 年得到发展。卡耐基学分的形成源于发生在 19 世纪末的两个事件或环境。第一，许多高等院校决定使用综合考试进行测评，而这些考试在其范围、解释力方面都具有一定的主观性，在使用方面也不可行，结果导致一个机构的标准不能与另一个机构的标准进行对比。第二，当哈佛大学学者查尔斯·W.艾略特(Charles W. Eliot)为中等教育创建了教育制度标准时，就出现了第二个动力。随后，国家教育联合会于1894年采纳了查尔斯·W.艾略特提出的教育评价制度。

1906年引进的卡耐基学分最初并未得到充分发展，直到1907年卡耐基基金会的建立。该基金会要求机构如果希望参加到新教师补助津贴的项目中，那么每年的报告都必须使用卡耐基学分作为准入标准。因此直到1931年，全国超过3/4的高等院校都开始使用卡耐基学分。卡耐基学分从此成为课程安排、职员决定、分级以及高等教育入学程序中的一个关键因素。

卡耐基基金会网站为学分的计算提供以下定义：

作为一种测量学生学习总时间的工具，卡耐基学分于1906年发展起来。例如，一个学科总共有120学时——每周4～5次的课程，每次40～60分钟，每年36～40周，即能获得高中学分一个"单位学分"，14学分应包括能被解释为"学术或高中4年预备"的最小化预备。

为什么取消卡耐基学分？

教育团体内部有很多人批评卡耐基学分。争论的关键在于运用基于学习时间长度的卡耐基学分能否作为衡量学生学习时间长度的标准。换句话说，卡耐基学分测量的是学生在课堂的时间。当考虑到所有学生学习不同并且有各自的步调时，这似乎是相当不公平的。此外，并不是每门学科、教师、院系、学校和机构都是独一无二的，并且也不都能在学生的教育进程中起到重要作用。

卡耐基学分已成为高中教育课程组织的一块奠基石。不幸的是，教育者将制定学分数量的工作分配给不同的学科，由于缺乏弹性而成为跨学科教学的阻碍。这种方法将主观性水平融入课程计划进程中，可能会导致学科间主观价值赋值的不均衡。

自从20世纪早期，在美国的教育体系和进程中已经呈现出不同的学习方式，如通过视觉、听觉、行动和身体接触来学习。美国学生人口特征的不断变化也对如今的课堂产生深远的影响。如今许多教育者组织、建构他们的课程，并且其教课方式是以班级构成为基础。运用创新和跨学科解决途径的教职工发现卡耐基学分已经成为学习过程中的重要障碍，因为它不仅限制了学生每天可以自由活动的时间，而且也严重影响了开设每门学科的教学时间总量。

简单地说，通过学生坐在班级的时间总量来判断学生已掌握知识的多少是一项不充分的测量标准。关于如何对学生学习进程进行测量，是时候使学校、管理者、时间表变得更加具有弹性，以便使所有的学生都能积极参与到学习进程和有效评估之中。

最近，支持者在为取消卡耐基学分提供进一步正当理由时遇到了挑战。增加课堂外的活动是首先要发展的活动，如野外旅行。在他们所能提供的益处中，野外旅行提供了在教室中不可能实现的经验，这些经验是非常具有价值的，野外旅行也能使教师根据不同主题选择不同的方法。

同时，野外旅行给学生提供在新环境学习的机会。对于通过肢体交流进行学习的人来讲，他们通过行动和触摸能够学得更好，在他们学习的同时，野外旅行能提供积极参加事件和活动的好机会。而且，野外旅行在学生不同的学习方式中起着平衡器的功效。无论学生是通过听觉、视觉，还是肢体交流进行学习，这些都成为总体经验的一部分，以便于他们能够以其喜欢的方式随意地选择学习主题。

野外旅行听起来像一个有用的教学工具。然而，野外旅行时常不能与有组织的卡耐基教育模式相适应。在许多案例中，由于从事这类活动的时间不能与典型课堂的时段同等，那么分配"学分"就可能是一个挑战。另外，当教师试图划分等级或对课外项目或活动进行评估时，问题就可能出现了。

过去几十年里，第二个教育发展阶段中的教育行为和任务分配不能与卡耐基学分相匹配。作为基本的评价技能和知识，基于行为的任务分配是用学生行为代替考试或测验。由于学生和教师能够在日常任务、项目以及考试材料上建立合作，因此能够通过表现衡量促进学生的学习进程。

虽然考试或测验的传统评价技术，都是基于存在一个正确的方法或途径的信仰，但基于行为的评估通常使用更现实的分级方法。当学生的才能可以通过整体方式进行衡量时，那么他们就被给予利用独一无二优势的机会。而且值得注意的是，生活本身并不包括纯粹的客观知识或能够根据真假、黑白或对错的标准来评判或学习的客观事实。关于知识的本质是一个重要的概念，学生应在生活中尽早学习。

如果教育者忽视了通过一种更现实的评估形式而获得的利益，有人仍会指出研究的主干表明基于文本的项目能够在许多其他方面帮助学生。当学生专注行为或文本时，他们通常会更加关注于课内外的积极学习过程。此外，学生被提供更多的机会使他们自身的创造性融入项目中，通常学生完成任务的动机会更高，因为学生对这些主题极其感兴趣。如果安排适当，教育中的表现和基于文本的任务也能使教师对学生的知识基础和技能获得更深入的了解。

令人遗憾的是，在标准教学实践中，卡耐基学分并不支持这样的分歧。正如野外旅行那样，当时间分成等级时，教育表现和基于文本的任务被证明是有问题的，因为他们可能未遵照标准时间点或预先设计的课程进行"包装"。

远程学习和其他形式的独立学习也违反了学生学习标准化测量的概念，因为当他们需要学习资料时，个体需要使用的时间并不确定，远程学习与课堂学习时间根本无关。这种学习策略的好处是明显的：学生能够根据自己的时间安排学习，课程内容实际上能够在任何时间任何地点完成，学生能够在课程截止日期前完成学习，这些做法都是在鼓励学生形成规划技巧。在许多案例中，卡耐基学分在远程学习和独立研究中遇到问题是：对于学生在座位上所花费的时间进行明确划分几乎是不可能的。而且在这样一个独立的结构化情况下，证明学生已完成其工作量是不可行的。

卡耐基学分的可选择项

卡耐基学分自其开始就一直有人提出修改的建议，一个建议就是创建一系列等价测试来测量学生在具体学科或领域的能力。不管学生在班级中的时间量如何，通过等价测试对学生在该学科中的学分给予奖励。这种授予学分的方法一直被高等教育使用。然而，由于不存在国家标准化课程，这种方法的确构成了一个挑战。有趣的是，随着大多数共同核心标准的出现，这种选择在将来也可能变得更切实可行。

另一个卡耐基学分的修改建议是，把这个学分分为更小的部分，就能进行更弹性化的分配。但是选择这条路线会引进许多卡耐基学分支持者所反对的主体性水平。例如，学校董事会如何选择划分卡耐基学分，可能绝不会与另一区域的教育者所选择的方法论相匹配。

幸运的是，许多国家已意识到，正如上面所描述的创新教育策略的好处远远超过取消卡耐基学分的任何潜在缺点。2005 年，新汉普郡教育董事会(New Hampshire State Board of Education)成为第一个官方废除卡耐基学分的政府机构，新汉普郡学校董事会引导创建并完成以能力为基础的评估体系。

如今，几乎全美一半的州都允许对卡耐基学分进行某种改变，这些可选择的方式通常被称为"弹性学分"。有了弹性学分，学生就可以通过许多非传统的方式获得学分。例如，以其他形式证明已掌握学科知识的学科测验，以行为或基于文本进行的评估，以远程学习、独立研究或实习等方式开展的可选择教育形式。

例如，2010—2011 学年实施的俄亥俄州弹性学分计划，广泛地被认为是最宽泛、最综合的项目之一。以下就是俄亥俄州的"弹性学分"计划。

在 2010—2011 学年初，当地教育董事会采用一种弹性学分政策，并要求在年度基础上，将他们的计划传达给父母和学生；

在学校董事会的弹性学分计划下，所有的学科都可以考虑给予学分；

学校董事会不允许通过弹性学分方案限制课程或得到学分的数量；

区域内的任何学生都能考虑获得弹性学分；

任何在第一学期上相同的课程的学生，都可以选择在第二学期参加测试；

学生能够用来获得弹性学分的"教育选项"包括远程学习、实习、教育性旅行、职后项目、独立性研究、社区服务或合约项目及课外活动；

学校必须认可俄亥俄州任何一名转校学生所获得的弹性学分，其满足了国家最低的操作标准，学校并非有义务，但也可以认可其他教育提供者的学分，包括在线教育。

结论

历史表明，根本的变化通常需要花费很长一段时间，对于美国教育体系来说这可能更加确切。新汉普郡和俄亥俄州所采取的计划使其更加明晰，即卡耐基学分正式下岗的时间已经到了。无论弹性学分对学习评估问题来说是否是一个有效的解决方案，但很少有人会反对一个对于每个学生都有利的、真正的个性化教育。

反对观点

戴顿大学，特西雷·R. 斯密斯

卡耐基学分仍与当前的教育背景相关，因为它一直在测量想要测量的东西。然而，它也被教育者、管理者和大学准入顾问所滥用，使一些人相信它不再可用了。此文章假设，卡耐基学分不应取消，但重点在于对目的和运用的重新定义。

卡耐基学分的原始意图

卡耐基学分是为了回应 1893 年中等教育研究十人委员会（Committee of Ten on Secondary School Studies）对美国教育协会的建议而创建的，强调了为大学成功准备的特殊学校模型，包括更加标准化的课程。十人委员会的主席是时任哈佛大学校长查尔斯·W. 艾略特。

1909 年，安德鲁·卡耐基教学发展基金会（Andrew Carnegies's Foundation for the Advancement of Teaching）为大学提供资金，打算用来督促教授退休；本质上讲，其目的是通过提供财政刺激以买断老龄化教授。卡耐基的最终目标是为青年职员创造空缺职位，从而为高等教育带来新式、新鲜的观点和方法。由于在这种情况下，资金直接从卡耐基基金会流向高等院校，卡耐基和其董事会的受托人有机会影响包括查尔斯·W. 艾略特在内的大学校长。

卡耐基基金会在大学创建一系列标准，作为机构享有分配津贴的资格。其中标准之一特别说明了对美国大学入学过程越来越失望。更具体地说，有人担心高等院校在选择接受对象方面不能统一，或者他们希望进入中学一年级的学生掌握什么课程也是不统一的。结果是，对于任何一个接受卡耐基基金会资金的机构来说，招生办公室只能接收成功完成 14 学分课程的高中生，14 学分中的每一学分都代表 120 学时。

卡耐基基金会也确定了被认可为"学分"的学科类型。获得卡耐基资金资助的高等院校，在发展教学安排和课程结构时，努力适应新系统的要求。于是，卡耐基学分在教育方面被广泛地接受。

1909 年，大学入学考试被董事会（College Entrance Examination

Board)批准后，卡耐基学分在全美的每个中学都有一定的地位。对许多人来说，美国教育体系现在有一个"构造坚固的阶梯，它能鼓励人们攀登"(Perkinson，1991)。从此，开启了学校领导、教师、家长和学生思考教育问责的时代。

在卡耐基学分之前，州立大学正在监督中学的学术标准，从而确保教师能够为学生进入大学做恰当的准备。20 世纪以后，随着公立中学数量的增多，使从事这种实践的高等教育机构变得更不可能了。由于卡耐基学分的发展，所有学校在如何测量教育收益上变得统一。随着美国人口在工业革命期间更短暂的流动，越来越多的儿童需要在学区间进行移动，因此试图把学分带到新学校的任务中是极其重要的。

卡耐基学分的优点

卡耐基学分的采纳及使用消除了 20 世纪早期教育上的大量困惑。今天，这种学分制度仍然是一个必要的"构成"，尤其在越来越多的中学生寻求进入大学的时代更是如此。卡耐基学分的第一个优点是能使时间量标准化，因此大学能够确保使学生面临某一固定学科。高等院校官员都知道，在不同学区中学生获得数学学分所需要的课程时间是一样的。卡耐基学分的第二个优点关系到高等教育的竞争。卡耐基学分承载着为所有中学生制定相同的"时间"规定，从而为有抱负的高等院校一年级大学生划分领域等级，允许高等院校的招生机构对那些具有相同学分的学生做出比较。

各州立法或教育董事会都有规定，承认高中 4 年来所发表的资料数量，并且卡耐基学分提供一种将材料转化为可管理的且可转移的单位。卡耐基学分在帮助查明学生计划的同时，能够提供获取文凭的有关记录。同时，卡耐基学分没有或者不应该独立。相反，卡耐基学分应与其他信息相结合，像学校课程、概况描述、先决条件、年级和学年平均成绩等(Fryshman，2010)。

假定教育者在关于内容、严格性和课程的智力挑战方面达成一致，那么就会出现一套被充分描述的研究课程，以便让所有人都能理解自己完成了什么。因此，卡耐基学分对每门课程的分配都变得更有意义，使其本身更有用处，并且在教育者、院系和学校之间更易合作，因为在课程达到综合化并注册获得学位之前，结构化细节都已达成一致。

学校在设想或重访课程时，需要回到一个焦点上来，即根据严谨性和智力挑战来确定安排到那些课程的学分数量。因此，在卡耐基学分和课程严格性之间存在直接的关联。换句话说，卡耐基学分自其开始时的一个重要方面就是用它作为一种方式，不仅说明在班级中的学习时间，而且也作为对发生在班级中工作的紧张性和严格性的一种测量方式。如果接受了普通标准，那么卡耐基学分的合法性也就得以保留。事实上，有委托主体对中小学的课程进行审计，如北部大学和学校中心协会（North Central Association of Colleges and Schools），中部大学和学校中心协会（Middle States Association of Colleges and Schools）等。

卡耐基学分关联性补充

卡耐基学分曾试图表明，学生学习和对高等院校学科的掌握之间的关系。一些教育者希望，标准化学分的使用将有必要取消入学考试。当然，鉴于此，卡耐基学分是不相关的。大多数人赞同，在课上的时间不等同于对知识的掌握。然而，这并不是卡耐基基金会的本意。卡耐基基金会明确反对限制中学或高等院校的课程自由；相反，为了公共机构的使用竟然发展了学术的"对立物"（National Association of Secondary School Principals，1964）。卡耐基学分一直以来都因为不是一种具有优势的成功衡量方法而遭到批评。批判者尤其建议，不能用课堂学习时间来衡量学生掌握学科知识的基本情况，多年来都是这样进行的。但教育的钟摆是摇荡的，且对卡耐基学分的使用带来更多的重要性。在课堂里的学习时间不能等同于学术成功，这个论断曾是有效的，那么鉴于共同核心标准与评价的出现，这个论点将可能失去有效性。事实上，国家一系列"共同标准"的出现，看起来已经准确地表明，在通过卡耐基学分建议前，大学入学考试董事会主席头脑中已经有了自己的想法。国家中等学校校长联合会（National Association of Secondary School Principals，1907—1908）在《第三个年度报告》（Third Annual Report）中提出了辩解理由：

当国家各个部分所独立做出的努力，可能具体化到国家范围的一个标准时，现在就到了这个时候了。我们已通过了一个实验的时代，其中我们应寻找实用且具有全国性的原则和结论。

2010 年颁布数学和英语语言学的共同核心标准，公共评价很快随之而来。对于卡耐基学分而言，这可能是更新其相关性的一次机会。对于选择采纳这种新兴标准的州来说，普通教育的基本水平将表现出成功的基线用于给学生做参照。鉴于此，卡耐基学分将再一次，甚至可能是有史以来第一次，非常明确地说明一系列公共课程概念所获得的每一学分都传给学习者。来自于大多数州的课程领导者，当他们制定普遍标准时，会进行严肃的审议、争论、讨论及新兴标准利益相关者的数据检查，并对国际标准进行学习。可以说，这种行为已增加了课程讨论的严肃性和教育者引导教学的信仰，对于青年给予有价值的、及时的、相关的指导，使他们成为具有创造性的社会成员。

国家课程制定者正在鼓励课程以一种清晰、精确且有深度的方式传播。在这方面，传播卡耐基学分将是一个完美的伙伴，它能清晰且精确地表明学生已经明智地致力于这种结构化教育过程中。采纳标准、模范课程及课程结束评价的过程需要教育者、利益相关者和严格学科专家之间进行持续不断的对话。有信度和效度的评价可能是卡耐基学分的一个完美搭档，从而显示课堂学习时间和技能或知识间的相关性。

卡耐基学分的批评者认为，评价本身与传统的简短答案、多选项、正误及相似条目有关。这些批评者可能认为，卡耐基学分可能不适用于基于表现的或形成性评价，如产品组合，认为卡耐基课程的死板和灵活性是不可能共存的。这种主张是没有好处的，班级组织、评价及等级在卡耐基学分体系中可能是卓越创新的，教育者创造并为评价评分，对有关什么是熟练与快速的测量方法设置明确的标准，同时对这些与学生是否成功获得卡耐基学分的关联性进行研究。

当有人不理解卡耐基学分的局限性时，就会产生麻烦。卡耐基学分是一种交换的媒介，一个公共的语言，一种混合语。就是因为这个原因，各州在审议并采纳学分弹性计划，或其他相似计划之时，仍然接受卡耐基学分。没有哪个州认为卡耐基学分是过时并且需要取消的。事实上，卡耐基学分并未成为弹性学分的障碍，它可能是一块砖和泥浆的模型，通过它创造出学分的弹性化选择。

学习能在传统教室外发生，如果"在户外"的学生与那些在课堂的学生持有同样的严格标准，那么正如公共评价所证明的那样，卡耐基学分的任务应以增加计量性努力的方式发生。卡耐基学分的传统分配，因为它是经过思考、专业评议才完成的，在非传统研究案例中，只要呈现的要求得到满足，课程目标的创建就能够完成。

因此，或许对卡耐基学分的防卫考虑是它应被修改或重新定义其目的，并以能清楚了解对当今社会用途的方式来使用。例如，取得 D 分数的学生将得到一门课程的学分。卡耐基学分表示完成，然而等级表明了完成的水平。这样，虽然能得出一个论点，即等级膨胀已在学校中发生，很少有一种适当的学时膨胀点。可能那时这种观点不应是关于卡耐基学分的，而是关于创建一种统一的等级系统或是一种表现回顾的注释。

美国正向公共评价前移，作为采纳共同核心标准的下一步，公众的两种选择正被热议。这些评价方法都包括季度测试、教育者衡量的表现型任务、听说要素和形成性计划。两个模式都是严格的，因为他们包括评价和记录的多种方法，目的是获得所有类型的学习，同时审查学习者对材料的深入理解。两者都能把卡耐基学分归为一种成功完成课业材料的测量方法。清晰、精确并普遍被赞同的标准将使大多数州的学生参与到公共评价中，相反将意味着大众的注释或表明掌握程度的分数。鉴于此，可能更多的信任将置于卡耐基学分背后的获得及意义上。

结论

本质上讲，卡耐基学分本身不是有问题的或错误的。它一直都能测量出其想要评价的东西：时间的分配以确保教了规定的课程内容。这个问题与"使用者错误"有关。特别是，学校官方专注于学生的在校时间而不是既定的学业成果的方式产生了问题，这已削弱了原始的意图及与卡耐基学分关联的信息。教育者、管理者或大学招生顾问每次接受卡耐基学分，并把它们解释为学科的掌握，如果缺乏深入理解，卡耐基学分就被滥用了。相反，课程等级、教师评语及大学入学考试都应被纵向的运用，从而获得给定学科学生成绩的精确评价。最终，关于卡耐基学分的公开讨论必须要在国家的水平上实施，关于匹配什么样的注释或度量标准，要得出一个明确的结论，在全国范围内确保学分转换的便捷性。这种行为应该发生，因为事实上，如果教育者和立法者不能在一个更有意义代表中等教育水平的课程知识上达成一致，那么卡耐基学分将继续被使用，并且不幸的是，违背其存在价值。

拓展阅读资料

Carnegie Foundation for the Advancement of Teaching. (n. d.). *FAQs：Questions about publications and previous work*. Available from http：//www. carnegiefoundation. org.

DiMartino，J. ，& Clarke，J. H. (2008). *Personalizing the high school experience for each student*. Alexandria，VA：Association for Supervision and Curriculum Development.

Fryshman，B. (2010，January 22). The Carnegie Unit：Articulate and expressive. *Inside Higher Ed*. Retrieved from http：//www. insidehighered. com/views/2010/22/fryshman.

Graham，D. A. (2010，August 11). States experiment with out-of-classroom learning. *Newsweek*. Retrieved from http：//www. newsweek. com/2010/08/11/states-experiment-with-out-of-classroom-learning. html.

National Association of Secondary School Principals (NASSP). (1964). The history of the Carnegie Unit. *NASSP Bulletin*，48，5-25.

Ohio Department of Education. (2010). *Credit flexibility guidance documents*. Retrieved from http：//www. education. ohio. gov/GD/Templates/Pages/ODE/ODEDetail. aspx? page＝3&TopicRelationID＝1864&ContentID＝82751 & Content ＝90088.

Perkinson，H. J. (1991). *The imperfect panacea：American faith in education*，1865 — 1990. (3rd ed.). New York：McGraw-Hill.

话题 11

学校资金能够充分地帮助学校满足出现的责任需求吗？

支持观点：戴顿大学，C. 丹尼尔·赖施
反对观点：俄亥俄州学校经费联盟，威廉·L. 菲利斯

概　述

整个 20 世纪，有关美国公立学校资金充分性的争论更为激烈了。就个体或组织而言，各州都不能被排除在外。原因或者是因为学校有太少的资源，或者是因为学校是无效率的和无效地运用可用的资源。另外，关于学校资金没有一个共同的解决方案。尽管事实如此，但在这个有争论的问题上，有大量的诉讼。结果是，学校资金措施出现了，且随着各州之间不同情况变化。然而，在 20 世纪早期，最低基础项目浮出水面，提供了每个孩子使用州和当地资源的最低水平的财政支持。最近，20 多个州依赖某种形式的基本准则，计算向城市和当地学校地区提供多少支持。

争论的一方面关系到平等：对公立学校的所有学生来说，目前具备充分的资源来提供合适且有效的教育吗？正如上文所提到的那样，毫不惊讶的是，一直有重大的诉讼，即有关每个学生是否可以平等地利用资金，真正的不平等是否被证明构成了对州等级宪法条款的违背。或许，最显著的纠纷是圣安东尼奥独立学校地区（San Antonio Idependent School District）的 V. 罗德里格斯（V. Rodriguez, 1973）案件，它是唯一到达美国最高法院（U. S. Supreme Court）的学校财政案例。在这个案例中，罗德里格斯，一个贫穷的钢铁工人，他将自己的孩子与住在不远处的一个富裕社区的年轻人相比，质疑他孩子受教育的充分性。他的孩子在一个缺少像书这样的必需品的学校。然而，在相邻地区的学生却拥有明显丰富的文化环境。有趣的是，法院主张，由于接受教育不是受宪法保护的权利，罗德里格斯孩子的受教育权不受联邦宪法保护，联邦宪法不能避免其在低于标准的环境下受教育。换句话说，法院认为，由于教育是州的责任，原告必须在州法律下搜寻补救措施。

州法律随后规定，允许存在普遍的生均资金矛盾的学校财政结构不是"充分有效"，但是并不受罗德里格斯案件的影响，也仍未充分地"改正"这个平等问题。在学校财政泛滥的边缘，在这些更显著的州案例中，通常会产生多元诉讼。来自加利福尼亚的塞拉诺（Serrano）和新西兰的罗宾逊（Robinson），他们都在州宪法下强调学校财政。带着所有看似合理的诡计，问题继续存在：这是一个全面而且有效的能提供给每个孩子足够的教育资金的方式吗？

本话题，C. 丹尼尔·赖施（C. Daniel Raisch）和威廉·L. 菲利斯（William L. Phillis）讨论了学校资金的问题。C. 丹尼尔·赖施并没有质疑相同的学校资金模式在美国几乎 14 000 个学区内是否都需要，他却质疑资金是否正有效地且高效地被花费。一些学校人员超编吗？C. 丹尼尔·赖施指出，在过去的 40 年里，公办学校雇佣率的增长超过了学生入学率的增长。然而，诸如学生在阅读方面的学术成绩仍未改变。他检查了学校管理的不同方面，如交通方面等。他总结出，问题可能不是可用资金的充分性，而是这些可用资金是如何被花费的。

威廉·L. 菲利斯持有相反的观点，他认为学生来学校时的不同需求需要一个足够且充分的资金模式。这个问题部分是因为过于依赖税收，导致整个学校区域内生均资金的不平等。这些资金变量明显表明，州使用内部有瑕疵的财政模式来确保全面且有效的教育计划。威廉·L. 菲利斯拿一个州——俄亥俄州进行阐述，但明显的是，这个问题并不是某个州所独有的。整个美国关于学校资金的诉讼表明了学校资金问题的普遍性。

在阅读本话题的过程中，请考虑以下两个问题：第一，你认为在解决学校资金方面，还有哪些彻底、有效的方法？第二，基于你的个人教育经历，你认为是否存在教育资金浪费的情况？

托马斯·J.·拉斯利
戴顿大学

支持观点

戴顿大学，C. 丹尼尔·赖施

一些人可能认为，由于最近的经济萧条呈现的资金减弱现象将降低学校对结果负责的能力。我认为，这些减少虽然有些遗憾，但不能且不应该阻碍学校的有效运行。这么久以来，教育者一直在为学生的不良成绩找借口，该到卸下那种固定思维的时候了。不管什么资源是可用的，学校需要运作，他们需要（并且教师一定要）对结果负责。

在 2007 年，一场财政风暴冲击了学校体制，削减了州和联邦政府的支持。同时，当地税收开始骤然跌落。学校因此必须改变多年的静态方式，不然学校财政就会下降。州立法者国家委员会（National Council of State Legislators）最近的一项研究发现，学校应该预料到在未来的几年，为维持学校，学校财政将由原本的 6 000 亿美元将降到 1 450 亿美元。学校如何能平安度过这场风暴？他们应该为未来的损失做准备吗？明显的迹象表明，住宅和商务房地产市场还未冲击底层。假定这个分析在经济学上是正确的，那么公立学校就处于歉收年。随着纳税人说"不要再加税"，学校和其他公立组织必须实施减量，这就意味着要减少被雇佣者，寻求替代的传播指导方式或其他服务，使运营操作更有效率。

正如大部分最近有关学校财政的例子表明，俄亥俄州和威斯康星州的官员正戏剧性地改变着他们州的学校资金情况。立法已通过并将很快被实施，这将改变每个州的教育和资金供应。虽然许多人可能不同意将减少教育资金作为解决大多数州资金危机的一种方式。但清楚的是，它是一条可以探索的途径。一般来说，在一场危机中，具有创造性且好的观点会出现，我们所关注的也是有利于公立教育问题解决的一个例子。

增加使用州资金的合法行为已至少在 45 个州被提出来。法院发现，对那些基础条件在一年以上的原告来说，学校都没有"充分地"提供资金。这已改变了公共教育提供资金的方式。从当地理事会和州立法者转向州法院来做出决定。教育者曾涉及确保资金的政治过程，他们现在雇佣律师队伍来评估学校资金供应的充分性。公众能够继续赢得大多数的法院争斗吗？近期的司法趋势似乎表明"不能够"。如果不是这样的话，除了通过财产和税收来恰当地为 12 年教育提供资金外，还有其他的选择吗？

很少有教育领导者通过勒紧腰带、减少服务或重新组建的方式来更有效地经营他们的机构。虽然学校的财富管理不仅仅依靠的学校理事会，但最近了解到在俄亥俄州一个校长被两个理事会所雇佣也是不寻常的。考虑到大多数州的地区面积，可能许多学校都超编了。为什么当有 5 000 名学生的地区用一名财务主管和两名助手与一名校长与两名助理运营时，一个有 500 名学生的地区却只需要一名财务主管和一名校长呢？这些数字并不相关联。一个人可能把 10 个地区 500 名学生的管理与减少 14 名员工相结合。在每个中心办公室职员平均是 10 万美元的成本下，那总共能节省大约 150 万。

这篇文章不是催促社区关闭学校，虽然有一些学校的确应该关闭。相反，这篇文章要求领导者应恰当地看待提供资金与管理学校的方式。这需要花费几年的悉心计划来计算出怎样能够在不毁灭当地政府的情况下调整公共教育服务。一种工作模式就是俄亥俄州在其办公室数量上的减少，即所谓的教育服务中心（Educational Service Centers，ESCS）。几年前，俄亥俄州原有 88 个教育服务中心，如今，其数量已减少到 52，并应继续减少，这需要时间。一些立法推动及许多教育服务中心协作来计算出，如何提供相同的，通常使其更有效、更高效、更好的服务。学前至 12 年级公立学校地区应同样这样做，很难解释在每个地区平均 3 400 名学生的情况下，美国如何能够有效地管理将近 14 000 个学区。

以大多数近期的教育数据文摘（Digest fo Education Statistics）的数据为基础，48 183 858 名学生进入了 13 924 所正规公立学区，这不包括职业学校和相似学校。在那些地区内有 98 916 个学校建筑，那些学区中几乎有 70 个学校学生注册数少于 2 500 名，或者大约为总学生人口的 17% 的学区。几乎 50% 的学区入学人数都少于 1 000 人，大约占全体学生数的 5%。那些 1 000 或少于 1 000 名学生的学区，总的来看，占据 13 924 个学区的 6 389 个，或 4 800 万学生中接近 260 万。故此，美国中间的面积地区刚刚超过 1 000 名学生。最后，19.6% 的学区或 2 724 个学区，有少于 299 名的学生。有 288 个单师学校，事实主要是由于它们位于人口稀少的地区。考虑到这些数字，学校管理的成本应该更透明化。理事会达成共享的服务协议，努力更有效、更高效地运营。

假定大小并不是一个影响因素，但规模的效益能够改善学习并挽救资金不足带来的消极影响吗？以先前的数字为基础，答案是肯定的。有远见的领导力能够挽救适当的社会学校，同时节省纳税人相当多的钱，因为他们保持或改善了学生学习的水平。

视野

大多数教师教育项目以哲学或美国基础教育课程为开端，这些课程包括教育史部分和美国教育发展的哲学基础。通常专注于"过去"，他们提供很少的信息和对教育未来的信息。换句话说，几乎很少有时间花在了教育事业上。作为大学培养的未来教师，这些新教育者必须准备未来所需掌握的知识；他们必须探索首创的、独出心裁的方式来教育学生。未来的工作和未来的学生都是什么样呢？教师教育总是需要在面对面的环境中完成吗？动态发展的在线教育者预备项目会是一个选择吗？随着可用的创新技术即将发生，一些大学正提供或计划向那些希望进入教学领域的人提供多种多样的选择。

拥有新教师是一种模式，即允许高资格的骨干教师与新教师一起工作，这种模式是一种减少成本而奖励真正优秀教师的一种方式。换句话说，以某种形式进行教学的教师，增加了他们行为的价值，其值得给予额外的补偿，并且应该成为培训并管理新教师的主要力量。另外，新教师需要一个综合的、高质量归纳的项目，这个项目能够强调新教育者间的高摩擦率，并加速他们的成绩增长。

21 世纪教育

在过去的 30 年里，我们从信息时代转向变迁时代，这对美国教育意味着什么？我们从台式电脑、手提电脑、DVD、传真机、小型手机、互联网、远程学习和多媒体教室时代转向一个高深莫测的未来。仅仅几年前，我们不明白也不理解刚刚列出的任何项目；几年之后的变化将是我们大多数人无法理解的节奏。教育中更重要的是，教育领导者在这次转移中是向前还是向后发生变化？公立教育仍基于工业时代，它还未完全进入信息时代，并且世界的余下部分正移向这种变化。

在转换时代所期望的一些趋势不仅局限于学校领域，而是弥漫在整个社会中。全球有 60 多亿人，并且 6 个人中就有 4 个拥有手机，时间和距离都限制不了人类的交流。

"地点"越来越不重要了。我们能在任何地方、任何时间工作、读书、学习、研究并执行"团队"功能。我们不再担心距离、时间、地点或教学方法。学校采取这种可行的交流和合作吗？教室正在迅速变成不那么封闭的空间。大多数学生都是天生的数字达人，然而，大多数教师都不是。那些并不能适应数字时代潮流的机构可能会在接下来的 20～30 年实现交易吗？许多教育者把世界带入课堂，但是只有几个把课堂带向世界。学校和大学一定要强调网上学习的问题。举个例子，蒙特利国际研究院资源库为网上课程提供完全免费的高中课程入口，与其他成百上千的例子相比，现在学生的免费学习选项越来越多，这都是几年前所难以相信的。

数字原住民是目前在我们学校并进入我们学校的居民，数字地形是他们的当地领土，他们不记得他们的父母没有手机、电脑或互联网。我们的数字殖民者很难理解原住民的"语言"。我们的学生是不同的，他们似乎能够在同一时间专注于多样化的事情，我们不可能想象他们在同一时间专研多样化事情的能力。事实上，原住民将长大，有逐渐结合信息、数据和概念的能力。

平等和充分

平等普遍被认为是一种分配的概念，涉及学校与学校体制的比较。平等能够按照收入或结果而定义。当定义为输入时，一个同等的学校财政体系就是，所有的学校都有等量的输入资源，这通常指水平平等。输入平等在每个条件下不总是相同的。例如，一所学校可能为社区提供特殊的班级规模。然而，另一所学校可能提供其他特别的服务来满足学生的需求。

当平等指的是结果时，它通常被这样讨论：确保学校和地区获得足够的资源来达到相似的结果。换句话来说，一所学校可能比另一所基于受教育学生的特殊需求的学校接收到更多的资源。依据学生的需求，同样的结果通常需要不同的资源。

充分普遍被定义为，假定一个纯粹的目标，并且就收入或结果进行解释，使用结果这种观点，考虑到服务学生的特殊群体，如果所有的学校都有充分的资源来达到特别的结果，那么学校或地区就满足了充分性标准。例如，目标可能是一个给定组通过州考试的 75%。

从概念来看，平等和充分是相关的词条，学校可能从未有其一，或者他们有可能满足其一或两者，这都取决于他们如何管理学校。这部分的重点是鼓励领导者回顾并反思内部的地区运营。大多数机构都没有高效率地运作，或许这是不可能的。但是，他应该是领导层的一种信托责任。

有利的学生资金

尽管几乎 30 年的蓝丝带研究专家证实，法院裁定，立法变化，数以百万的美元支出，美国的公立学校都没有达到学龄儿童对于学校资金体制的需求。事实上，大约一半的州最高法院案件都做出不利于学校资金体制的裁决。这些模式是错误的吗？或者仅仅是因为没有足够的可用资金来满足所有学龄儿童的教育需求。

一个能帮助减少学校和地区水平资金不平等，同时强调当前资金体系陈旧本质的解决方案就是有利于学生资金（Weighted Student Funding，WSF）的概念。福特汉姆基金会引用以下观点作为有利于学生资金的关键：全州资金都伴随着孩子进入到他所在的公立学校。每生资金量根据儿童个人需求和情况而权衡。值得注意的是，大多数州在工作中都有某种形式的有利于学生资金，尤其是对于特殊需求的儿童。当资金被用在弹性项目并能取得良好效果时，其目的也就达到了。

有利于学生资金为州学校财政面对的挑战提供了一个选择，通过引导更多的资金到学校从而服务于大部分处于不利境地的儿童，不管他们住在哪，确保学校收到每名学生需要的所有资源，并且允许学校层面的领导以满足特殊儿童的方式分配资源。有利于学生资金不可能一夜之间就实施。但应该立刻开始通过在儿童立场上做决定并表达他们的特殊需求而向儿童提供资金，而非采取一些中心分配观点。在有利于学生资金下，公共资金是公平地、有效地且恰当信赖地被分配。此时资金以学生个体要求为基础而跟随学生。学校理事会和官员必须对他们学生持续的学业增长和努力向前负责，并满足州和联邦政府制定的最低学业标准。

课外活动，可选吗？

在许多国外国家，直接在公立学校中提供课外活动，特别是体育方面，实际上是没听说过的。平均每个地区需支付课外活动多少美元呢？如果一所学校包括设施、员工、器械、维修、运输和每个项目的管理，那么运营一所学校的成本能够减少吗？越来越多的学校理事会正实施向运动员家庭支付玩耍费用。整个国家的学校在课外活动上花费数百万资金，这对纳税人来说公平吗？不支持这种类型的活动是对我们学生最好的利益吗？

优等课程

如果学校理事会为一些不需要的课程选择索要实际成本的话，父母仍然会支付他们吗？当讨论到体育课时，回答可能是肯定的。但是有关先进的荣誉、大学预修课程或有很低入学率的班级——例如，外语的4、5级呢？在较大的地区，认为增加欧洲历史课是合理的，但是，体制中的大多数人从来不会这样做。未被提供的课程成本是多少呢？那些在较小地区的学生有相似课程的选择吗？

人员分配、比例和班级规模

许多学者断言，学生成绩与班级规模或成绩与花费在他们学生甚至最小进步的教育者身上的金钱之间有联系。很明显，一些证据支持了低年级的小规模班级，但结果并未被广泛传播。父母喜欢小规模班级，因为他们认为这种方式给他们的孩子提供更"私人的"指导。教育者喜欢它是因为，他们的工作负担和纪律担心减少了。政治家喜欢它是因为，它提供了一种教育改革的模式，联盟会喜欢它是因为，联盟在他们成员中得到更多的教师。学生应该受益，但是长期的结果是不丰富的。

班级规模研究的中心是田纳西州在20世纪80年代实施的标准化测试报告（Standardized Testing and Reporting，STAR）研究项目。当学生从幼儿园到三年级时被随机分配到三类班级中。A组是常规班级规模，几乎是24名学生1位教师；B组是一个相似的班级规模，有1位教师和1个助理的支持；而C组是一个小班级，几乎是15名学生1位教师。研究结果发现，与其他两组学生相比，在小班级的学生测试分数显示出曾经的教育优势。

由这些和其他的结果提出的问题，将需要教育领导者来决定是否小班级的成本和成绩的获得保证了资金的额外支出。一些学校官员已确定，他们通过教学策略的有效运用，能够达到同等的小规模班级效果，包括技术和特殊教学方法，如用脑辅助教学、合作、循环与教师援助的有效使用。

我们已经减少班级人数了吗？虽然解雇通知书近期已被发表，2009年教育统计文摘的数据表明，尽管2007年在籍学生人数比1990年多19.6%，但教师雇佣率增加为32%。自从21世纪开始，可用来比较的数字是学生增长4.4%，教师增长8.1%，可能一些学区和学校都超编了。

公共汽车运输

有相当高运输费用的公立学校地区通常不得不用资金补贴他们车队运营费用，即使用本应作为教育目的的资金。为了减少交通费用，一些理事会已实施节约策略。例如，使用电脑辅助技术变更公车旅程从而将公车数量、司机、燃油和维修成本最小化。改善的路线涉及与各种建筑物有关的计划停站点和变化的时间安排。一般来说，当与学校附近的开放时间和关闭时间错开，允许公车每天早晨和晚上跑几条路线时，交通运营就更有效了。如果多路公交线路、每辆车都能被考虑的话，错开时间就是一个必然，在佛罗里达一个县的地区，通过使用电脑辅助运输安排，每年节省将近75万美元。其他的有效方法包括在站点间设立合理的步行距离，减少乘坐公车的人，限制专门的交通服务仅提供给有需要的那些学生和购买有效的交通工具等。虽然交通服务能够提高许多效率，但它们在非常小的地区不太适用。

教学的可选形式

每周4天的工作日可能会节省资金。佐治亚州桃子市（Peach County）的释伦小学（Byron Elementary School）变为4天的工作日，而不是解雇所有的音乐、美术和体育教师。学校官方决定，通过变为4天工作日，在交通上大约每年能够节省下来400万成本。虽然社区和学校领导不喜欢这种行为，他们决定，这是为了学生最大利益而不取消音乐、美术和体育，他们坚持希望经济会改善并且员工不必休假。

在线教育迅速发展，事实上，发展如此迅速以至于预计人数是高中学生的一半，到 2020 年，他们将实施大部分的在线培训，教育领导者必须为这次变化做准备，这将相当大地影响设施、交通、人员分配比、人类资源和所有与学校里学生有关的所有因素。在线教育学生将是更便宜还是更昂贵？课程的大部分是先进的，并且有些还是免费的。许多学校领导者已深入研究在线教育并努力，即使有点慢。

没有资金的授权

答案是简单的，如果资金是不可用的，授权就不应该完成。如果州或者联邦政府在公车上需要安全带，那么安装它们的资金必须得到保证。如果小学年级的生师比为 20∶1，那么资金必须得到保证。当立法者需要全天的、日常的幼儿园时，那么资金就必须流动以支持这种需求。如果经济变得不合意且税收下降，员工薪资安排发生改变或者教育增加可能终止，学校理事会必须像其他人一样接受他们的预算。学校领导者应勤奋工作来为合理的操作提供必需的资金，但当金钱不可用时，操作上就必须做出改变。

合作

学校理事会和社区机构必须增强他们的合作水平，以便于花费的税款能够给学生提供最大的利益。警方、医疗、顾问和其他支持机构必须继续搜寻更多更好的方式来满足学生和社会成员的需求。法律必须适当地去鼓励当地政府来分享资源。当地政府在研究和完成合作事项时必须更积极，像学校和社会一样，如公园、游泳池、图书馆和交通选择。举个例子，作为一个学校的管理员，我所在的社区有 3 个彼此相距 5 分钟步行路程的图书馆，基于相同的理由，这个社区图书馆有一层作为一个小学的图书馆，并且在高中的三层内，有一个国家文科课程资源中心。很明显，通过调节社会服务节省纳税人金钱是可能的。

从输入转向持续的改善

学校理事会如何能从简单地增加更多的教育输入转向专注于持续改善的体制？持续改善的过程是一切都在桌子上而毫不受保护。这就是长期以来教育是如何向前发展的。关键就是从福特汉姆基金所讨论的核心原则开始，包括以下方面：不要有很少或没有成功证据的提供资金的行为；取消没有资金的授权；促进非传统形式的学校教育的实验，像科学、技术、工程和数学及早期大学项目；奖励积极成果的风险承担者。理事会必须从现在维持状态转向鼓励并支持持续发展的体制。在这个国家很少有学校或社区能成功地提升大部分贫穷学生的学业水平。然而，有个别的学校在这范围上取得很大进步，证明成功是可能的。

增加的反税收组织

国家纳税者协会（National Taxpayers Union）是一个辩护组织，它声明几乎 60％的美国家庭都应获得更高的收入。一个重要的和不断增长的国家税收，尤其是当地社区即将引发大量的政府亏损。各州像马萨诸塞州、俄亥俄州和加利福尼亚州由于增多的评价，已限制财政税的增长；然而，在大多数其他州的纳税者并没有那么幸运。马萨诸塞州对每年增加 2.5％的财产税增收的限制，使其从第 2 大的税收州下滑到第 23 个。俄亥俄州的政府领导者，尤其是学校领导者，并没有像马萨诸塞州的人一样幸运，因为俄亥俄州的税收减少在收入上不需要增长，除非有人民的选票。

如果学校征税每 3～5 年不以投票表决，那么教育者可以更有效地管理。像每年 2.5％的增长，大多数学区都可以很奏效，在收入贫瘠年，他们可能不会接受任何额外的收入。

林肯土地政策协会（The Lincoln Institute of Land Policy）最近列举了美国中等财产税，征收价值的 1％左右或者每 10 万美元的价值征收 1 000 美元。然而，州税收差别很大。例如，2007 年路易斯安那州中等房地产付税 188 美元，然而，新泽西州超过 6 300 美元。大多数市民不反对付税，但是在艰苦的经济时期，他们确实感到压力，特别是当评估的房地产价值没适应市场价值观时。纳税者正寻找"更公平的"方式支持政府机构，政府机构必须准备好减少在下滑市场中的花销。大多数公立机构，尤其是学校，不适应这样的要求。学校领导者将如何改变？他们必须知道并能够知道做些什么以确保他们学校仍开放并满足所有学生的基本需求，特别是在紧张的经济时代。

工会和董事会或者管理机构合作

在良好和贫瘠年，工会和管理部门愿意以合作的方式使学校更有效且更高效的运营成为可能吗？所需要的是更好的计划和对未来的预测。决策制定者必须预料未来应掌握什么。资金上的损失或大量的减少需要学校领导者为未来有关资金需求、入学率、职员的增或减，所有与那些方面有关的支出，做出改善的决定。

对教育者来说，每年工资天数越少报酬越低，减少额外福利或同意不加薪，或按步骤、训练或教育，努力平衡学校预算。然而采用一种建立在信任之上的合作关系来允许类似这样的事发生。建立信任需要时间，领导层必须花费时间与职工、人员和社区成员培养关系。

由于政府平均雇员超过私人平均雇员，说服纳税者维持当前的资金模式将变得越来越困难。对纳税者来说，通常很难理解政府雇员如何收到更好的报酬，当他们正努力在减少的福利下获得公平的薪水。这种模式能留存吗？或者政府雇员必须开始思考适度地增加收入和利益可能减少，没有考虑到更有效地运用稀缺资源吗？时间会验证一切。

反对观点

俄亥俄州学校经费联盟，威廉·L. 菲利斯

美国各州学校资金体系通常导致大量的不平等，随之而来的是教育机会上的不充分。最近，许多州长和政策制定者正通过建立更多的粗野标准并颁布更强迫的责任措施试图解决这些不平等和不充分。这些州正要求改良教育成果，同时减少学校地区的州财政。当地学校领导者和教育者不会因为学生成绩而受指责，这是不平等的，不充分的体系应该主要受指责。足够且充分的资金必须与标准和责任体制相连，从而提升教育机会和学生表现。

背景

多年前，一名记者问一位作者，在公立学校教育学生需要花费多少。记者正期盼听到每名学生 1 美元的回答，然后听到如下答案便失望了："这依赖于所提供的教育机会、各种学生的性格和能力及所期望的学生成果。"学生带着不同程度的社会和教育需求、发展阶段、能力、兴趣和学习经验的嗜好来到学校。因此，学生需要不同的计划和服务来满足他们个人的教育需求。必要的教育机会和规定的学生成果必须适应变化的社会经济环境、工作市场和文化环境。足够且充分的资金量依赖于社会经济制度，同时还有学生需求。

学校财政诉讼

学校财政的足够且充分性——足够即"有需要的那么多"，充分即"满足一种需求的能力"——10 年来一直都是大多数州激烈争论的主题。在至少 45 个州，学校资金体系在法庭上受到质疑。原告通常不急于诉讼学校资金；相反，他们研究事件并试图用行政和立法部门首先解决这些问题。在大约一半的案件中，法庭规定赞成原告，甚至当他们不规定时，诉讼倾向于增加州支持的水平。

在学校资金案中，州被告通常认为，年复一年地，他们已经增加的学校拨款而超过通货膨胀。尽管这可能是正确的，州的学生期望和学校董事会年复一年地增多了。

一些州已经经历了多种学校资金案件，通常都需要几年。例如，在新泽西州，诉讼 30 年来不曾停过。俄亥俄州已经历了两个这样的案件，辛辛那提的沃尔特（Walter）案和德罗尔夫（DeRolph）案，俄亥俄州的德罗尔夫案件持续将近 12 年，其结果继续影响俄亥俄州学校资金改革努力。诉讼的数量和效度表明，学校资金的足够性和充分性，至少影响整个美国。

财产税收独立引起不平等

大多数州的学校资金体系包括财产税成分，它影响着学校董事会可用的生均税收。学区的财政能力通常是由他们生均税收程度衡量的。因此，董事会的学生支出通常直接与区域的财富有关。这种现象在学校资金案例中是原告普遍的抱怨。

生均支出的数据表明学校资金甚至教育体制是不平等的。不平等的资金体系通常与学生和学校表现的多样性有关，与较低支出连续区域的不充分率有关。根据国家教育委员会排名和评估上的数据（公布于 2009 年 12 月），在 2008—2009 学年，各州生均支出从罗得岛州的 17 289 美元变化到犹他州的 5 912 美元～11 377 美元的差异。在俄亥俄州，学区的支出变量从 7 000 美元～30 000 美元的差异。结果，俄亥俄州学区生均支出的变量与各州变量相似。这些在各州和俄亥俄州内生均支出的大量变化指向了有缺陷的学校资金体系。

尽管地区变量能够解释各州间生均花费的某种不一致，如做生意的成本，贫穷率和其他人口特征，但这些因素不会解释所有的变量。似乎一些州比其他州能够提供更多的教育机会。如果美国各自的学校资金体系的目标是提供同等和充分的体系，自支出的数据表明这是不能满足的。学校资金在许多州既是不足的也是不充分的，尤其在低支出地区更是如此。

术语的定义

在这篇反对观点的文章中，对术语"充足"（sufficient）和"足够"（adequate）的一种普遍理解可能形成了对比。"充足"（sufficient）被译为"需要的那么多"，然而"足够"则被译为"能够满足一种需求"。关键是什么是必要的来满足学生的需求，且什么满足了机构的需求；为了这个目的，所有的州机构都把教育的责任施加在州上。因此，这种本质的讨论需要考虑课程、计划和学生所享有的服务。如果学生的需求和社会制度对学生持有的期待未被考虑的话，有关学校资金足够性与充分性的讨论就价值有限。当所有的学生被给予高质量的教育机会，所有的孩子成功地满足了州官方和当地教育社区的期望时，学校资金的足够性与充分性就达到了。

典型的俄亥俄州

关于学校资金数据，由于俄亥俄州在许多州中具有独特性，并在许多测量方面都是核心要素，指的就是这篇反对观点文章的差数。根据国家教育委员会 2009 年 12 月发布的排名和评估。俄亥俄州 2008—2009 年生均的平均支出是 9 358 美元，比美国中等的 9 979 美元低 6%。俄亥俄州 2008—2009 平均年度教师工资是 54 656 美元，与所有州和哥伦比亚地区的 54 319 美元相比略高一比。

俄亥俄州公立 K-12 学校（2006—2007 年），与美国中等的 40 美元相比个人收入（2007 年）的每 1 000 美元支出 41 美元。罗德岛支出最高为 53 美元。然而，亚利桑那州支出最低为 28 美元。这些数据表明，各州在个人收入投入公立教育的百分比之间有很大差异，这就表明了问题。

俄亥俄州作为美国学校资金不足与不充分的典范，此州处在与学校财务有关的大多数因素的中间范围。

残余预算是问题

在俄亥俄州，历史上的学校资金解决途径一直是残余预算（residual budgeting）。这以政治上预定的公立 K-12 教育的州税收量为开始，随之为州预算中的基本学生支持和各类标准条目分配一部分，如特殊教育、有天赋的学生、处境不利的学生，交通和学校午餐。尤其是州资金的预算共享对于优质教育机会的成本来讲是不充分的。即便不是全部，也有一些教育项目具有欺骗性。基本学生支持的欺骗在区域间的教育规划上引起了极大的不一致。例如，在俄亥俄州，不到 30% 的被认定为有天赋的学生除了有常规的学习经历外，还接受了特殊的教育规划，尽管 30 多年来州已为有天赋的标准项目提供资金拨款。很明显，在提供适当规划的实际成本与花在有天赋学生上的钱数之间有很大的分歧。

残余预算方案并没有把刻板化的分配与优质教育机会成分的实际成本相联系。从历史角度来讲，俄亥俄州在很大程度上已经补充了当地区域的努力来为学生提供教育机会。这种仅仅提供补充支持的方案表明，州忽视了宪法的责任来确保"一个全面且有效的全州公共学校体系"，它已导致俄亥俄州公立学校的分歧与不充分性的特点。提供的证据表明，学校资金的足够性与充分性仍未达到。

资金与学生需求无关

许多研究已总结，俄亥俄州的学校体制是不平等且不充分的，由于资金机制与教育拨款的实际成本之间缺少一致性。一个这样的研究是由研究俄亥俄州学校基金会计划的联合专责委员会和学校地区州资金分配所实施的。1991 年 1 月 22 日委员会的报道声称：

基金会的生均水平应与提供的有效质量基础计划成本和一些决定它应如何发展的客观方法有某种合理的联系。生均资金水平现正在两年一次的预算中商议，并且广泛的考虑呈现一种水平，其水平仅仅几乎由在其他教育与非教育计划成本扣除外的可用资金所决定。

随后直到 2010 和 2011 财政年的两年一次预算，州才把资金水平和"基本教育质量的实际成本"联系起来。

在第 6 年，俄亥俄州宪法的第二部分，在其他 49 个国家典型教育条款中清晰且明确地分配了确保州公立学校全面且有效体系的责任。俄亥俄州最高法院（The Supreme Court of Ohio），德罗尔夫第二版教学大纲（DeRolph Ⅱ Syllabas）判决，"有效性与全面性的实现明确地是确定一个目的，不是当地的，不是政府的，而是全州范围的政策"。这个宪法的宣布是一种不可避免的考虑，来决定学校资金的足够性与充分性。整个州有一个统一的优质体系就是州政府的需要。

为了寻求统一的优质体系，州必须详细说明 21 世纪学生需要的教育机会，并确保地区能提供那些机会。否则，成为体系特征的不充分性与不平等性将会继续存在。同等重要的事是，州必须为学生及教育体系的所有部分建立期望与责任措施。教育机会、学生期望和教育送达体系必须结盟，并与资金体系相协调。学校资金的足够性与充分性必须在应提供的教育机会和期望的结果的背景下得到评估。

基于证据模式的学校资金

公共教育改革措施，包括基于证据模式（Evidence-Based Model，

EBM)的学校资金，都包含在俄亥俄州 2010 和 2011 财政年的预算法案中。基于证据模式以宪法需求为前提，州将确保所有学生有优质教育机会。这种模式把俄亥俄州置于朝向充分且足够的学校资金宪法体系的道路上。然而，直到这个模式完善且得到资助时，学校资金将继续不足够且不充分。基于证据模式正被阿肯色州、怀俄明州、北达科他州，还有俄亥俄州使用，威斯康星和华盛顿正考虑使用这种模式。

就在此时，俄亥俄州正努力尝试来实施一种历史上的新资金模式，州税收正大量减小。经济的滑坡有可能使教育体系与国家宪法不相适应。

像许多其他州一样，俄亥俄州 2010 财政年可用的税收总量大致和 2000 年相同。后来，州缺少能够适当实现新模式的财政资源。资金结构在合适的轨迹上，但资金是不可用的；因此，俄亥俄州公立学校仍没被提供足够充分的资金。

最近教育改革立法的一个显著特征是 28 名俄亥俄州学校资金咨询委员会（Ohio School Funding Advisory Council）规定，需要为基于证据模式的改善提出建议。委员会的第一份报告是 2010 年 12 月提交的，从那以后，随后的报告是每偶数年的 7 月 1 日提交。立法机构在一个持续的基础上，预测到有必要使这个模型与学生需求结合。

这篇反对观点的文章以为，俄亥俄州的学校资金既不足够，也不充分。然而，如果基于证据模式的学校资金能够恰当地完成且充分地提供资金，那么俄亥俄州可能成为资金足够性与充分性的国家模型。基于证据模式有潜在的可能纠正俄亥俄州高级法院在学校资金体系中发现的缺陷。然而，到这篇作品为止，俄亥俄州的学校资金仍然既不足够也不充分。俄亥俄州基于证据模式的功效与学校资金的解决方案有关，以优质教育成分的定义开始。资金水平由实际成本所决定。

建立基于证据模式的立法机构提供了模型的阶段。立法中固有的担保和限制允许学校董事会接受与之相似州的资金水平；相反，大多数其他州服务减少到去年资金水平的 70%。甚至随着公共教育资金成为俄亥俄州的一个毋庸置疑的顶端优先性时，它仍不是足够且充分的。

忽视的记录

重要的是要注意到在早些年，俄亥俄州关于公立学校资金的足够与充分性有一段被忽视的记录。州忽视历史环境有助于缓解当前学校资金的不足够性与不充分性。

忽视的根源可能是对公共教育责任点的普遍误解。尽管俄亥俄州宪法(Ohio Constitution)全面且有效的条款把责任放在了州上,当地地区在俄亥俄州承担了大部分为公共教育学校提供资金的财政负担。在1930年,采纳"全面且有效条款"的80年后,当地财产税支撑了96％的公共教育支出。

在20世纪20年代和30年代早期,为公立学校提供资金出现了一个主要的危机。财产价值正在下降,并且纳税者不遵照财产税账单。州用制定学校基金会项目和3％销售税来提供资金作为回应。这两项规定在1935年生效。这些行为减少了对学校支出财产税的支持,几乎是总量的50％。直到1946年主张50∶50的州达到一定比例,那时财产税提供资金的比例开始增加。到1965年,州财产税支撑了全部公立学校支出的70％。随着1972年增加的联邦资金和俄亥俄州收入税的到来,公共学校税收的当地比例在1981年减少到57％。公共学校税收的当地比例自从1981年有下滑趋势时,就在46％~60％波动。在2009年财政年,公共教育支出比率中当地的百分比为47.42％,州百分比为44.71％,联邦百分比为7.87％。自从1981年仅两年的时间,当地总税收一直低于州税收。强烈依靠财产税为公共学校提供资金导致较差的财富区域的总量不平等及异乎寻常的不充分。

俄亥俄州强烈依靠财产税的经验反映了国家经验。根据2009年国家教育统计中心教育统计文献报道,在2006—2007年当地税收支撑了国家大约44％的公共教育支出。正如上面所提到的,俄亥俄州的当地税收支撑了公共教育支出的47.42％。

财产财富在俄亥俄州学校地区从未得到同等的分配。目前在俄亥俄州学校地区,每生的财产值低至42 335美元,高达667 971美元(见图11-1)。排除最高和最低的20％,范围仍令人吃惊:88 000~209 000美元。历史强调俄亥俄州学校资金准则已引起了学校地区财政能力的广泛变化,每生支出的巨大分歧,以及教育机会的巨大分歧。

巨大分歧

在2009年财政年,生均的支出范围在6 926美元~20 038美元(见

图 11-1　2006—2007 年俄亥俄州学区每个学生的财产估计

（资料来源：the Ohio Department of Education）

图 11- 2）。前 60 个地区(10％)平均花费 13 394 美元。然而后 60 个地区平均花费 7 677 美元。俄亥俄州生均支出的数据证实教育机会分配不均。尽管如此，俄亥俄州的政治官员和许多其他州都无法解决学校资金强烈依靠财产税的有关问题。直到一个州的资金体系不依靠于财产税时，学校资金的足够性与充分性才能实现。可以基于证据模式的路线来修复这个问题。

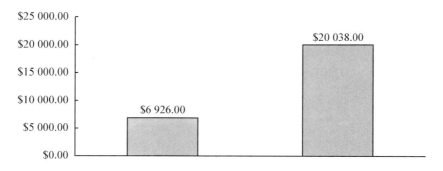

图 11-2　2009 年俄亥俄州每个学生的财政开支

（资料来源：the Ohio Department of Education，2011）

　　传统的强烈依靠财产税来保障学校的运营和设施已引起一种误解，即当地资金伴随着当地控制。当地社区应通过税收工作决定学生可用的教育机会水平的观点是一个盛行的概念。这个概念将使每个社区，而不是州来负责决定全面性与有效性的标准。

地方控制神话

在 1979 年，俄亥俄州最高法院，辛辛那提布·沃尔特城市学区教育董事会（Board of Education of the City School District）保留了关于"地方控制"和学校资金的困惑。法庭声称，"我们发现地方控制是一个合理的根基，对于支持俄亥俄州资助初等和中等教育财政体系上"。法庭又附加道，"我们推断，地方控制提供了一个合理的基础来支持俄亥俄州学校地区生均支出的分歧"。

在沃尔特案件中，法院也支持这个概念，即学校资金是一个州——地方的合作关系。据法院所说，"俄亥俄州直到今天一直与当地学校地区维持着这种财政合作伙伴关系"。在俄亥俄州或任何其他州，只要学校被视为州与当地社会的合作关系，那么学校资金从来就不可能是足够且充分的。

与罗得岛州沃尔特相比，同样的法院注意了以下几点：

然而，我们劝告会员大会，必须建立一种完全新的学校财政体系。建立这样的一个体系，会员大会就能够意识到在俄亥俄州只有一个公共教育体系。它是一个全州范围的教育体系，特别是由州最高的统治文件——宪法所创建的。因此，公共教育的创建、组织和维护就是州的责任。

罗得岛州分析了俄亥俄州宪法第六章第二部分清晰且正确的意思。学校资金的足够性与充分性将是难以捉摸的，直到俄亥俄州的政治人物完全地包含了全面且有效体系的宪法需求。

州必须承担其角色

地方学校董事会适当地帮助向学生传送教育机会，这些实体是州的政治分支，根据州法规和标准来传送教育机会。这些分支虽然受当地选取的市民管理，但与州不是伙伴关系，而是州对于当地教育机会传送的延伸。这应该很明晰，州应对充分且足够的学校资金统一负责；否则，学校资金的足够性与充分性就无法实现。

早在 20 世纪 20 年代，俄亥俄州的州干线体系是由受州支持的政府所操控的。即使有州的财政支持，也同样没有建构和保养州干线的财政能力。对所有关心此事的人来说很明确的是，州将不得不承担州干线体系的责任来提出一种统一的、高质量的干线体系。那正是州学校体系所需发生的，那正是最近的改革措施所预见的。州必须承担其宪法的责任来保证一个全面且有效的体系。

就各州的优先权和学校设施的资金供应来说，俄亥俄州在足够性与充分性上已取得很大进展。例如，俄亥俄州最近的 230 亿学校重建计划受到了罗得岛州的促进与激励。自从 1997 年，罗得岛州 761 个新的或重建的教学楼计划，服务于 260 个学区的 42.5 万名学生，都已经完成了。就在写这本原著之时，136 所学校正在建构中，另 164 个设施也在积极筹划中。然而，112 个其他理事会已提供建造学校教学楼所需的州资金，但是有的选择延时参与，或者有的无法筹集所需的地方份额。这就意味着，一些学生被教育上充分的教学楼所拒绝了。因为一些当地社区不能或者不会满足州参加设施计划的需求。直到这个问题得到解决，俄亥俄州学校资金的足够性与充分性才能够得到解决。

足够性与充分性的重要性

学校资金足够性与充分性的确定是一种有关评估程度的训练，俄亥俄州和其他州保证所有学生有高质量的受教育机会，而不是学生支出和有关学校财政数据的统计分析。不考虑他们的邮政区号，当所有学生的需求得到满足时，学校资金的足够性和充分性就发生了。学校资金上足够性与充分性的实际结果是，来自任何一个地区的学生搬到任何一个地区时，其都体验到统一的高质量的教育机会。

从早期的殖民时代，公共教育规定的要求就已在持续的条款中得到清晰地阐述。一批受教育的市民对一个主要的民主社会来说是必要的。在布朗教育董事会(1954)，美国最高法院规定，"在一个州能够承担为其公立学校提供教育机会时，这样的机会就是一种权利，必须在同等的条款上为所有人能用"。

然而在 1973 年，当最高法院有机会强制执行"布朗"时，它退缩了。在圣安东尼奥独立学区罗德里格斯(San Antonio Independent School District v. Rodriguez, 1973)，法院拒绝把教育视为学校儿童的一种基本的联邦宪法权利。虽然宪法的框架没有明确地提到教育，但教育者的目标和现状牢牢地嵌入在每州的宪法之中。

自从罗德里格斯起，大多数州都有了学校财政诉讼，这些案件中的原告都试图实现产生平等、充分的学校资金体系。虽然，通过州立法者，诉讼已为公立学校带来了很多的资金，但体系实际上并没有把学校资金水平与学生需求相关联。

为了实现整个国家统一的、高质量的教育机会，州政府必须首先明确地认定机会和表现措施，估算出那些条目的成本，并提供资金。尽管俄亥俄州新的基于证据模式已在适当的轨道上。但是，直到模型完成、改善并充分提供了资金，其充分性和有效性才能够实现。

拓展阅读资料

Baird, K. E. (2008). Federal direct expenditures and school funding disparities, 1990—2000. *Journal of Education Finance*, 33, 297-310.

Cupp, R., & Wise, D. (1991). *Report: Joint committee to study Ohio's school foundation program and the distribution of state funds to school districts*. Columbus: Ohio Legislative Committees.

Driscoll, L. G., & Salmon, R. G. (2008). How increased state equalization aid resulted in greater disparities: An unexpected consequence for the Commonwealth of Virginia. *Journal of Education Finance*, 33, 238-261.

Goldhaber, D., Dearmond, M., Player, D., & Choi, H.-J. (2008). Why do so few public school districts use merit pay? *Journal of Education Finance*, 33, 262—289.

Houle, D. (2007). *The shift age*. Available from http://www.Booksurge.com

Jefferson, A. L. (2008). Factors influencing educational opportunity in Ontario, *Journal of Education Finance*, 33, 290-296.

McKinley, S. K., & Phillis, W. L. (2008). Collaboration in search of a school funding remedy post DeRolph. *Journal of Education Finance*, 33, 311-330.

Monterey Institute's National Repository for Online Courses: http://www.montereyinstitute.org/nroc.

Morse, J. F. (2007). *A level playing field*. Albany: State University of New York Press.

National Center for Education Statistics, Institute of Education Sciences, U. S. Department of Education. (2009, September). Table 64. *Digest of Educational Statistics*. Retrieved from http://nces.ed.gov/programs/digest/d09/tables/dt09_064.asp.

Odden, A. , & Picus, L. (2008). *School finance : A policy perspective*. New York: McGraw-Hill.

Ohio Department of Education. (2011). *Ohio's school foundation funding program : 2006 — 2007*. Columbus, OH: Author.

Speakman, S. , Hassel, B. , & Finn, C. (2005). *Charter school funding inequity's next frontier*. Washington, DC: Thomas B. Fordham Institute.

Thomas B. Fordham Institute. (2008, March). *Fund the child : Bringing equity, autonomy, and portability to Ohio schools*. Washington, DC: Author.

Wall, A. , Frost, R. , Smith, R. , & Keeling, R. (2008). Examining a higher education funding formula in a time of shifting currents: Kentucky's benchmark approach. *Journal of Education Finance*, 33. 221-237.

判例与法规

Board of Education of City School District of Cincinnati v. Walter, 390 N. E. 2d 813(Ohio 1979).

Brown v. Board of Education, 347 U. S. 483(1954).

DeRolph v. State, 677 N. E. 2d 733(Ohio 1997).

Robinson v. Cahill, 303 A. 2d 273(N. J. 1973a), cert. denied, 414 U. S. 976(1973b).

San Antonio Independent School District v. Rodriguez, 411 U. S. 1 (1973).

Serrano v. Priest, 487 P. 2d 1241 (Cal. 1971), 557 P. 2d 929(Cal. 1976), cert. denied, 432U. S. 907(1977) .

政府和立法机构应该为教育投资吗？

支持观点：戴顿大学，鲍勃·塔夫特

反对观点：纽约城市大学皇后学院，威廉·A. 普罗弗里德

概　述

在美国所有学生都能接受教育的历史中，始终离不开立法机构的努力。早在 1647 年，马萨诸塞州通过了"老恶魔撒旦法"（Old Deluder Satan Law），要求 50 户或 50 户以上的村镇必须聘请 1 位教师教孩子读书识字，村民达到 100 户的村镇必须建立 1 所文法学校。最近，联邦政府的"力争上游"计划为"指定的"州提供补助金，表明致力于改革行为的意愿，这将增加创新性和学术美德。

那些统治者明白，受教育人口对于民主管理是非常重要的。结果是立法者和其他州政策制定者制定法律，如制定那些与义务教育入学及确定标准有关的法律，规定学生应学习什么来增加社会能力，以确保所有儿童都能得到适当的教育。

然而，应该运用多少自上而下的政府方案解决教育问题始终是个疑惑，尤其当政府介入时代的发展，这看起来像政治中心权利的号角响起。管理者和立法者应成为支配问责协议和期望的人吗？或者他们应成为从当地水平出发督促教育成果，促进教学实践并能改善学生学习的人吗？当州立法者的经济压力从未如此大时，这些问题就出现了。由于如此多的州都面临着严重的财政赤字，管理者和立法者真的能够并应该承诺投资教育吗？而且，如果他们的确做出这样的投资，他们能够尊重现实并批准政策之外的重大财政吗？

本话题，这两位作者检查州政府领导者是否融入并且如何融入州和当地的教育行为中。第一篇文章的作者是鲍勃·塔夫特（Bob Taft），他曾就职于戴顿大学并曾任俄亥俄州前任州长。鲍勃·塔夫特描述了管理者应该投资的原因。对于鲍勃·塔夫特来说，教育成就和经济生存能力之间存在一种直接的联系。很长时间以来，美国在教育方面一直比较落后，并且那种情况是导致现在美国的全球竞争力偏低的原因。考虑到这些方面，鲍勃·塔夫特提出，经济增长与知识的获得和信息的运用有关，并且除非各州和其立法者能够大量的扩大在学校成功和学业上表现卓越的学生数量，否则经济增长的预测会是无指望的。据鲍勃·塔夫特所说，学生需要从中学毕业，并为升入大学或就业做准备，那么各州就有责任为学校提供资金支持和监督，因此就需要通过从事实践并促进改革来投资教育，真正地确保所有学生有平等的受教育机会。

纽约城市大学皇后学院的威廉·A. 普罗弗里德（William A. Proefriedt）持有不同的观点。他认为，政府管理者和州立法者夸大了学校教育的力量。确实，好学校对于任何的民主国家都是重要的。同样地，个体也不仅是市场必需品。他认为，立法者的确在绝大多数情况下夸张了学校的角色，并过分承诺了教育成就与经济生存能力之间的联系。对他来说，教育不仅仅是关于较高附加价值得分（优秀学生的学业增长）或大学学位授予的数量。他指出，美国社会是由青年和老年的市民组成，面临的挑战就是帮助所有的人获得更好的生活方式，需要质疑关于市场应如何运作并且提出能够改善所有人生活方式的假设。

使这场争论变得如此有趣的是鲁米娜基金和其他需要获得高等教育证书的年轻人。他们设置了一个发展目标，即到 2025 年，60％的 25～64 岁的人都能获得某种类型的优质高等教育证书。为达到那个目标，他们想要各州都更果断地确保走出学校的年轻人做好升学和就业的准备。这种期望是明显的，但它可能并应该是合法的吗？或者不鼓励法律制定者制定"立法学习水平"而通过社会契约构建统一来促进期望会更有意义吗？

在阅读这两篇文章时，考虑以下问题：第一，为使学校更强并更负责任，立法者过度热情，《不让一个孩子掉队法案》或"力争上游"计划产生怎样的消极后果？第二，如果管理者和立法者不承担立法知识的责任，谁将填补这个空缺，并且后果可能会怎样？

托马斯·J. 拉斯利

戴顿大学

支持观点

戴顿大学，鲍勃·塔夫特

在一个以知识为导向的世界经济中，管理者和立法者一定要通过投资教育来保持我们在美国所享受的居住标准和生活质量。在教育方面美国落后于其他国家，如果领导者对所有市民提供教育机会，那么受过高等教育的工人和市民将会受益。当然，美国 50 个州都对全国初等及中等教育负有主要的责任。它们必须明智地投资，以确保有更多的高中毕业学生，能够成功升学或就业，并成为积极的、见多识广的市民。

经济机会

美国经济持续增长，为美国市民创造了很好的就业机会，维持了生活标准，并为公共服务提供了基本的税收，这些公共服务包括教育、卫生保健及军事服务等。

以知识和新信息为基础的经济日益发展，从而为一批受过高水平教育的劳动力提供额外的投资费用。制造业能够提供的工作数量在持续减少，对于未能成功就业的人来讲，高等教育就成为一个必需品。经济学家加里·贝克尔（Gary Becker）认为，人力资本、知识和工人竞争力逐渐成为经济繁荣的最重要因素。优质学校为人力资本的发展提供了基础。

同时，由于计算机技术和通信技术的快速发展，美国人居住在一个经济全球化的时代。一个州的工人不仅与邻州的那些人竞争，而且他们也与全世界的工人竞争，不仅在制造业，而且在软件开发、卫生保健、通讯服务中心、索赔处理、会计和研究等领域都存在竞争。仅仅在中国，就存在 600 多家跨国公司操控的研究中心。如果本州没有教育并培训工人具有雇主所需要的技能，雇主为了寻找有才能的工人，会将更多的工作转移到别处。

公民身份和社会凝聚力

民主社会依赖于受教育的公民，他们做出明智的决定并使政府领导为他们的表现负责任。美国国会于 1785 年颁布《土地法》（*The Land Ordinance*），为了公共教育而将新州的土地放置一边。1787 年颁布《西北法案》(*Northwest Ordinance*),因为对于好政府来讲知识是必要的,"学校和教育途径应永远被鼓励"。各州承担了提供教育的责任,以使我们的青年为公民身份做准备。

各州对学校的投资也是必要的,教育水平的不同将导致收入增长的差距。与那些只有高中文凭的人相比,大学毕业生的收入在过去的 30 年间已稳步增长。根据美国统计局(U. S. Census Bureau)报道,在 2008 年有大学文凭的工人收入几乎是高中毕业生收入的两倍。西班牙裔和非裔美国人是全国人口中增长最快的部分,他仍有最低的教育成就综合水平,这种悬殊对我国未来的凝聚力和稳定性有着潜在的不利影响。

需要改善的方面

高中毕业率

美国高中的毕业率相对较低,在发达国家中仅排名第 18 位。尽管在过去的 30 年里已经有了明显改善,但目前还是只有 70% 的学生能够按时从高中毕业。在西班牙裔和非裔美国学生群体中,按时毕业率更低,刚刚超过一半(Editorial Projects in Education staff,2009)。没有高中文凭的学生大都不能胜任以知识为基础的工作。这些年轻人没有资格升入大学,并且不能加入任何类型的高等教育中。虽然许多高中辍学学生后来都获得了同等学力的文凭(General Equivalency Diploma,GED),或相当于高中的毕业证书,但这些学生很少升入大学或从大学中毕业;并且他们几乎不能在 21 世纪需要思维技能的工作市场中找到工作。

与高中毕业生和大学毕业生相比,较高的个人和社会成本与那些不能获得高中文凭的人们有关,较低的终生收入与较高的犯罪率、失业、贫穷和公共援助有关。在各州的监狱犯人中,超过 70% 的人没能完成高中学业(Harlow,2003)。被雇佣的辍学学生工资较低,并且为当地、州和联邦在支持公共服务上提供较少的税收。这些年轻人不太可能采用健康的生活方式,通常导致由纳税人承担更大的医疗保健费用。最后,与受过更多教育的人们相比,辍学学生在投票和志愿服务方面都表现不佳(Baum & Ma,2007)。

升学预备与学业成就

在大学入学和学业完成方面,美国曾经始终引领世界,但其他国家一直没有放弃追赶的步伐。据经济合作发展组织（Organisation for Economic Co-operation and Development，OECD）报道，目前美国 25～34 岁具有 2～4 年大学学位的人仅占同龄总人口的 40％，在全世界排名第 12 位（OECD，2009）。美国的大学入学率一直在增加，在过去 10 年里大学毕业率虽然得到适当的改善，但仍然呈现出较低的状况。据经济合作发展组织报道，在 29 个发达国家中，美国的大学毕业率仅排在第 15 位。以 6 年的在校时间计算，每 2 名学生中只有 1 人能获得学士学位，2 年大学的毕业率甚至更低。

学校无法为学生的升学做很好的准备是导致大学毕业率偏低的一个重要因素，表现在三个方面。

第一，在 2010 年美国大学入学考试的所有 4 门学科中，只有 24％的高中生达到了大学预备的基本标准。

第二，在 2007—2008 学年，1/3 的大学新学生都注册了至少一门关于数学或语言学的补习课程。根据美国教育部国家教育统计中心的统计结果显示，这些学生可能比那些做好准备的同辈群体更不易毕业。

第三，与那些来自其他国家的学生相比，美国学生在数学和科学技能测试方面都表现不佳。例如，在 2009 年国际学生评估项目中，有来自 64 个国家的学生参加测评，其中美国 15～16 岁学生的科学成绩排名第 22 位，数学成绩排名第 30 位。

美国为偏低的大学毕业率付出了很大代价。大学毕业生在终生收入方面远胜过高中毕业生，并且不太可能因为失业或犯罪而成为社会负担，他们作为市民也更容易忙碌，在选举、志愿服务和献血方面都有良好表现。

另外，有充分的证据表明，美国经济未来的发展将会受到教育成就偏低的损害。乔治敦大学（Georgetown University）教育与劳动力研究中心（Center on Education and the Workforce）最近发布了一项研究结果，预计到 2018 年，美国将需要 2 200 万有大学文凭的人。但就目前的大学完成率来看，至少会形成 300 万的缺口。以这些数据为基础，鲁米娜基金认为，到 2025 年美国应把有大学文凭的青年工人的比例提高到 60％。

针对护理和信息技术等高技能职业短缺的现象，美国已经从美国以外地区强制雇佣工人或把这些工作转移到其他国家。美国持续从海外吸引在科学和工程领域有天赋的毕业生，但由于发展中国家的工作机会在逐渐扩大，这些学生带着他们的文凭回到了祖国。很明显，美国必须为增强学生入职前期的竞争力而提升大学毕业率。并且我们的进步将依赖于初等和中等教育投资的种类，这能够使更多的学生做好从高中毕业的准备，从而在高等教育中取得成功。

在教育上做出良好的投资

各州政府必须带头

由于统治者和州立法者对公立学校有提供资金和监督的主要责任，他们必须带头做出必要的投资来提高教育成果。作为 2007—2009 年经济萧条的结果，除了派送到各州的一些刺激性款项和鼓励性款项之外，中小学基金的联邦份额还没超过 10％。考虑到联邦预算存在巨大的赤字，在未来几年里施行更高的联邦基金率是不现实的。

投资的正确类别

学术专家们针对是否增加学校支出进行了一场争论，争论的焦点在于提高学校支出是否能导致学生学习成绩的提升。一些人提出，考虑到通货膨胀的调节，在过去的 20 年中生均支出已增加了 50％，在美国国家教育测评分数和高中毕业率方面几乎没有整体的提升。其他人也指出，通过美国教育进展评价对阅读和数学方面的测试发现，在此阶段有少数学生已经得到进步，同时在州内评估方面也有整体的提高。

由于经济萧条和经济复苏的缓慢进程，在未来可预见的预算中，国家和当地政府对初等和中等教育的支出可能受到严重的预算限制。尽管如此，国家政府应继续向学校投资来阻止因预算减少而带来的学习危害，无论学生生活在哪个地区，都能获得平等的受教育机会。创新性改革为解决较低的高中和大学毕业率提供资金，较低的毕业率削弱了我们在全球经济中的竞争力。

防止学校预算减少而损害学习

学校董事会正在通过冻结支付、减少交通花费、解雇员工、推迟维护和技术购买、减少选修课程等方式减少整个国家的预算，其中某些学校的上课时间已经变成每周 4 天。在像阅读、写作、数学和科学等主要学科中，许多董事会不会同意做出进一步减少的决定。各州应确保地区有充足的资源来防止课堂教学质量的下降。

保持所有学生有平等的教育机会

事实上，每个国家和每个学校都或多或少地依靠当地财产税收进行发展。国家资助体系的发展可用来弥补现实差异，如向贫困地区提供更多的国家援助，为了使教育机会均等化，无论儿童在哪居住，都要确保每个儿童能够获得充足的教育资源。从基本公平的观点看，国家应继续在教育上做出平等的投资，并在最大程度上准备广泛的人才库，使这些有天赋的和有知识的工作者能够获得良好的工作。

资金革新

多年来，更多的高中毕业生为更好的升学和就业做好了准备，而国家却没有取得重要的进步。很明显，这样的现状是不可接受的。

同时，更多的研究主体正在帮助教育者和政策制定者确定教育投资的种类，以致能够在提升学生成绩水平上产生更大的意义。虽然一些有前景的学校改革可能不需要新支出，但若没有额外资源，大多数创新是不可能实现的。下面是一些著名的例子。

第一，高质量的幼儿园计划。众多研究表明，良好的学前教育计划是改善初等学校学业成绩并增加高中毕业率和大学入学率的有效方法。然而，2009 年美国大约 1/2 的 3 岁儿童和 1/4 的 4 岁儿童没有参加到以公立或私立中心为基础的学前教育计划中。不幸的是，与那些高于平均收入家庭的孩子相比，贫困家庭孩子的入学率更低。另外，在许多国家中，学前教育的质量标准仍很低。直到最近的经济衰退，国家才增加了他们对幼儿园的总投资量。但在 2009 年，一些国家的教育消费和入学率都在减少。对幼儿园进行投资，其产生的积极回报是通过学生成功来实现的。

第二，教师质量。调查研究表明，教师质量是学生学习最重要的校内因素。国家和学校董事会需要全面考虑投资教师的聘用、培养和在职培训。这些努力通常会涉及资金的支出。

指导专家强调对学生学习进行频繁的阶段性评估（形成性评价）的有效性，并以这个评价结果为依据，对学生个体进行有区别的教学。在这个策略方面，很多教师都是不熟练的，为他们提供培训，付出成本也是必要的。

相似的情况，许多国家在提升学生阅读精通水平上已取得稳定进步，通过阅读机构帮助教师理解阅读教学的基本策略。一种可选择的解决方案是将学校中受过高度训练的阅读教练与阅读教师放在一起工作，这也涉及额外费用。

新入职项目和实习生居住项目将新教师和经验丰富并受过良好训练的顾问联系起来，能够对新教师质量和保留产生重要影响。这种创新需要资源来释放有经验的教师以使他们能适当地实施他们的顾问职责。

鼓励补偿项目是一项有前途的策略，通过聘用像数学和科学这样的教师，来弥补此类教师的供应短缺，为最需要教师的薄弱学校吸引并保留高效教师。这种类型的鼓励涉及额外的投资，因为通过减少其他教师的补偿金来提升鼓励的金额是不可能的。

第三，建立更好的数据系统。美国教育部和数据质量运动（Date Quality Campaign）已要求国家建立广泛的纵向数据系统来测量学生成绩，并告知教育者怎样更好地运用数据来改善教学。尤其是将学生学习年度增长的数据与特定教室和教师相连接的能力，对于提升教师评价并为所有学生提供高效率教师来说具有巨大的潜力。数据系统本身有启动和维护成本，并且训练教师和校长解释并利用数据也是必要的。

第四，更严格的标准与更好的评价。国家建立的学术标准，为每门学科学生应知道什么、做什么进行了定义。在严格的定义标准下，对于升学和就业的需求，各等级标准也发生了很大变化。在 2009 年，几乎所有的国家都同意参加共同核心标准计划（Common Core Standards Initiative），通过发展数学和语言艺术的公共标准，将国际化测试与升学和就业的预备联系起来。补充新标准并开发新课程材料将需要国家的投资。

此外，新标准需要新的评价方式。联邦政府将提供国家组织奖励基金，并从国家层面发展更综合、更有意义的评价方式。检测系统将超越多项选择问题，努力向教育者提供更及时有用的信息来驱动学生学习。如果国家最终采纳了数学和语言艺术的公共评价，那么将减少规模经济的成本。然而，与此同时将伴随开发和启动的相关费用。

第五，薄弱学校和地区的干预。学校董事会和国家都需要根据《不让一个孩子掉队法案》的要求对薄弱学校进行干预。干预方面包括教师培训、新课程、教职员工更换、拒绝参与学校运营或国家收购的形式。然而在国家和区域层面，目前为所有学校提供改善行为的帮助，尚缺乏充分的资金和人员配备。联邦政府建议，将对表现最差的5％学校实行强制性干预。无论如何，对于扭转薄弱学校的额外资源会有持续的需求。

第六，为薄弱学校中的孩子提供选择。对于在不合格学校中就读的孩子存在一个补救措施，那就是利用教育券给儿童进入特许学校（自治公立学校）或私立学校创造可行条件。大多数州是给特许学校授权，少数几个州是通过教育券来实施的。尽管如此，大多数情况下，国家不向这些可选择的学校提供资金，其等同于公立学校的花销。例如，知识就是力量计划，这是最成功的特许学校运营计划之一，必须从个人资源中对公共基金进行补偿，最终上涨到生均年公用经费为1 500美元。如果国家不能坦然面对薄弱学校学生的良好选择的话，那么他们将需要增加对特许学校或教育券计划的支持。

第七，科学、技术、工程和数学。个别国家和美国一样，没有足够的毕业生为科学、数学及工程培训等领域做就业准备。正如上文所提到的那样，美国学生在这些学科中的国际测试方面表现很差。

许多国家正创建新的科学、技术、工程和数学学校与科学、技术、工程和数学课程，期望借此满足学生的挑战和需求。项目领导方式（Project Lead the Way）作为一项国家倡议，能够提供一个高质量、以调查为基础的工程预备课程，已经在整个国家的学校中得到实现。为所有美国人的利益而进行的这些努力，使美国学生在世界经济中更具有竞争力，而这些都必须通过国家和财政支持得以维持。

教育最重要

美国通过投资教育提升到世界显著位置，从而创造了有才能、有知识的劳动力，保持了充满活力的民主政治。现今，随着国家需要面临全球化的、以知识为基础的经济竞争，我们的教育进程却一直被落下。美国人知道很多关于这样的改革，使更多的学生为成功的未来做准备很有必要。管理者和立法者应通过向教育投资来实现这个目标。

反对观点

纽约市立大学皇后学院，威廉·A. 普罗弗里德

所有政治领域的教育改革者反映出较高的文化水平，不加批评地假设和焦急地表达了学校教育的目的：使美国在世界市场上有竞争力，并使个体上升到社会经济阶梯的顶端。毫不惊奇的是，上篇文章的作者鲍勃·塔夫特赞成这些结果有不可抗拒的原因，即国家应慷慨投资学校教育的原因及一系列特殊的教育改革。学校及其中的教师和学生能够完成精彩的任务，国家应继续对他们投资。然而，这篇文章强调了当我们把教育视为几乎是特定的经济结果时，将会出现什么情况。

在我们的动机中，他们所征募的教育者和政治人物的承诺，超过了我们在经济舞台上所能传达的。教育者在某种程度上夸大了学校教育在保护国家和个人经济结果上的作用。无所不在的教育捍卫者作为国家繁荣和减少不平等经济任务的关键，允许我们回避有争议的非教育政策，可能更充分地强调了这些问题。更严重的是，被这种教育目标的观点所淹没的包括政策制定者、市民、教师、课程制定者和学校教育中每一等级的学生，他们将学校教育视为事业或增强我们国民生产总值的唯一帮助。我们关于学校教育有相当丰富的公共讨论，用语言标记国家经济繁荣和个体经济流动性的双向结果，并从这个领域内，我们已驱使其他更传统和宝贵的方式来谈论并运行学校教育。我们需要重新思考学校教育的方式，其中青年人不仅仅被定义为人力资本，国家不仅仅被定义为经济驱动。

全球经济竞争中的学校教育

上文作者鲍勃·塔夫特担心，美国在学校教育质量和从学校毕业的市民数量方面，都落后于其他国家。他指出，我们处在一个世界范围的竞争市场中，其中"人力资本、工人知识和工人能力，已成为创造经济繁荣的最重要成分"。鲍勃·塔夫特将学校视为人力资本产出的关键。据他所说，我们必须对其进行明智地投资来维持美国在世界上的优势。因为如果没有那个优势，我们目前的生活水平将被破坏。他提醒我们，在发达国家中，美国高中毕业率已下滑到第 18 位，大学完成率下滑到第 15

位，并且他断言，"我们学校的失败……是导致大学毕业率较低的一个重要因素。"

鲍勃·塔夫特也指出，劳动力研究表明，未来我们将需要更多有大学文凭的工人，他担心从国外雇佣的学生和工人的业务能力。他认为，我们必须向学校投资，以便于学校能够更好地为学生升学做准备。鲍勃·塔夫特更担心在大学参加补习课程的学生人数，以及在国际科学和数学考试中美国学生的分数。他担心在将来，我们的大学将不会输送出足够的毕业生来填补经济发展中可提供的工作。

我当然同意，一批受过教育的劳动力是国家努力保证其经济富裕的一个必要部分。然而我认为，鲍勃·塔夫特夸大了国家计划中学校中心性的事例与学校保持并提升美国的经济竞争力方面。我们除了将雇佣问题归因于教育短缺以外，我们不承认有更多的艰难选择需要解决。

英特尔公司的前任首席执行官安迪·葛洛夫（Andy Grove）指出，我们应对"知识工人"进行公正地表扬，他们已产生大量有益的高科技。我们公司已开发原型，但是由于薪资、医疗保健和抚恤金等都有所增加，为了投资人的低成本和高利润，我们会将这些原始的制造业移到海外。他还声称，这导致了中国工作的大量增长及美国工作的减少。我们已为来自海外制造业的个人公司产生高利润，但美国却产生大量失业率。安迪·葛洛夫指出，我们不仅失去了大量工作，而且我们也失去了学习类型和革新内容，这与制造过程一致（Grove，2010）。无论学校教育多么宝贵、多么好，它似乎都不是美国公司为追求个人利益而损失我们制造基地的解决方案。对于确保一份对国家所有人来讲都属于高标准的工作来说，教育解决方案是必要的，但明显是不充分的。

学校作为经济流动性和平等性的机构

值得称赞的是，鲍勃·塔夫特承认并希望对我们社会一些不平等的事情采取措施。他认为，国家对学校的投资是必要的，应该"承认基于不同教育水平的收入差距。"鲍勃·塔夫特担心西班牙裔和非裔美国学生的不良学校表现。最近几年，个别的州和国家更严肃地看待这个差距。美国联邦政府颁布的《不让一个孩子掉队法案》，明确指出对于不同组群的学生有不同的成绩水平要求。鲍勃·塔夫特指出，在受过大学教育和没受过大学教育的劳动力之间，两者的收入增长情况不同。这种情况提醒我们，那些在学校待的时间更长的人们更可能采用健康的生活方式，投票更有规律，更愿意经常帮助他们的团体。

学校成功与终身学习以及其他宝贵结果之间的关系，使政策制定者得出结论，我们仅仅需要学校改革，以便他们能够使所有的学生完成高中教育而为升入高等学校做准备。他们将学习 21 世纪工作技能，反过来也允许他们与其他受过大学教育的美国人的工资相匹敌。政策制定者认为，如果收入差距是基于"不同的教育水平"，那么我们能够通过向所有人提供充分的学校教育而获得更好的结果。在社会中，收入不平等的结构将简单的消失，这引发了我虚幻的思维。学校能够在社会和经济流动性中起着重要的作用。然而，仅仅有教育的努力也是不会奏效的。

首先，鲍勃·塔夫特认为，国家应继续对学校"均等化投资"以补偿由当地税收资金所产生的生均支出的不平等。作为一个国家，我们似乎不愿意强调这个问题，即他所描述的"基本公正"。十多年来，在美国宪法或其他国家法律呼吁同等的法律条款中，努力修正贫困和富裕地区的生均支出的巨大差异都是不成功的。最近，基于国家宪法的教育条例，原告为了更平等的资金而得出结论，将负担施加在国家上以提供市民充分的教育。这些努力一直以来都认为是成功的。但是，尽管国家准则打算有一种平等的影响，学区在每个学生身上花费的费用差异仍很大。来自富裕地区的立法者发现，支持州基金准则在政治上是危险的，即向更贫困地区重新分配税收。到目前为止，美国大多数州和国家都避开了生均支出中的基本公正问题。

其次，那些要求投资学校的人们应该清晰地审视，学校改革克服贫困对儿童影响的程度。理查德·罗斯坦（Richard Rothstein，2004）承认，经营良好的学校对于年轻人的生活有着积极的作用，仅仅是学校行为所指向的虚幻信仰也能够关闭"黑-白成就差距"（Black-White Achievement Gap）。理查德·罗斯坦谨慎地看待要求，一整套多样化的改善学校的行为能够弥补社会阶层背景预测的学校成功的巨大差异。他发现许多改革者的要求都被误导成欺骗了。同时，理查德·罗斯坦建议，我们需要创设社会条件，相对于那些注定过着约束生活的人来说，条件变换下的学校行为能够被转换为真正的教育经验。他认为，国家和州级别的政策制定者可能需要在新教育项目的投资和其他解决方式之间做出艰难的选择。理查德·罗斯坦主张，支付的起并有稳定的住房可能有助于儿童教育的成功。居住薪水法律，创造性工作政策，医疗保健的扩大，鼓励组织联盟和集体商谈的法律，税收政策改变，以及其他非学校政策都能有效地促进学校的成功及个体社会的流动性。

最后，无论我们在投资校内外的政策和行为上是多么明智，但在学校学生和行为表现方面仍存在巨大差异。检测专家都意识到了在大量学生人口中这种可预测的变动性，甚至种族和贫困的问题也被考虑了。我们不能迫使所有的年轻人都经历同一种教育系统，并进而获得高端工作，像 20 世纪创新型企业家、知识工人和工程师。更进一步地说，我们几乎每天都可以从经济记者那里获得有关社会中增加的不平等程度的新闻。从 2002—2007 年，虽然底层 99％的人群年均收入增长了 1.3％，顶层 1％的人群年均收入却增长了 10％。据詹姆斯·索罗维基报道，国家收入份额在 2007 年实现翻番达到 23％（James Surowiecki，2010）。这些不公平似乎更好地强调了税收改革而非教育改革。

我们社会中收入的巨大不平等，将被无声的教育政策所减弱。我们需要一套更人性化的公共和私人的雇佣、收入、财政和税收惯例。努力达到教育机会平等，是朝向任何一个更人性化社会发展的一部分。如果我们不能在校外创设一个更大的经济民主型社会，那么个体学校的成功将只能作为更大社会中不合理收入差别的更进一步的证据。我们将需要家庭健康助手以及高科技企业家。无论他们的教育水平如何，我们一定要合计出一种方式付给他们薪水。

什么有效果

教育的捍卫者很容易与官员和立法者产生共鸣，他们希望成为公共追求的明智管家并做出塔夫特所谓的学校中"正确种类的投资"。自从 20 世纪 50 年代苏联制造出人造地球卫星以来，他们已看到教育领导者和国家伟人对学校教育经历的多种多样的改革浪潮有着极大的兴趣。当然，教育实践既有好的也有差的方式，我们应该把公共资金投入到最有机会产生良好效果的解决途径上来。然而，我们不应该建立虚幻的目标。学校教育未能实现的承诺，已经引起了对教师和公共教育的敌对氛围，这可能使这些持续升温的承诺扩大并且仍未实现。它不像"社会中的较大变化"等一系列特殊教育实践，都将导致标准化测试和大学完成率方面发生巨大变化，社会的更加平等，或者是我们国民生产总值的重大改变。

塔夫特对将学前教育扩大至较贫困家庭的捍卫无疑是令人敬佩的。当然，为新教师提供招聘、培训、顾问、教练和其他种类培训的资金支持都是毫无疑义的。他很明智地将投资策略专注于非结构性的努力。尽管，塔夫特随后制定了一系列市场驱动的策略，其最后的策略是通过教育改革进行定义，并从其领域驱动其他途径。在一本注重细节且备受争议的书中，戴安娜·拉维奇（Diane Ravitch，2010）提出了塔夫特批准的作为值得州投资的问题。拉维奇担心目前主要的管理途径，其包括强烈的依赖测试、结业、选择、激励、联结、信赖和数据收集。她列举出一些惨痛的例子阐释了像教育券、承包学校给私人公司和培养特许学校这样的解决途径，都至多有一个融合的记录。其中许多方法已经在《不让一个孩子掉队法案》中批准可针对薄弱学校使用。拉维奇认为，"至今没有大量的证据表明，薄弱学校能在法律所建议的任何补救措施中得到好转"。

检测了在城市中设置特许学校的实践，拉维奇（Ravitch，2010）担忧，我们可能正在创设一个双层体系。"如今在最贫穷的社区，很多特许学校培养出最成功的学生，或者特许学校接受所有的申请人并把表现差的送回到公立学校系统里。"丹尼尔·科瑞兹（Daniel Koretz）认为政策制定者对测试分数的准确性给予了过多的信任。他们使用或计划使用考试成绩做出有关学生、校长、教师和学校的高风险的决定。丹尼尔·科瑞兹认为这些决定不仅是未经批准的精确性测试，而且还有可能由不良的行为产生虚假的分数，其范围由教学到测试再到彻底的欺诈。

塔夫特认为，被大多数州所采纳的共同核心标准将需要为新评估的贯彻与发展提供资金。我们应对学生有合理的高期望，这在标准及观点上有很大的价值。当我们的学生有能力达到高期望时，我们应激励他们朝目标实现发展；当我们对没有能力达到他们目标的学生呈现期望时，事实上对于这些学生来讲也是产生了伤害。

共同核心标准的发起人承认，学生的能力有很大的差别。然而，他们仍然认为，包括残疾学生在内的所有学生，都应该遵守同样的标准。学生并不能无限地被锻造，并且假装他们自身的改革策略不太可能履行其承诺。

谈论学校的其他方式

毋庸置疑，学校在学生的生活中起着重要的作用。当然，学校有经济作用，能够提供职业选择，能够提供一份有意义的工作生活规划，并且允许学生在经济上实现生存与发展。这是合理的猜测，慷慨的教育资金的捍卫者也经历过学校教育，他们将学校教育看作是实现自我理解和理解世界的重要方式。当然，塔夫特承认，当他谈到学生作为"积极的有学识的市民"时，学校不仅仅有经济目的。塔夫特能够与杰弗逊（Jefferson）达成共识，他承认这一民主的需求即"受教育的市民能够做出明智的决定并使政府领导者为他们的行为负责任"。

可能，塔夫特和如今许多其他教育改革的捍卫者一样，都已经选择强调学校教育的经济目标，因为他们认为这样的强调对于那些做出预算决定的人们来说是最可信赖的。在另一个世纪，挽救我们的灵魂可能就会产生效果；在 20 世纪后半叶，来自苏联的威胁弱化了对于灵魂的追求；在美国，承载挽救今天隐性经济的目的显得很清晰。

塔夫特对于投资教育的理性选择反映了我们当今社会谈论学校教育的主导方式。大学无休止地向学生传授他们自身追求事业的途径。当学生对他们认为与其无关的课程表达不耐烦时，就毫无惊讶而言。自由的艺术教授笨拙地推销自己的课程，他认为是为 21 世纪全球市场做最好的现实预备。约翰·杜威和 W. E. B 都巴伊斯（W. E. B. Du Bois）认为，学校应尽最大努力引导学生更好地自我理解，并对世界中他们自己的位置有更好的认知。

严肃的教育并非只是使学生为 21 世纪经济全球化的市场竞争做准备，也可能是使他们准备去质疑市场的方式，它应该怎么被管理并改变提升人类的前景。我们需要从个体作为市场必需品的概念转换到学生作为社会成长中的个体，而不仅仅起经济驱动的作用。

拓展阅读资料

American College Testing (ACT). (2009). *ACT national profile report —Graduating class 2009*. lowa City, IA: Author.

American College Testing (ACT). (2010). *The condition of college and career readiness*. lowa City, IA: American College Testing(ACT) College Board.

Baum, S. , & Ma, J. (2007). *Education pays: The benefits of higher education for individuals and society*. New York: College Board.

College Board. (2007). *Education pays*. Washington, DC: Author.

Darling-Hammond, L. (2010). *The flat world and education*. New York: Teachers College, Columbia University.

Editorial Projects in Education staff. (Eds.). (2009, June). Diplomas count 2009 (The 4th annual report on graduation rates by *Education Week* and the Editorial Projects in Education Research Center[Special issue]). *Education Week*, 28(34).

Goldin, C. , & Katz, L. (2008). *The race between education and technology*. Cambridge, MA: Harvard University Press.

Grove, A. (2010, July 1). How American can creat jobs. *Bloomberg BusinessWeek*. Retrieved from http: //www. businessweek. com/magazine/content/10 _ 28/b4186048358596. htm.

Harlow, C. (2003). *Education and correctional populations* (Bureau of Justice Statistics Special Report by U. S. Department of Justice). Washington, DC: Bureau of Justice Statistics.

Lips, D. , Fleming, J. , & Watkins, S. (2008). *Dose spending more on education improve academic achievement*? Wanshington, DC: Heritage Foundation.

Lumina Foundation: http: //Luminafoundation. org.

The National Center for Public Policy and Higher Education. (2008). *Measuring up 2008: The national report card on higher education*. San Jose, CA: Author.

Organisation for Economic Co-operation and Development (OECD). (2009). *Education at a glance 2009*. Paris: Author.

Organisation for Economic Co-operation and Development (OECD). (2010). *PISA 2009 results: What students know and can do-Student performance in reading , mathematics and science* (Vol, 1). Paris: Author.

Ravitch, D. (2010). *The death and life of the great American school system*. New York : Basic Books.

Rothstein, R. (2004). *Class and schools: Using social , economic , and educational re-

form to close the Black-White achievement gap. New York：Economic Policy Institute，Teachers College.

Surowiecki, J. (2010，August 16 &.23). Soak the very，very rich. *The New Yorker*. Retrieved August29，2011，from http：//www. newyorker. com/talk/financial/2010/08/16/100816ta＿talk＿surowiecki.

话题 13

为促进公立 K-12 教育，需要更强劲的商业、合作投资吗？

支持观点：教育第一咨询部门，肖恩·C. 约德、
      苏珊·R. 柏德瑞
反对观点：橡木尖端资本有限公司，理查德·W. 范弗
      莱克

概　　述

　　20 世纪 70 年代，伴随着《总统班底》(*All the President's Men*)这部电影的公映，声名狼藉的《深喉》(*Deep Throat*)腔调也变得流行，《总统班底》讲的是关于水门事件，但对于金钱的追逐则成为永恒的主题。在教育领域，这个问题集中体现在对公立学校提供适当资金支持上。教育联盟和进步的教育垄断者认为，在 K-12 结构之外，几乎没有资金可以使用。典型的商业领导和保守者，他们认为如果资金超出适当额度，那么便会被错误使用或低效使用。

　　美国多元化的学生情况，使得复杂的资金情况成为教育中的挑战。根据美国 2007 年统计数据显示，国家和地区每名学生的平均资金从佛蒙特州的 17 552 美元到犹他州的 6 586 美元不等(Cavanagh，2010)。表面来看，佛蒙特州分配了充足的资金以确保所有学生的高质量教育，而犹他州在 K-12 阶段存在经费不足问题。根据教育法律中心(Education Law Center)的调查显示，在各州和联邦为每名学生的资金拨款中，犹他州获得 A 级(0～30％的贫困学生，获得 5 700 美元～8 606 美元)，而佛蒙特州获得 C 级(0～30％的贫困学生，获得 15 802 美元～15 344 美元)(Cavanagh，2010)。

　　引起争议的问题是社区如何确保为每个儿童开展有效的教育提供"适当、充足"的资金。为此，一些创业教育者和社区领导试图利用企业的资源作为对学校资源的补充。非营利机构"哈莱姆儿童区"以及负责人杰弗里·卡纳达(Geoffrey Canada)通过这种方法标榜学生榜样。杰弗里·卡纳达认为为了确保被延长的教学日，额外的资金支持是必要的。被延长的教学日包括每年 11 个月的教学时间以及刺激学生学习兴趣的广泛动机(如去厄瓜多尔加拉帕戈斯群岛的旅行)。他正寻求打破贫穷循环的方法，并对纽约州提供额外的资金补充，既包括直接服务，也包括班级外的花费。纽约州每名学生每年大约花费 1.4 万美元(30％处于贫困水平)。杰弗里·卡纳达的观点引人注目，因为高盛集团许诺投资 2 000 万美元。虽然如此，存在的问题是这样的支持是否必要或有保障。花费更多的金钱会更好地促进学校和学生获得成绩吗？未来应该鼓励这样的合作"投资"

吗？它将带来什么不同吗？

在本话题中，两位作者通过不同方式提出问题。来自橡木尖端资本有限公司(Oak Point Capital)的理查德·W. 范弗莱克(Richard W. Van Vleck)认为学校已经拥有足够的资金。从另一方面来讲，来自教育咨询第一部门(Education First Consulting)的肖恩·C. 约德(Shaun C. Yoder)和苏珊·R. 柏德瑞(Susan R. Bodary)断定商业和公司的投资对于改进学校是必要的。

理查德·W. 范弗莱克认为对于美国学校来讲，提高资金支持没有引人注目的原因。他认为额外的资金不会促进学生的学习成绩，甚至会恶化服务传递中存在的低效性。公司和商业部门都没有特许向公立学校转移资源，目前已经开展的是通过所交税收来支持教育。理查德·W. 范弗莱克认为真正的关键问题是重新聚焦学校工作，学校强调的是专业学术水平，而不是社会议程；通过增加更多的选择提高竞争力，提供较少的委托统治的、昂贵的联盟来调节工作规范；引导更多资金朝向学术核心，远离非学术项目。

肖恩·C. 约德和苏珊·R. 柏德瑞认为教育和教育者遇见的重要问题与学生成绩和国际竞争有关。两位作者坚持认为如果投资类型正确，在商业、公司和教育部门之间存在适当的契约，即使这些挑战都存在也会存在改变。肖恩·C. 约德和苏珊·R. 柏德瑞认为美国的领导地位能够在全球经济环境中重新聚焦在商业部门谈论的真正教育问题中。

在阅读本话题时，可考虑以下问题。在过去 40 年里花费在教育中的投入得到明显增加(按实值计算的 150%)，如果在这段时间内学生成绩保持稳定(数学和阅读方面)，那么能否理解为在教育方面需要更多的合作投资？如果增加传统的资金投入，学生成绩还是没有提升，那么如何使合作的领导参与到资金投入中，确保在教育方面产生与众不同的效果？

托马斯·J. 拉斯利
戴顿大学

支持观点

教育第一咨询部门，肖恩·C. 约德、苏珊·R. 柏德瑞

为促进公立 K-12 教育，需要更强劲的商业、合作投资吗？这个问题的简要回答是肯定的。因为我们必须意识到教育中的商业、合作投资仅仅超越了项目和学校中的财政支持。在最完整、最动态的形式中，应该包括有针对性的企业资本承诺、管理人员、人才以及专家，通过策略性设计促进并加强美国公立 K-12 教育体系。

在学生的升学或就业方面，这种整体的公立-私立合作或者教育和商业交汇的模式，都是促进美国公立教育的关键。这种合作至少产生三种重要有益结果：①系统的 K-12 教育政策改革来源于世界级研究中；②促使运用数据促进学生成功；③商业和公立 K-12 教育之间一致的关系。

对上述有利结果进行分析，能很清晰表明商业、合作应该对公立 K-12 教育进行投资和参与的原因。然而，在分析这些有利结果之前，有必要对美国目前公立教育的界限进行理解，在商业、合作的投资和参与中存在的挑战进行了解。

必要的商业投资和参与面临挑战

在世界范围内，美国在公立教育中起到领头作用。然而如今，美国教育体系面临着三个方面的主要挑战。①强烈的国际竞争；②国家测评中学生表现停滞不前，存在成绩差距；③隐约出现的财政海啸。

强烈的国际竞争

与 25 年前一样，当选官员和政策制定者同样害怕美国失去世界领跑的地位。部分原因是美国对国家中等教育体系的不断认识和日本（汽车高效生产方面）、德国（高质量的机器工具生产方面）迅速产生的国际竞争力有关。因此，美国国家优质教育委员会于 1983 年发表教育报告——《国家在危急中：教育改革势在必行》（*A National at Risk：The Imperative for Education Reform*），报告由美国第二教育部长 T.H. 贝尔（T. H. Bell）起草，由时任总统罗纳德·威尔逊·里根签署，委员会从以下五个方面提出建议。

①提高高校毕业生的要求。

②澄清学生应该了解和能够达到的标准和期望。

③延长学生每天和每年的在校时间。

④促进教师准备。

⑤要求全国公民"使教育者和官员为领导负责，实现必要的改革……改革需要财政支持和稳定"（U. S. Department of Education，1983，A Nation at Risk）。

自 1983 年以来，美国教育的变化依然不是很大。美国国家教育领导地位可能处于危险中，在以下三个方面有所表现。

①2009 年，经济合作发展组织项目对国际学生数学成绩进行评估，美国高中生在 65 个国家和地区中排名第 30 位，平均成绩 487 分，比经济合作发展组织的平均分数低 9 分。

②同年，经济合作发展组织项目对国际学生科学成绩进行评估，美国高中生在 65 个国家和地区中排名第 20 位，平均成绩 502 分，比经济合作发展组织的平均分数仅高 9 分。

③有趣的是，2006 年几乎所有的中国高中生都学习微积分，而相比之下美国只有 13％的学生学习微积分（Asia Society）。

图 13-1 和图 13-2 呈现出 2009 年国际学生评估项目对 15 岁学生进行数学、科学测试的成绩情况，其中前 40 位的国家或地区的情况。

国际学生评估项目中对数学和科学的评估可作为替代物决定美国学生是否做好了升学或就业的准备。结果显示，国外竞争超出了我们的学生在准备胜任高科技、高技能工作方面的能力。令人不感到惊讶的是，国际劳工趋势反映出了这个不幸的现实。2007 年，针对 186 个公司的研究和发展计划显示，中国和印度占有全球 31％的研究和发展人员，比 2004 年 19％的比例有所提升（Hamilton & European Institute for Business Administration［INSEAD］，2006）。这便导致航空等高科技工作和研究机会出现由美国向其他人才富裕国家转移的现象。

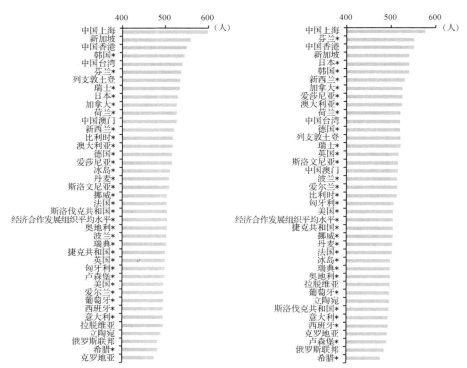

2009 年国际学生评估项目（PISA）对 15 岁学生进行数学、科学测试的成绩情况，
其中前 40 位的国家或地区的情况，左图为数学测试的情况，右图为科学测试的情况
图 13-1（左）和图 13-2（右）

（资料来源：OECD PISA 2009 Database. PISA 2009 Result：OECD 2010，Table I. A.；Comparing countries'and economies'performance）

＊＝经济合作发展组织国家。

更值得警醒的是，在 2009 年国际学生评估项目中成绩超过美国的一些国家却拥有较低的生均教育经费投入，因此一系列关于美国公立教育体系效率的问题便逐渐产生。图 13-3 呈现的是各国 6～15 岁学生生均教育投入情况，排名前四位的国家分别是卢森堡、美国、瑞士、挪威。当将图 13-1 和图 13-2 联系在一起分析时，证明至少有 14 个经济合作发展组织国家花费的经费比美国少，但在国际学生评估项目中数学和科学成绩却比美国好。至少有 6 个国家教育经费投入比经济合作发展组织的平均投入要少，包括德国、韩国、新西兰、匈牙利、爱沙尼亚、波兰，这些国家的教育表现要超过美国（OECD PISA 2009 Datebase. PISA 2009 Results：OECD 2010，Table I. A. and PISA 2009 Results：What Makes a School Successful？ — Volum IV；Table IV. 3. 21b，Cumulative expenditure by educational institutions：system level）。

停滞的学生行为、改变的学生团体以及成就缺口

通过 40 年的多维度测量，美国教育进展评价展现出停滞的学生行为。图 13-4 和图 13-5 是美国教育进展评价对历年 9 岁学生的数学和阅读进行评估，呈现出学生行为的波动较少，并从未达到 250 分的临界最高值。

另外，美国学生团体的特点却发生迅速的改变，在体系中呈现出新的挑战。考虑到以下因素，结合学生的意愿，最终公立 K-12 教育能力出现如下结果（U. S. Department of Education，Institute of Education Sciences，National Center for Education Statistics，2008，"The Condition of Education 2008"）。

①生活在贫穷线以下家庭的孩子占在校学生的比例由 1979 年的 15% 增长到 1995 年的 21%，然后又降低到 2002 年的 16%。

②生活在父母双全家庭中的孩子占在校学生的比例由 1979 年的 75% 降低到 2006 年的 67%。

③2006 年，仅跟母亲生活的孩子占 23%，仅跟父亲生活的孩子占 5%。

图 13-6 呈现出自 1988 年以来，入学学生的种族和民族发生的改变。1988—2008 年，美国公立学校中白人学生数从 2 800 万减少到 2 670 万，相应的入学比例由 68% 降低到 55%。同一时期，西班牙裔学生由 450 万增加到 1 040 万，在小学和初中阶段所占比例由 11% 增加到 22%。黑人学生数由 680 万增加到 750 万，但是注册比例却由 17% 降低到 16%。2002 年西班牙裔学生注册比例首次超越黑人学生，直到 2008 年西班牙裔学生每年的注册比例一直高过黑人学生。然而在图 13-6 中没有显示，2008 年亚洲、太平洋岛、美洲印第安人或阿拉斯加土著人和其他具有两种或两种以上种族的学生占公立学校所有学生的 7.4%（U. S. Department of Education，IES，NCES，2010a "The Condition of Education 2010"）。

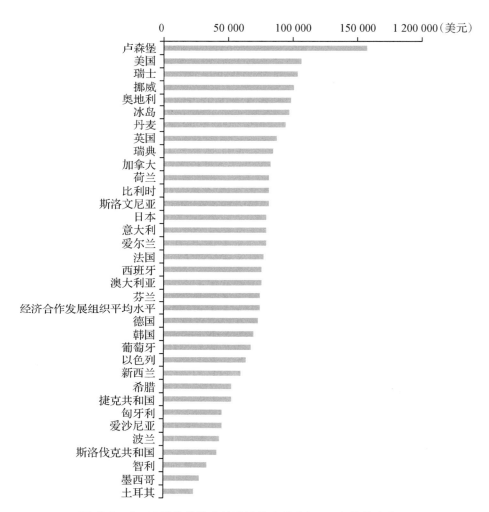

图 13-3　6～15 岁生均学生的累计教育花费（2007 年换算为美元）

（资料来源：PISA 2009 Result：What Makes a School Successful? —Volume IV；
Table IV. 3. 21b，Cumulative expenditure by educational institutions；system level）

　　最终，美国国家和各州关于学生的评价揭露出美国还需要与长期存在的成绩差距做斗争，使较低行为的学生从较高行为学生的群体中分离出来。图 13-7 呈现 9 岁学生的阅读行为，按种族、民族种类分为三大群体，即白人学生、黑人学生和西班牙裔学生。这揭露了已经存在接近 40 年的重要成绩差距。自 1999 年以来，每个学生群体的阅读行为都在增长。正如表 13-1 记录的那样，2008 年是所有学生群体阅读水平达到顶峰

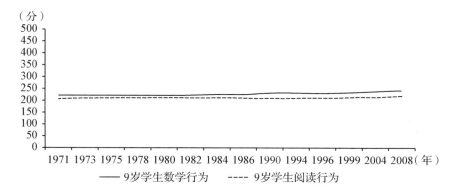

图 13-4 美国教育进展评价中阅读和数学行为

（资料来源：U. S. Department of Education，IES，NCES，2010a，May）

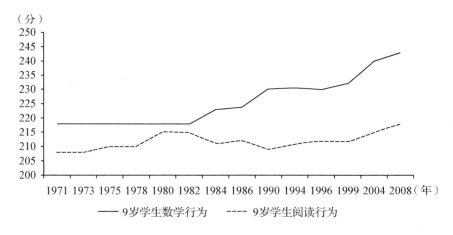

图 13-5 进一步观察：美国教育进展评价中阅读和数学行为

（资料来源：U. S. Department of Education，IES，NCES，2010a，May）

的时候。尽管获得了这些成就，然而重要的成绩差距依然存在：白人学生和西班牙裔学生的阅读成绩存在 21 分差距，白人学生和黑人学生的阅读成绩存在 24 分的差距。

隐约出现的财政海啸

在过去的 45 年里，政府对于公立教育的投入以一定的速度在增长，增长速度可能不能与目前的经济环境相适应。如今小学和初中的公立学校获得资金的途径比较复杂，包括州、地方和联邦的资金支持（U. S. De-

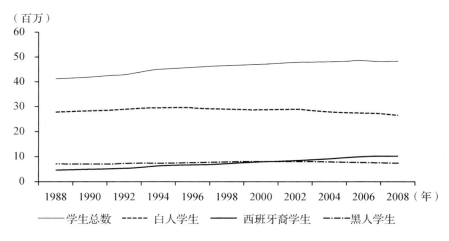

（百万）

图 13-6　公立学校中注册学生的种族和民族数（以百万计算）

（资料来源：U. S. Department of Education and IES National Center for Education Statistics，2010a，May，Table A-4-1）

partment of Education，IES，NCES，2008）。自 20 世纪 70 年代以来，州和地方对公立学校资金投入的比率大体各占 45%，联邦投入比率大概占 10%。1961—2006 年，美国公立 K-12 教育的生均教育经费几乎翻了 4 倍（按 2007—2008 年不变美元计算），正如图 13-8 呈现的那样。1990—2006 年，生均教育经费由 1990 年的 7 749 美元增长到 2006 年的 10 041 美元，在这 16 年里，几乎增长了 30%。图 13-8 表明，在过去的 45 年里，公立学校生均真实美元收益几乎每年都有所增长。即使作为经济衡量标准的国内生产总值（Gross Domestic Product，GDP）不景气时，公立学校的经费也依旧在增长（Hess & Osberg，2010）。

在"充分利用学校经费"（2010）这一章节中，詹姆斯·格思里（James Guthrie）和亚瑟·奔（Arthur Peng）认为美国公立学校面临着"隐约出现的财政海啸"。他们认为即使受通货膨胀的控制，这一个世纪的学校花费还是逐渐增长的。"在过去的 50 年里，学校雇员的数量和学生数量遵循着相似的轨迹"，"当经济不景气时，特殊的一套法制的、结构的、财政的、政策的安排确保学校体系和专业教育者能够获得收益减少的缓冲"，"过去的确如此"。作者认为在大萧条（The Great Recession）期间，州议会也努力争取教育经费，但教育经费增长的趋势将会变缓。

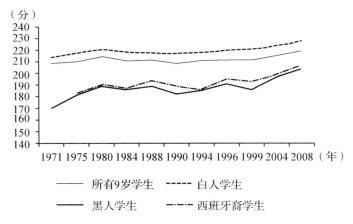

图 13-7 美国教育进展评价 9 岁学生的阅读表现

（资料来源：U. S. Department of Education，IES，NCES，2009a，

March，Table116）

表 13-1 美国教育进展评价 9 岁学生的阅读表现

年 群体	1990	1994	1996	1999	2004	2008
白人	217	218	220	221	224	228
黑人	182	185	191	186	197	204
西班牙裔	189	186	195	193	199	207

（资料来源：U. S. Department of Education，IES，NCES，2009a，March，Table116）

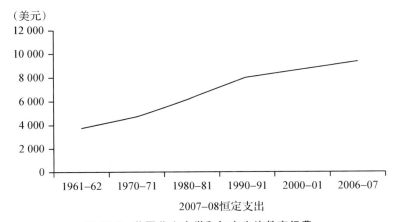

图 13-8 美国公立小学和初中生均教育经费

（资料来源：U. S. Department of Education，National Center for Education Statistics，2011.

Digest of education statistics，2010，NCES 2011—015，Table 190）

公立-私立合作的必然性

伴随着国际竞争的增加、国家测评中学生表现停滞不前以及隐约出现的财政海啸，很明显的是我们应该为美国公立学校体系的转变做些事情。公立-私立的合作被认为是转变的关键。公立 K-12 教育面临的问题可通过改革、转变和创业步骤进行解决，这是商业和合作的第二本质，需要领导、投入和参与。教育和商业的聚焦将改变美国公立教育体系，使美国教育重新回到世界优势地位中。

商业和团体投资的益处

最近几年里，公立-私立的合作主要起源于团体为促进公立 K-12 教育做出的贡献。例如，2008 年美国电话电报公司发起 1 亿美元的励志项目，集中关注高中辍学犯罪，项目为期 4 年。2009 年，时代华纳有线电视公司（Time Warner Cable）发起 1 亿美元的连接百万智慧头脑的项目（Connect a Million Minds），主要鼓励学生在科学、技术、工程、数学方面追求学习机会和参与就业。

在公立教育中增加这样的商业投入和参与主要产生三个方面的基本好处：系统的 K-12 教育政策改革根植于国际水平的研究中；应用数据促使学生成功；在商业和公立 K-12 教育之间结成联盟关系。三个方面好处的任何一方面都能为公立教育的商业投入和参与提供强劲的案例。当把这三个方面看作整体时，产生的益处是显而易见的，强劲的商业、团体的投入和参与将促进公立教育的发展。

系统的 K-12 教育政策改革根植于国际水平的探索中

2009 年 4 月，全球最大的战略咨询公司麦肯锡咨询公司（Mckinsey & Company）发布了一份报告，报告题名为"美国学校成绩差距的经济影响"（The Ecnonmic Impact of the Achievement Gap in Americans Schools）。报告由麦肯锡咨询公司独立完成，报告涉及对于一些陈旧问题的关注。报告讨论运用新方法来确定国家成绩差距中经济税收的数量。从本质来讲，2008 年美国儿童和其他国家儿童在学术成绩方面的差距需要花费两万三千亿美元来实现。

报告同样说明，如果长期存在于黑人学生、西班牙裔学生、白人学生之间的成绩差距不存在了，那么 2008 年美国的国内生产总值将增长

5 250亿美元，或增加国内生产总值的 2‰～4‰。同样的，如果低收入家庭学生和其他学生的成绩差距不存在了，那么 2008 年美国的国内生产总值将增长 7 000 亿美元，或增加国内生产总值的 3‰～5‰。正如麦肯锡咨询公司记载的那样，成绩差距强调的是未被充分利用的人类才能能够产生惊人的经济和社会消费。

麦肯锡报告不只激励民选官员、政策制定者和教育者，在教育的所有层次都消除成绩差距。报告同样清楚解释在公立教育中需要商业、团体投入的原因。另外，报告带来外部的考虑，而专家分析通常来自于团体内部的考量。

麦肯锡报告不仅仅是一个例子，说明在公立学校中融入团体投资能够产生国际水平的探索，而且能够相应地促进 K-12 教育政策改革。商业社团作为一个整体深入教育投资中，为改革、转变和创业的教育政策提供外界的政策支持。例如，商业圆桌会议（Business Roundtable，BR）参与未来几十年加强教育政策的探讨。

正如网站上记录的那样，商业圆桌会议是美国领导企业首席执行官的联盟，这些美国领导企业拥有将近 1 200 万员工，年税收超过 6 万亿美元。此会议始建于 1972 年，秉承着"在多元社会中，商业应该在公共政策的形成中起到更积极、有效的作用"的信念。

商业圆桌会议在教育政策领域已经表现得很积极了。商业圆桌会议在教育、改革和劳动力竞争水平方面已经形成了强大的教育政策领导，在基于标准的改革中引领发展方向，在国家教育政策议程中突显科学、技术、工程、数学方面的重要地位。在最新的"经济发展路线图"（Road-map for Growth）的文件中，商业圆桌会议要求在国家商业社团、白宫、国会之间形成合作关系，并为联邦政府提供以下建议。

①通过向基础研究方向的投入，改善数学和科学教育，其中包括物理科学、工程方面，重新修改并资助美国竞争法。

②通过《初等和中等教育法》的现代化和强化改善 K-12 教育，包括基于测试标准和评估的国际化，为教师和行政管理者进行更好的行为测量，更加关注科学、技术、工程、数学方面。

③在 K-12 教育中进一步鼓励改革和落实新项目，包括"力争上游"计

划、教师奖励基金(Teacher Incentive Funds)、高质量特许学校的改革和扩张投入。

④促进 2 年制和 4 年制的学校开展"力争上游"计划竞争，集中在完成比例和雇主认可的证书价值上。

通过麦肯锡咨询公司和商业圆桌会议的例子，公立教育中团队投入和参与的一项基本好处是使美国公立学校处于世界一流的研究中，并促进形成系统化的政策改革。商业社团的解析、技巧和领导意识，给教育政策的价值和最后的转变带来压力。

促进数据的应用、促使学生成功

总部坐落在俄亥俄州哥伦布的全美互惠保险公司(Nationwide Insur-ance)，是美国第六大汽车和房屋保险公司。2005 年，它与哥伦布城市学校(Columbus City Schools)形成合作关系。在学区负责人吉恩·哈利斯(Gene Harris)和全美互惠保险公司时任执行总裁的杰瑞·金森(Jerry Jurgensen)的交谈中，我们了解到此学区充斥着俄亥俄州的数据，但是却没有内部专家分析、解释、应用这些数据。为了解决这个问题，杰瑞·金森借用美国信息技术的一些专家到哥伦布城市学校提取数据，并用一页纸的篇幅呈现给教育者。一页纸的精华内容为学区的具体学校模型提供了服务模式。教育者通过这些信息确认新来学生的学习困境、任务和需要支持的服务目标。

通过 5 年时间、花费了接近 400 万美元以后，一页纸的数据精华项目使得 9 所学校都加入到所有学校改善项目(All-School Improvement Plan, ASIP)中，这个项目有权使用学区、学校和教师层面的所有学习成绩数据。使用这些数据使确认这些优先地区的改善情况变得更加方便，尤其是对于那些处于转变地位的学校。系统使得教育者确认优先挑战的任务，并针对每项挑战任务选取具体的解决策略。然后，教育者为策略实施新的执行计划，并对执行计划进行追踪。当新的成绩填入到系统中时，整个过程才算结束，教育者也能看到这些策略是否改善了学习行为。

全美互惠保险公司与哥伦布城市学校的委托合作是商业组织有效参加公立学校、支持更有效地使用数据的一个案例。在全美范围内，比尔及梅林达·盖茨基金会与美国学生信息交换研究中心(National Student Clearinghouse)共同合作开展一个试点项目，追踪 3 个州内高中学生在高等教育阶段的成绩。

比尔及梅林达·盖茨基金会始建于20世纪90年代，由微软创建者比尔·盖茨和微软公司资助建成，成为商业和公司投资的中转机构，但此基金不属于商业也不属于公司。此基金会将教育作为重要的关注主题之一，2009年为战略性教育倡议投入3.73亿美元。

美国学生信息交换研究开展的试点项目（National Student Clearing-boube Pilot Project）是众多的战略教育倡议之一。美国学生信息交换研究寻求K-12教育与高等教育数据的联系，形成高质量的、能够指导行动的报告，在学校、学区和各州范围内改善即将升学和升学成功学生的学业状态。最终，美国学生信息交换研究将通过回答下面一系列问题，帮助学区促进毕业生成功毕业并升入高等院校，具体问题如下。

①高等院校招收多少高中毕业生？

②他们都能坚持完成高等教育并顺利毕业吗？

③他们通常需要花费多长时间获得学位？

④通常来讲，他们考入最多的是哪所大学？

⑤学区内是否存在九年级学生尚未毕业但能够去大学的现象？

为学区提供这些问题的反馈并洞察评估和测评项目的必要性，这样能够确保学生在最大程度上获得成功。

全美互惠保险公司和比尔及梅林达·盖茨基金会为学区提供了必要的服务，即学区通常缺少工具和专家对学生数据进行评估和分析，并使这些数据促进教学和支持。公司投入的另外一个好处是系统促进公立K-12教育的发展。

商业和公立K-12教育之间结成联盟关系

2008年7月，美国通用电气公司（GE）与克利夫兰学区（Cleveland Metropolitan School District）签订协议，在通用电气照明公司总部内拉公园（Nela Park）开展10年级学生关于科学、技术、工程、数学方面的活动。位于通用电气照明公司的校区，重点关注高中生的"创新、想象和世界团体"，培养未来的工程师和科学家。这是全美第一所坐落在工业园区中的高中（McClellan & Timan，2010）。

为帮助学校发展，通用电气照明公司从2008—2010年共投入近50万美元。每学年分为4个学段，每学段为期10周，其中每个学段之后会有

3 周的休息期。学校课程主要基于工程项目，并特别关注能量和可持续发展。没有准入要求，学生学分主要基于掌握的熟练程度，而不是出席时间。这种方式不仅满足 21 世纪的需求，而且充分体现出商业世界与学生相关因素的重要提升。

学校最有价值的任务可能是美国通用电气公司的志愿者，他们在过去的 2 年时间内贡献超过 5 500 小时。这些志愿者被认为为此活动提供了全方位的服务。

美国通用电气照明公司与克利夫兰学区的合作也是一个全国性的典范。此外，美国通用电气公司的志愿者与重点关注科学、技术、工程、数学方面的高中学生有密切接触，志愿者在学区中奉献了大量的时间和努力。在中小学阶段，这些志愿者以导师、顾问、教育者的身份出现，为中小学生提供"科学研究的方法"，组织"青年授权峰会"以帮助学生确认自己未来的发展目标，并学会如何追求这些目标。

美国通用电气照明公司不仅从商业角度参与科学、技术、工程、数学教育。商业目前已经与 K-12 教育、高等研究机构、慈善事业建立合作关系，通过形成的网络、促进科学、技术、工程、数学学校和项目的发展。在俄亥俄州，巴特利和宝洁公司都参与到俄亥俄州科学、技术、工程、数学学习网络中（Ohio STEM Learning Netwwork，OSLN）。在纽约，时代华纳（Time Warner）参与到百万人才项目中。在马萨诸塞州，雷神公司（Raytheon）参与到科学、技术、工程、数学示范项目中。这些倡议集中聚焦于学校和项目联合过程中的实践和因素，以促进公立学校的发展。同样，与学生教育相关联的项目和倡议同样满足现代经济的需要。

上述例子都能证明商业投入和参与对公立学校带来的第三大主要好处：全国学生的教育与商业需求结成联盟关系。这种联盟能培养满足现代经济需求的劳动力，使得公立教育更有价值、与学生更加相关。

结论

美国公立 K-12 教育体系面临一系列的挑战，并需要转型。这种转型需要商业和公司的投入和参与。上述讨论的三个方面好处证明在美国公立教育中吸引私立部门参与的积极作用。这只是开始。通过长期的公立-私立合作，教育和商业的真正交汇能够使美国处于全球经济发展的领导地位。

反对观点

橡木尖端资本有限公司，理查德・W. 范弗莱克

当问及"为促进公立 K-12 教育，需要更强劲的商业、合作投资吗？"答案通常是肯定的，事实上这个问答主要基于五个基本假设。

①公立 K-12 教育需要更多资金。

②越多资金将越能提高学生成绩。

③商业和公司的投入资金将能够使公立 K-12 教育大变样。

④由财政引起的回报能够使商业和公司有所增长，能够为公立 K-12 教育的投资提供动力。

⑤商业和公司有义务，或至少担当合理性角色，为公立 K-12 教育提供资金。

本文的目的是驳倒这些假设，并得出结论：商业和公司不应该为公立 K-12 教育提供资金。

公立 K-12 教育需要更多资金吗？

美国公立 K-12 教育的资金处于空前的、迅速增长的时代。根据美国教育科学研究所，美国国家教育统计中心的统计数据显示，1970—2007 年，美国公立 K-12 教育的累计资金达九万一千亿，年平均增长比例为 7.1%。2007—2008 年，美国公立 K-12 教育获得联邦、州、地方资金总额达 5 830 亿美元。这表明比 1997—1998 年增长 75%，过去 10 年公立 K-12 教育增长 2 490 亿美元，通货膨胀实现翻番。据美国教育部统计数据显示：经费从 1980 年的 69 亿美元增长到 2008 年的 379 亿美元，年平均增长比例为 6.3%（U. S. Department of Education，n. d. ）。

教育资金的迅速增长不是由于美国公立 K-12 教育注册学生人数的增加而驱动的，而是由于生均花费增加而造成的。美国公立 K-12 教育的注册学生人数由 1997 年的 4 720 万人增长到 2007 年的 4 860 万人（美国统计局），年平均增长比例为 0.3%，是同时代教育资金增长比例的 1/20。教育资金增长的动力是国家生均花费的增长，从 1997 年的 6 189 美元到 2005—2006 学年的 9 154 美元（U. S. Department of Education，IES，NC-

ES，Digest of Education statistics 2008，2009a，Table 181），年平均增长比例为 5.0%，通货膨胀又一次实现翻番。

在经济合作发展组织的 30 多个国家中，美国教育的生均花费仅次于卢森堡、瑞士、挪威这 3 个国家。据近几年的数据统计显示，2006 年美国中等教育的生均花费比经济合作发展组织国家的平均值高 35%，比经济合作发展组织国家中 10 个最大和最多元化的国家的平均值高 27%（OECD，2009，Education at a Glance 2009，Table B1.1a）。进一步来讲，按国内生产总值的比例来统计，美国教育经费花费比例几乎高于经济合作发展组织的所有国家，除丹麦、韩国、新西兰、英国、瑞士这 5 个国家比经济合作发展组织的平均比例高 18%（OECD，2009，Table B2.1）。

政府是否应该对教育投入更多资金需要进行讨论，基于统计事实，不能得出美国公立 K-12 教育缺乏资金这个结论。按照绝对美元花费、资金花费的增长、生均花费的增长、与其他经济相比之下的生均花费、与其他经济相比之下的占国内生产总值的比例等一系列统计方法，美国公立 K-12 教育的资金充足，并具有进一步增加的趋势。

越多资金将越能促进学生成绩吗？

尽管在过去 40 年，美国公立 K-12 教育经费得到迅速增长，但至今仍没有证据可以证明资金的增长会促进学生学习成绩的提升。

美国教育进展评价是美国唯一一个能对学生学习成绩进行评估的机构，从 20 世纪 70 年代开始对学生学习成绩进行持续评估。在表 13-2 中，呈现出在各基本学科中 12 年级学生的学习成绩并未有明显提升。

美国大学委员会通过学术才能测验成绩对进入大学的学生做长期跟踪研究。对 1995 年以来的学术才能测验成绩进行校正，从 1972 年以来批判阅读成绩出现下滑，而数学成绩几乎没有增长，写作成绩几乎没有改变。（见表 13-3）

美国大学测试公司通过学术才能测验成绩对进入大学的学生做准备。1996—2009 年，综合成绩没有变化，数学和英语方面表现出稍微的增长，阅读和科学方面略有下降。（见表 13-4）

表 13-2　跨年度平均成绩的变化

学科	时间段	平均成绩的变化
阅读	1971—2008	285～286
数学	1978—2008	300～306
科学	1996—2005	149～146
写作	1998—2007	148～152

（资料来源：U. S. Department of Education，IES，NCES，2011）

表 13-3　跨年度学术才能测验平均成绩的变化

学科	时间段	学术才能测验平均成绩的变化
批判阅读	1972—2009	530～501
数学	1972—2009	509～515
写作	2006—2009	497～492

（资料来源：The College Board，n. d. ，Table2）

表 13-4　跨年度美国高考平均成绩的变化

学科	时间段	美国高考平均成绩的变化
阅读	1996—2009	22.5～22.3
数学	1996—2009	21.5～21.9
英语	1996—2009	21.5～21.7
科学	1996—2009	22.1～21.7
综合	1996—2009	22.0～22.0

（资料来源：ACT，inc，2000，Summary；ACT，inc，2009，Table1.4）

　　在过去的 17 年，美国公立中等学校一年级学生的平均毕业率保持基本不变，其中 1990—1991 年的毕业率为 73.7%，2006—2007 年的毕业率为 73.9%（U. S. Department of Education，IES，NCES，Digest of Education statistics 2008，2009a，Table 105，2010b）。

　　在与国际学生的比较中，美国学生的学业成绩表现出几乎没有进展。经济合作发展组织项目的国际学生评估是全球最普遍的学生测试项目，每 3 年对经济合作发展组织国家和其他国家 15 岁学生的学业行为进行测试。表 13-5 呈现出与其他经济合作发展组织国家相比，美国学生的学习成绩表现出低劣和恶化。

表 13-5　跨年度国际学生评估平均成绩的变化

	2000 年		2003 年		2006 年	
	美国排名	成绩	美国排名	成绩	美国排名	成绩
阅读素养	27 个国家排名第 15	504*	29 个国家排名第 15	495*	没有测试	没有测试
数学素养	27 个国家排名第 18	493*	29 个国家排名第 24	483**	30 个国家排名第 25	474**
科学素养	27 个国家排名第 14	499*	29 个国家排名第 19	491**	30 个国家排名第 21	489**

（资料来源：Economic Co-operation and Development for International Student Assessment，2000，2003，2007a，2007b & 2007c）

＊经济合作发展组织平均水平差异无统计学意义　＊＊经济合作发展组织平均水平有统计学意义

　　由国际教育成就评价协会（The International Association for the Evaluation of Educational Achievement）组织的国际数学和科学评测是每 4 年对全世界 36 个国家的 4、8 年级学生进行数学和科学成绩的测试。与其他 15 个发达国家相比，美国 8 年级学生成绩基本处于排行末位，并变化较小。（见表 13-6）

表 13-6　国际数学和科学评测排名及成绩变化（1995—2007 年）

	1995 年		1999 年		2003 年		2007 年	
	美国排名	成绩	美国排名	成绩	美国排名	成绩	美国排名	成绩
数学	15 个国家排名第 9	492	15 个国家排名第 12	502	15 个国家排名第 10	504	15 个国家排名第 9	508
科学	8 个国家排名第 7	513	15 个国家排名第 11	515	15 个国家排名第 10	527	15 个国家排名第 11	520

（资料来源：International Association for the Evaluation of Educational Achievement，2009）

　　对美国公立 K-12 学习行为和国际其他国家 K-12 学习行为进行测量，结果显示无论是绝对成绩还是相对学习行为，美国都处于停滞不前的状态。尽管 40 年前美国加大了对公立 K-12 教育的投入并成为世界范围内最高的国家，但美国全面落后的现象还是发生了。

因此得出结论，增加投入不是改善学习行为的动力。如果目的是改善学生的学习成绩，那么持续对美国公立 K-12 教育加大投资的政策理由不够充分。

商业和公司的投入资金能使公立 K-12 教育大变样吗？

且不说商业和公司是否能够为公立 K-12 教育投入资金，检测美国商业和公司是否能够提供额外的资金使美国公立 K-12 教育的学术成绩带来变化是非常重要的。

商业和公司进行此类投资的来源是公司利益。2000—2009 年，财富500 强企业的年平均总收益为 4 140 亿美元（Tully，2007，2009，2010）。增加公立 K-12 教育的投入需要从公司增长的投入部分进行转移，并涉及股东的利益分配。由于公司增长、对股东的分配回报等压力，使得公司为学校提供资金的可能存在一系列的实践限制。

假设实践限制的 10% 来源于公司利益，财富 500 强的每个企业都愿意对公立 K-12 教育进行投资，那么美国公立教育每年可增长 410 亿美元，很显然这是数额较大的投入。相对于 2007—2008 年政府为公立教育投入的 5 830 亿来讲，公司投入对于整体投入来讲只是增加 7.6%。现有研究发现，增加额外投入不能改善公立 K-12 教育的行为，这也意味着投入的小数额增加不能促进美国教育的有意义改善。

尽管财富 500 强企业为公立 K-12 教育提供公司的 10% 的利益，可能不会为美国教育成绩带来明显的物质影响，但是却给公司股东带来有害影响。

股东财务是由所占股份和股份价格决定的，股份价格是由公司收益决定的。通常来讲，股份价格平均是公司收益的 16.4 倍（The Big Picture，2005），尽管这个数值会根据时间产生较大范围的变化。这个数值只是一个平均数，公司每多收入 1 美元便可转变为 16.4 美元的额外股份；相反，如果公司收入减少 1 美元，那么股份就会减少 16.4 美元。由于收入和价格之间的乘法关系，公司股东对于公司的每一股份都很敏感。

如果财富 500 强企业为公立 K-12 教育投入 410 亿美元，或收入的 10%，那么股东收入将随之减少 410 亿美元，这将影响财富 500 强企业的股票编制。由于收入和价格之间存在的乘法关系，那么财富 500 强企业损失的股份是 410 亿美元的 16.4 倍。由于股票的较低价值，将损失 6 790 亿美元。不能想象股东是否容忍私人财产的如此减少，特别是对美国公立 K-12 教育的额外投入并未带来明显的改善。

由财政引起的回报能够使商业和公司有所增长，能够为公立 K-12 教育的投资提供动力吗？

商业是一种增长投资者财富的经济活动，在产生未来经济回报的同时也伴随着奉献。股东需要公司在一定时间段和一定水平中的投入产生直接的、一定数量的经济回报。不能满足这些标准的商业投资不能提供投资动力，不具备投资的资格。

公司对美国公立 K-12 教育的投资违反了公司的经济原则。通过公司投资促进公立学校毕业生的学习成绩非常困难，并且很难为公司带来可测量的经济回报。

这样的回报需要以可测量的方式呈现，包括年收入的增加、花费的减少、投入的减少。很难想象公司对美国公立 K-12 教育的投入如何驱动销售量的增加，如何促进一定时间内收入的增加。可以想到的减少花费的唯一方式是通过裁员或减少培训而减少公司花费。然而，在公立学校投资和减少培训、裁员之间建立直接的联系还很遥远。进一步讲，为达到一定的经济回报率，减少公司培训或雇员的花费数量是对公立学校进行投资数量的几倍，将两者建立联系非常困难。所以，很难想象对公立学校进行投资可以作为减少公司投入的方式。此外，确认产生直接经济收益数量的困难还来源于经济收益的产生时间。由于这些问题，公司对美国公立 K-12 教育的投入并不能等同于一般投资。

私营商业无法像公立贸易公司那样执行严格的财政限制。私营业主对美国公立 K-12 教育进行投入，可以作为一种礼物或慈善，而不是一种投资。如此的投资动力将沿着社区领导的路线或"恢复"，股东作为核心动力具有自我扩张的感受。

通过有效地使用增加的资金来改善学生的学习成绩是很难实现的。进一步讲，为美国公立 K-12 教育提供有效的资金投入也是很难实现的，在公立 K-12 教育的花费中，只有 52% 是用于教学，比 1990 年的比例还要低(U. S. Department of Education，IES，NCES，2009b，Table 174)。即使是私营商业，公司对公立 K-12 教育的投入比例也极其微弱。

无法向公司股东或私营业主确认对公立 K-12 教育进行投资能够产生直接的经济收益，那么就意味着这样的投资无法作为一种一般意义的投资，并违背商业的经济目标。公司和商业投入缺少产生经济回报的动力。

商业和公司有义务，或至少担当合理性角色，为公立 K-12 教育提供资金吗？

尽管商业和公司在改善美国公立 K-12 教育成绩方面有着明确的利益，但是它们并未承担任何角色。诺贝尔经济学奖获得者米尔顿·弗里德曼认为："商业的社会责任是增加利益。"(Milton Friedman，1970)这就意味着，米尔顿·弗里德曼认为商业尤其是公立公司的目标是"在遵循社会基本原则的同时，为股东赚取尽可能多的钱，这两方面遵循法律和道德的基本惯例"。商业和公司的责任目标是限制兴趣和活动以产生利于股东利益的经济结果。任何目的的转移公司投入而不是给股东带来现在或未来的回报，从根本上讲都是对股东资金的削弱。这适用于由公司向公立 K-12 教育提供资金支持。

如果一些股东感觉到应该为公立教育提供额外的资金，那么他们会销售掉公司的部分股份，并以合适的方式将这些股份捐赠给需要额外资金的方面。因为一些股东可能不愿意为公立教育提供额外的资金投入，公司提供直接的资金投入与股东的利益产生冲突，因此并不希望此类行为的产生。米尔顿·弗里德曼承认，公司为股东产生财富的目标必须遵循着法律和道德的惯例。批判的合法责任之一是公司进行纳税。2000—2009 年，美国公司收入总税款达到 3.1 万亿美元(U. S. Department of Commerce，Bureau of Economic Analysis，n. d. ，Table 1.10)。在 30 个经济合作发展组织的国家中，美国拥有最高的公司联邦税率，高达 35%。美国拥有最高、最全面的税收结构，结合最高的州税率，政府将收取公司收入的 41.5%(Tax Foundation，2009)。美国公司收入的税收包括联邦和州两个层面，因此美国公司和商业正在并将继续为公立 K-12 教育体系提供资金，并且投入比例比经济合作发展组织中的其他国家都要高。为完成纳税义务，公司没有为公立 K-12 教育提供未来责任或承担提供资金投入的义务。

结论

美国公立 K-12 学校资金丰富，根据多年经验，未来期待的资金投入不能改善学生的学习成绩。商业和公立公司的资金投入可被看作是一种慈善，而不是一般的投资，它并不能为美国公立 K-12 学校带来物质方面最大限度的改善。通过世界上最高的公司收入纳税，公司和商业已经完全实现自身的角色，为美国公立 K-12 学校提供资金来源。因此，美国公司和商业不能为公立 K-12 学校提供额外的资金。

促进美国公立 K-12 教育需要政策而不是从公司和商业中寻找额外的资金。政策应该包括以下几方面。

①重新聚焦公立 K-12 学校目标，在基础学术科目中形成可论证的技巧，并做少量社会工作。

②引导公立 K-12 学校资金从非教学机构和非学术项目向课堂转变。

③减少联盟驱动的工作规则，这将阻碍州、当地政府、教育董事会对公立 K-12 教育的改变，无法促进校长和教师的有效工作。

④加速接近 K-12 学校的多重选择的出现，这样便会促进低收入和高质量的美国竞争时代的到来。

拓展阅读资料

American College Testing（ACT），Inc.（2000）. *2000 national score report*（Summary：Five year history of college-bound students' scores）. Iowa City，IA：Author. Retrieved from http：//www. act. org/news/data/00/00data. html.

American College Testing（ACT），Inc.（2009）. *ACT profile report-National：Graduating class 2009*（Table 1，4：Five year trends-Average ACT scores by level of preparation，p. 8）. Iowa City，IA：Author，Retrieved from http：//www. act. org/news/data/09/pdf/National2009. pdf.

Aisa Society.（2006，May）. *Math and science education in a global age：What the U. S can learn from China*，New York：Author.

Auguste，B. G.，Hancock，B.，& Laboissiere，M.（2009，June）. The economic cost of the US education gap. *McKinsey Quarterly*. Retrieved from http：//www. sefi. be/wp-content/uploads/McKinsey％ 20-％ 20the％ 20cost％ 20of％ 20the％20US％20edu％20gap％20June％202009. pdf.

The Big Picture. (2005, August 27). *Earnings or multiple expansion?* Retrieved June 9, 2011, from http: //bigpicture. typepad. com/comments/2005/08/earnings _ or _ mul. html.

Business Roundtable: http: //businessroundtable. org.

Cavanagh, S. (2010, October 12). Study challenges states on "fairness" of funding. *Education Week*. Retrieved October 29, 2011, from http: //www. edweek. org/ew/ articles/2010/10/12/08fairness. h30. html? qs＝funding＋of＋education.

The College Board. (n. d.), *College bound seniors-2009* (Table 2: Mean SAT scores of college-bound seniors, 1972－2009), New York: Author.

Friedman, M. (1970, September 13). The social responsibility of business is to increase its profits. *New York Times Magazine*.

Guthrie, J. W. , & Peng, A. (2010). A warning for all who would listen—America's public schools face a forthcoming fiscal tsunami. In F. M. Hess & E. Osberg (Eds.), *Stretching the school dollar: How schools and districts can save money while serving students best*(pp. 19－44). Cambridge, MA: Harvard Education Press.

Hamilton, B. A. , & European Institute for Business Administration (INSEAD). (2006). *Innovation: Is global the way forward?* Retrieved fromhttp: //www. boozallen. com/media/file/Innovation _ Is _ Global _ The _ Way _ Forward _ v2. pdf

Hess, F. M. , & Osberg, E. (Eds.). (2010). *Stretching the school dollar: How schools and districts can save money while serving students best.* Cambridge, MA: Harvard Education Press.

International Association for the Evaluation of Educational Achievement. (2009). *TIMSS 2007 international science report*, Chestnut Hill, MA: TIMSS & PIRLS International Study Center, Boston College.

McClellan, J. , & Timan, A. (2010, October). [Imagination @ Nela Park—GE Lighting and MC^{2}STEM Partnership]. Unpublished raw data.

National Commission on Excellence in Education. (1983). *A nation at risk: The imperative for education reform.* Washington, DC: Author.

Organisation for Economic Co-operation and Development (OECD). (2000). *Knowledge and skills for life-First results from the OECD Programme for International Student Assessment (PISA) 2000 (Figure 2. 4: Multiple comparisons of mean performance on the combined Reading Literacy Scale; & Figure 3. 2: Multiple comparisons of mean performance on the Mathematical Literacy Scale; & Figure 3. 5: Multiple compari-*

sons mean *performance on the Scientific Literacy Scale*). Paris：Author.

Organization for Economic Co-operation and Development（OECD）.（2003）. *Learning for tomorrow's world-First results PISA 2003*. Paris：Author.

Organization for Economic Co-operation and Development（OECD）.（2007a）.*PISA 2006：Science competencies for tomorrow's world：Executive summary*（Table 4：Range of rank of countries/economies on the Reading Scale；Table 5：Range of rank of countries/economies on the Mathematics Scale；Table 2：Range of rank of countries/economies on the Science Scale）. Paris：Author.

Organization for Economic Co-operation and Development（OECD）.（2007b）. *PISA 2006Science competencies for tomorrow's world：Vol. 2. Data*（Table 6. 2c）. Paris：Author.

Organization for Economic Co-operation and Development（OECD）Programme forInternational Student Assessment（PISA）.（2007c）. *PISA 2006：Science competencies for tomorrow's world*（Vols. 1－2）. Retrieved from http：//www. oecd. org/document/2/0，3343，en _ 32252351 _ 32236191 _ 39718850 _ 1 _ 1 _ 1 _ 1，00. html ♯ Vol _ 1 _ and _ 2.

Organization for Economic Co-operation and Development（OECD）.（2009）. *Education at a glance 2009：OCED indicators*（Table B1. 1a：Annual expenditures on education institutions per student for all services）.（2006）. Paris：Author.

Organisation for Economic Co-operation and Development（OECD）.（2010）. *PISA 2009：What students know and can do：Students performance in reading，mathematics，and science*. Paris：Author.

Tax Foundation.（2009，December 2）. *National and state corporate income tax rates，U. S. And OECD countries—2009*. Washington，DC：Author.

Tully，S.（2007，April 15）. A profit gusher of epic proportions. *Fortune.* Retrieved August 29，2011，from http：//money. cnn. com/magazines/fortune/fortune _ archive/2007/04/30/8405391/index. htm.

Tully，S.（2009，April 21）. Pop! Went the profit bubble. *Fortune.* Retrieved August 29，2011，from http：//money. cnn. com/2009/04/16/news/companies/tully _ profitbubble，fortune/index. htm.

Tully，S.（2010，April 15）. Fortune 500：Profits bounce back. *Fortune.* Retrieved August 29，2011，from http：//money. cnn. com/2010/04/13/news/companies/fortune _ 500 _ profits. fortune/index. htm.

U. S. Census Bureau.（n. d.）. *Statistical abstract of the United States：2010*（Table 220：Enrollment in public and private schools；1970－2007）. Washington，DC：

Author. Retrieved August 29, 2011, from http://www. census. gov/prod/2009 pubs/10statab/educ. pdf.

U. S. Department of Commerce, Bureau of Economic Analysis. (n. d.). *National income and product accounts table* (Table 1. 10: Gross domestic income by type of income). Retrieved April 25, 2010, from http://www. bea. gov/national/nipaweb/ Table View. asp? SelectedTable = 51&Freq = Qtr&FirstYear = 2009&Last Year=2011.

U. S. Department of Education. (1983, April).*Recommendations: A nation at risk: The imperative for educational reform.* Retrieved from http://www2. ed. gov/ pubs/NatAtRisk/index. html.

U. S. Department of Education. (n. d.). *Education department budget history table: FY 1980 — FY2009 president's budget.* Washington, DC: Author.

U. S. Department of Education, Institute of EducationScience(IES), National Center for Education Statistics (NCES). (2008, June). *The condition of education 2008.* Washington, DC: Author. Retrieved from http://nces. ed. gov/pubs 2008/ 2008031. pdf.

U. S. Department of Education, Institute of Education Sciences (IES), National Center for Education Statistics (NCES). (2009a, March). *Digest of Education Statistics 2008.* Washington, DC: Authors. Retrieved from http://nces. ed. gov/pubs2009/ 2009020. pdf

U. S. Department of Education, Institute of Education Sciences (IES), National Center for Education Statistics (NCES). (2009b). *Digest of Education Statistics 2008* (Table 26, Table 174). Washington , DC: Author.

U. S. Department of Education, Institute of Education Sciences (IES), National Center for Education Statistics (NCES). (2010a, May).*The condition of education 2010.* Washington, DC: Author. Retrieved from http://nces. ed. gov/pubs2010/ 2010028. pdf.

U. S. Department of Education, Institute of Education Sciences (IES), National Center for Education Statistics (NCES). (2010b). *Digest of Education Statistics 2009* (Table 105: Averaged freshman graduation rates for public secondary schools, by state or jurisdiction: Selected years, 1990 — 01 through 2006 — 07). Washington, DC: Author.

U. S. Department of Education, Institute of Education Sciences (IES), National Center for Education Statistics (NCES). (2011). *Nation's report card* (2010). Washington, DC: Author.

话题 14

无论是标准还是问责的制定，家长都应参与其中吗？

支持观点：戴顿第一浸信会，罗德尼·肯尼迪
反对观点：戴顿大学，克里·C. 孔韦尔

概　述

20 世纪 60 年代，詹姆斯·科尔曼（James Coleman）开创了突破性的研究，证明了家长和家庭的重要性。在科尔曼和与他一起工作的人员来看，家庭组成是影响学生学业成就最强、最重要的因素。科尔曼没有就此推断教师是不重要的，他只是认为家长和家庭更为重要。当年轻人进入学校时，他们的家庭收入和所拥有的知识成本之间存在明显的关系。最近几十年，研究者重复记录着学生学习成就与家长社会经济地位之间的一一对应关系。

在美国，不同种族和族裔群体间存在着成就差异，在最富裕和最贫穷的学生群体间也同样存在学习成就差异。美国并非是这种差距存在的唯一国家，很多国家已经专注于这个问题，并清楚地证实这个问题是可以解决的。例如，20 世纪 70 年代的芬兰存在巨大的成绩差距，而这种成绩差距与家庭的社会经济地位存在一定的联系。部分芬兰人的成功故事归因于一个事实，学校深入开展包括健康服务在内的一系列服务，而健康服务并非特定地依赖于家庭或家长。换句话说，在这种状况下社会网络已经足够强大到能确保所有儿童有机会获得学前教育、适当住房、生活在家庭环境中的基本能力和最低生活津贴。

家长应该如何以及是否应为学生提供重要的教育依靠？教育孩子是家长的责任还是社会的责任？家长是否应该干涉孩子在学校中的活动，或者干预课堂范围内教师的行为？另一个问题指向这些教师是否应该命令孩子应该学习什么以及如何学习，随着教育出现专业化和半专业化，教师的决定已经更像医生和律师一样趋于专业化，教师根据充足、适当的专业经验判断学生需要什么。通过这种方式，家长能够了解教师的做法，但是教师同样具有专业能力帮助更大的社会团体了解学生需要什么，以便能够更好地帮助学生实现向工作社会的转型。

来自戴顿第一浸信会的罗德尼·肯尼迪（Rodney Kennedy）认为在孩子的教育中家长应该具有"激进的声音"。对于罗德尼·肯尼迪来讲，家长参与学校管理具有至关重要的意义，政府、家长参与到学生生活是必要的。事实上，他假设如果学校数量减少，那么家长将不再广泛参与到教育决策中。罗德尼·肯尼迪没有断言家长能够控制学校中发生的事情。即使如此，他还是不主张家长了解什么是为孩子好的，家长的声音需要得到教育者的关注。

来自戴顿大学的克里·C. 孔韦尔（Kerry C. Coovert）持有不同观点。她主张家长应该拥有为孩子辩护的权利，而这种辩护权不应转为家长拥有教育孩子的权利。她认为对于全美大多数州来讲，目前已经拥有共同核心标准，这些是为学生确定了升学和就业的标准。对于克里·C. 孔韦尔来讲，问题是教师有责任确保学生为学业成功而获得必需的知识。克里·C. 孔韦尔认为，家长的想法能够关注这个方面，但最终执行的仍然是具有专业性的教师，教师有责任确保学生获得所需要的教育，以满足进入复杂社会时的需要。

在阅读这一话题时，可以考虑如下问题。第一，对于学校中所发生的事情，家长是否有机会来参与决策？第二，教师是否应该适应家长所给予的期望？第三，专业化意味着什么？第四，如果教师具有专业化，如何使教师适应家长的关注和兴趣？

托马斯·J. 拉斯利
戴顿大学

支持观点

戴顿第一浸信会，罗德尼·肯尼迪

在标准和问责方面，家长不应该允许教育专业化成为特有的决定性问题。研究证明，家长的参与是学生教育中一个重要的、决定性的因素。虽然研究结论众所周知，但是仍然不能消解双方持续的紧张辩论，包括对于家长参与的质量、数量和关注点。例如，有一系列问题是针对标准和问责中家长的角色。因此，争论始终强调在标准和问责中家长所关注的问题是否能够帮助美国学生提升其学习行为。家长的出席对于学校功能的发挥非常重要，但这远远不够。家长需要的是许可、归属感以及能够对学校治理中存在的严重问题进行干预。

"标准"被定义为学生应该掌握的技能和概念理解，以及学生应该在每学期末才应该知道的一些信息。学业标准大多是由专业教育者制定，其中家长的参与较少。通常来讲，标准包括三个基本因素："内容"——告诉学生应该知道什么并能够做什么，"行为"——告诉学生如何证明能力满足标准，"素养"——学生如何能够更好地学习内容。

除睡觉时间以外，孩子 70% 的时间都是在学校度过，家长参与对于学业成功来讲就显得尤为重要。孩子的早期发展始于家长的参与，家长的参与直接影响着青年的智力发展。研究发现，超过 85% 的公众相信家长支持是改善学校的最重要方式。

尽管在美国关于标准和问责的角色和影响始终具有争论，但对于标准和问责的支持变得更加普遍。联邦、州、地方学校董事会已经实践了强有力的标准和问责，读者可以从本书的其他话题中获得更多信息，目前已经形成了共同核心标准，尤其针对阅读和数学方面。

家长参与的利弊

学校官方通常反对家长参与到标准和问责的发展过程中。教育者认为家长缺乏足够的培训来对学校课程进行决策，尽管针对家长的调查中显示，大多数家长认为他们有能力对学生应该学习的方面和学习结果期待的方面进行很好的决策。

　　家长参与能够帮助排除家长和学校全体员工的想当然看法，这可能包括动机、态度、意图和能力。学校全体员工可以从家长能力中获取资源，包括学业资源、社会资源、孩子的心理发展资源（因为家长与孩子的互动时间较长）。

　　对于反对家长参与此类问题的意见通常是家长不是专业教育者，无法对标准的目标进行理解，也无法了解如何在教育过程中应用这些标准。在标准和问责等教育核心问题中，允许家长有发言权和投票权，成为增加家长参与的促进因素。当人们知道他们被欣赏并成为重要决策过程的组成部分时，学校将在教师和家长中间朝着更民主、更开放、更信任的环境发展。

　　家长参与学校治理是一项重要的问题。家长应该被允许、鼓励帮助一些重要问题的决策，包括标准、问责、目标设定、项目活动的发展与执行、评价、人员决策、经费落实。在过程中表现得越民主、越多家长参与，学校成功的机会就越多。

　　毋庸置疑的是，家长参与是最具争议的问题。没有人怀疑家长是否应该参与到学校活动和家庭工作中，但是应该对家长在设置标准中的积极作用有所强调和保护。然而部分专业教育者会表现出勉强情绪，包括校长和教师。

　　没有人质疑家长参与的重要性。没有人认为目前的家长参与已经足够了。家长参与必须跳出参与的传统形式，如参与学校功能、家长和教师的会议、家庭作业帮助以及筹集经费活动。

　　在过去的 18 年里，我关注 42 个州内超过 25 万的家长。在这段时间里，我发现，家长有意识地、积极地参加到孩子的学习生活中。家长非常在乎孩子的学习行为。家长想知道如何能够做得更好。然而家长却通过消极的方式进行改变，有些家长通过更强烈的标准和问责来实现，他们认为接受这些因素是学习成功的关键。

　　在与公立学校管理者、首席督导、家长参与协调员的访谈中发现，如何使家长参与成为抱怨最多的问题。通过更民主、更多方式的参与将会缓解这个问题。

家长参与和标准、问责的连接

　　家长参与是学校成功的关键。这个多次重复的说法已经变成老生常谈，因为将陈述事实转化为学校和家长的问责和行为存在困难。随着孩子年龄的增长，美国家长参与变得越来越少，这种不重视可能转化为学生的冷漠，这种改变从中学时开始。劳伦斯·斯坦伯格（Laurence Steinberg，1996）认为"关于美国家庭的研究显示在小学和初中的阶段，家长参与的现象会突然减少。恰好从此时起年轻人受同辈影响会突然增加"。家长参与范围实现扩展，从最初的家长教师会议、家庭作业、家庭中学习技巧方面，向学术标准和问责中家长参与的转变。这个过程决定了家长与学校中所有利益相关体在期望和问责方面达成协议并形成合作。

史丹利·迪兹（Stanley Deetz，1995）建立了一个民主的、可对话的社交模式，他认为在标准和问责中家长的参与表明在学校关系中家长执行更民主的社交过程是学业成功的关键第一步。美国学校中最好的方式是要家长参与到所有学业成功的问题中，尤其是标准和问责的问题。史丹利·迪兹运用交流模式，概述出家长参与标准和问责的案例。以此类推，商业转型中的交流模式可同样转化至学校，家长是重要因素。家长参与标准和问责起源于家长是核心利益相关体（在教育过程中起利害作用）的认识。因此，家长至少应该具有陈述权。如果这个基本权利被扩展至家长的直接决策，那么将会促使学校目标更具有效性。

利益相关者参与学校决策是探索发展的多元化，关注更基本的每日协商过程，回顾阻碍利益相关者陈述的控制体系，探索促进学校决策形成的新概念。这样的分析能够促进学校中尊重多样化的新尝试，实现更高水平的参与。

我们在学校决策过程中需要家长的参与，因为学校决策中多元主体的参与将形成更好的决定。如果给予机会和场合，那么家长能够与专业教育者达成更好的合作关系。标准和问责的决定影响着学生和家长的日常生活，但这些决策却超出了民主过程的领域。当我们提问关于标准和问责制定的基本问题时，我们可能更多想到的是由立法者和专业教育者制定。如果关于教育决策的批判没有家长的参与，那么我们将牺牲一些有价值、批判性的信息。我建议采取一种使学校变成可以探索、为所有人提供发展选择的新模式。根据家长的适当参与，将社会、文化、心理因素统一整合，以增加学生人数和学习内容的多元化。

民主的技能可被学习，但却不能与社交实践脱钩。这意味着家长参与发展听力技能、谈判技能、合作、简易化方法以及集体创造力。此类合作团队产生强大的副产品，即在教育者和家长之间建立起信任与理解。正如亚里士多德证明的那样，劝说的最强烈因素是社会思潮，社会思潮的核心是鼓励相信他人的能力，这是每个人寻找其他人最大利益的感觉。在这种模式中，过程越民主，学校领导者越无法独裁，学生将会获得的成功越多。

采取对话的、民主的交流模式将意味着教育现状发生基本的改变。由自上而下的决策过程（家长参与有限）向自下而上过程（更多的家长参与）的转变，在学校中将获取更好的结果。学校的社会结构是从下至上的发展。质量信息在更广范围内散布。在标准设置中家长的参与越多，家长对于标准目标的了解会越多，家长帮助孩子实现标准的可能性越大。知识就是力量。

在学校中建立信任关系的最佳方式是将家长作为学校专业人士看待，成为一项复杂的财富。教师和家长之间的对抗角色不利于学校环境的建设。在治理问题中由于家长的参与，教育行政管理者、教师和家长能够更好地认清共同目标并朝着这个共同目标合作。这意味着学校的所有信息必须与家长公开分享。交流模式的决策基于一系列教师-家长委员会对于问责形成一致意见。增加分享的问责给教师和家长带来更多的需求影响。

自从学业标准与教学、测试建立起联系，是否应该将家长参与与学业标准建立起联系？家长和教育者能够在家长参与标准中制订计划。例如，家长学习不同文化的多元性，他们能够为孩子的学习方式提供家庭教学策略。莉萨·戴博纳（Lisa Delpit，1995）认为我们是"文化力量"的组成部分。学校规定了一系列力量问题，包括学校治理、学校规则、学校标准、学校方法、学校成败。在文化力量环境中，只有一种文化最具力量，学校根据这种文化制定规则。除非我们想承认文化力量的存在，否则我们不会同意表现出其他文化的多元声音，即使这些文化不具备或很少具备力量。

通过家长参与到标准和问责这样的问题中，我们在多元文化中朝着更有效的分享力量、更有效的教育学生方向前进。文化问题是综合关系中的组成部分。除非我们克服特权，否则我们将不会为其他文化中的儿童提供适合的教育。莉萨·戴博纳（Delpit，1995）写道：

> 在国家的教育机构中，穷人和有色人种应该对自身进行定义，包括不属于他们的力量。自身的行为由其他人进行决定和判断。当有些标准看上去是为所有的"我们"制定时，那么部分"我们"（其中包括穷人和有色人种）则会陷入困境中。

不仅教育者鼓励家长参与到学术标准制定中，而且我们应该将家长吸纳到整个过程中。家长参与标准设置的呼声越多，他们就会为帮助孩子获得学习内容、行为和专业标准做更多准备。

家长参与标准和问责将为家长理解教学目标提供服务。家长能够了解教师的教学趋势，为学生在标准和问责中实现学业成功提供更好的准备。换句话讲，当家长在标准和问责问题上具有发言和决策权时，家长将会更好地参与到决策过程中。家长参与的决策不是自上而下的教育版本，而是提供自下而上的劝说模式。专业教育者更加关注家庭和社区，这也将成为标准和问责中的重要因素。

作为利益相关者的家长

以路易斯安那州巴吞鲁日市格拉斯哥为例，争论由弱变强。校长招募了一个由学校行政管理者、教师、家长共同组成的学校改进团队。团队形成合作文件，指导学校达到一定的目标。合作文件是不同利益相关者共同努力的结果，不只是选择性的。

学校改进团队这一模式实现了有效性、成功、成就的测量，并且进一步扩展到标准和问责的概述问题中。家长代表和教师与教育行政管理人员共同合作，在学区间增加标准和问责的理解和执行，很多学区都需要此类合作。托马斯·拉斯利、托马斯·麦特滋斯基、詹姆斯·罗利（Thomas Lasley，Thomas Matczynski，& James Rowley，2002）认为，"美国教师需要与家长和同事有更多的合作工作"。

1994 年颁布了一项关于教育的"马歇尔计划"（Marshall Plan），制定了一系列国家教育目标。计划中有一项有抱负的目标如下：每个学校将通过家长的参与促进合作，推进儿童在社会、情感、学业方面的成长。

然而，在美国 3 个或更多制定学校决策的地区中，关于家长参与决策的比例并未提升。在此类合作领域中，国家无法测量过去 10 年的发展状况。例如，当学校改进团队成员对教师进行观察时，结论将会更集中在教师的问责方面。部分教师可能不支持家长观察他们的教学，而事实上教师在课堂中的行为没有家长不应该看或不应该经历的。家长的归属感同样能够增加家长和教师的信任程度。正如迪兹说的那样，"无论从道德层面还是实践层面，教育者必须扩展代表一系列利益相关者和他们价值的能力"（Deetz，1995）。

利益相关者数量的增加意味着对专题讨论和意愿表达的积极考虑。专题讨论考虑到无论在何时、针对何种问题谁应该参加。意愿表达考虑到导论的公开性、意义形成过程、形成新社会关系的可能性。关于意愿表达的问题变得越来越重要。

我们必须关注的问题是，学校决策可通过哪种方式实现？是通过开放稳定的谈判、利益相关者的参与、民主过程，还是通过统治的、控制的行为？前者确保家长的参与；后者可能意味着家长被排除在外。

管理控制体系阻碍了重要的谈判，这将导致产生很多不利于真正利益相关者的决策。家长会感觉到被排除在外，因为家长不再是制定儿童决策过程中的重要组成部分。如今重要的学校控制是赞许过程，是对家长参与的多样状态和过程进行赞许式描述，尽管不知不觉地，他们错误地尝试别人的利益以实现他们自身的利益。家长们串通一气，使自己受害。进行赞许式的陈述和谈判，不是通过相异的、冲突的需求进行公开讨论，而是进行封闭式讨论，或者讨论在需求中不存在的问题。

围绕着标准和问责问题，开发了多元利益主体的学校决策模式，教育者将发出信息，家长参与不再是弄虚作假、旁听会议、作为啦啦队。在这种模式中，谈判是必不可少的。结果如何？家长知道并相信，他们的声音能够并且将会被听到。

相互影响的模式将帮助学校领导者探索如何处理一些问题，包括赞许过程、多元问题、信任问题、交流问题。结果是教育者和家长为了更好地治理学校，他们将更加开放地从事到基本的社会决策中。

相互影响模式的目标是增加大规模的合作和陈述。这个争论预示着更加广泛的利益相关者参与能够促进列好的实现。我们缺乏的是克服在交流战略中建立自上而下管理体系的意志、承诺、勇气，专业教育者能够很好处理对问题的控制和赞许，以及对领域的保护。

我关注的是家长代表参与标准和问责问题的决策。谁来参与？对什么事情进行决策？决策的过程怎样？模式表明关于问责和标准问题中的家长作为利益相关者，扩大了决策考虑的领域，基于集体和个人的具体目标寻找改革合作决策。

此模式中团体方式是核心。当家长和教育者同意在细致的决策环境中进行工作时，参与就会更加有力量，也会做出更好的决策。

结论

总之，一些组织原则是作为利益相关者合作、民主过程的良好开端。

①将家长作为固定财产对待。在最大限度上，为家长提供对学校有贡献、有价值的机会，为家长提供培训和技能发展的可能性。

②基于团队的决策过程，针对共同目标尝试确认并实行合作，包括建立共同目标的关系、信任和非对抗性的关系。教育者应该允许家长观察教师在课堂中的安排。

③与所有利益相关者公开分享信息，尤其是家长。

④通过一系列教育者-家长团队或决策链的正式建立，在一致同意的基础上做出决策。作为学校执行中的利益相关者，家长将作为完整的合作者参与教育决策，包括标准和问责的相关问题。这个步骤减少了通常对于决策权威水平偏低的抱怨，由于家长缺乏对专业证书的了解、兴趣和必要性而被排除在决策队伍之外。

⑤教育者-家长团队将成为学校组织的基本构建块。

⑥鼓励每个人都朝向共同的目标而努力，即普通成就目标、学业成功、达到并超越标准、所有利益相关者的付出。

⑦对待家长应该将其作为拥有者并确保家长的较高水平，而不是简单地让家长作为拥有者而去思考和行为。

⑧允许每个人都朝向学校范围的目标，不仅是因为目标得到准许，而是因为他们选择了这些目标。在决策过程中的广泛参与使得教育者对于所有利益相关者负责任，产生自上而下的组织。这将同样获得家长的

高度满意、承诺和忠诚。从多元文化角度看，这的确缺乏很多信息、很多参与、很多民主。

⑨有时期盼过程的不平坦甚至难以应付。最后的利益将来自长期关系，这些关系基于同一团队里教师和家长在共同工作中所产生的信任、开放和诚实，促进学生和孩子的教育成功。

反对观点

戴顿大学，克里·C. 孔韦尔

美国于 1965 年颁布的《初等与中等教育法》，是联邦政府对处于不利地位的儿童、农村和城郊不利学校体系进行的帮助。《不让一个孩子掉队法案》作为《初等与中等教育法》的重新授权，并于 2002 年由时任总统乔治·W. 布什签署列入法案。《不让一个孩子掉队法案》更加关注 6 门学科标准、技能问责的衡量标准、学科成功所需的内容以及毕业后的所需内容。标准和问责测量意味着在教育领域更加关注教学，同样意味着家长参与教育过程。家长为学校质量的提升提供信息，与教师一起共同提升学生的学业成就。

无论是《不让一个孩子掉队法案》还是《初等与中等教育法》，如今在奥巴马执政期间这些法律都处于建议阶段被重新授权。随着对《不让一个孩子掉队法案》或《初等与中等教育法》的重新授权，教育领域中的标准和问责又带来很多新问题。一些问题围绕着学习成就的责任。更具体地讲，关键问题在于谁应该对学生的学习成就负责？从另一个角度讲，谁有责任确保儿童达到标准并且谁有责任对其进行问责。很显然，学校董事会、教育行政管理者、教师、其他教职人员都包括在此过程中。然而，不断变化的社会伴随着技术、文化、多元化的共同变化，教育应该牢记家长在教育儿童中起到核心作用。事实上，不断有研究发现家长参与对于学生的学业成功来讲非常重要。尽管有人认为，家长无法清楚地理解标准、问责、促进学校标准改革的角色。相应地，并未给家长提供参与教育过程和帮助课堂中的儿童获得成功的途径。

标准

正如上文所述，教育行政官员摆正标准的位置，因此在所有学校体系中保持较高期望，包括那些处于不利经济地位或缺乏资源的学生。标准包括教育技能、教育内容和教育质量层面。摆正标准能够引导教师传授什么样的内容、教授什么样的技巧、在教学过程中的合适时间执行标准。为了支持儿童的学业成功，教师必须能够将这些标准合并到基于研究的教学策略中。同时，标准并不意味着压缩教学，而是为学生证明自身的学习能力提供多种渠道。学生的能力以及标准的知识可通过成绩评估进行衡量，这种方式能够记录学生的成长过程以及同一年龄段、年级段其他儿童的成长过程。教师理解学业标准是专业责任的一部分，利用这些学业标准对成就进行评估，作为学生学习成长的真实证明。教师有责任确保所有学生在连续学业中有所进步，无论教师所教的学校体系是否能够提供领先于学业成就的教学，还是学生缺乏学业指导。

从另一方面来讲，家长可以将标准作为孩子教育的切入点。家长对儿童标准的理解和逐渐熟悉能够对教师进行问责，帮助教师提高教育质量。此外，标准和评价不仅仅是一个级别。标准为家长提供必要信息，家长根据这些信息对孩子教育、家长与教师合作支持儿童在家继续学习等问题进行决策。这是家长与教师的交流机会，而不仅仅是单方面的听从。然而，这些标准与复杂的体系改革交织在一起令人迷惑，但有时对于大多数家长来讲却是反映强烈的。尤其对于那些英语作为非母语的低收入社区或家庭更是如此。这既不能阻止家长尝试着理解过程，也不能阻止教育者为家长提供可能参与的资源，然而这并不表明家长参与的特定限制。这些限制同样定义了适合家长参与的决定参数。

教育领导者需要打破教师和家长之间可能存在的障碍，家长必须愿意加入到与教育者的合作中，积极参与儿童的教育，此外理解和领会对于家长参与的限制。家长越熟悉标准，家长越能够对孩子学习形成更好的理解。此外，理解层次的提升能够开辟家长和教师之间的交流途径。然而，这种深层理解层次不应该为家长提供特许，因为他们需要控制学习过程；相反地，家长必须理解他们只是家长，而不是儿童学习过程的"监督者"。

问责

家长逐渐熟悉了标准，他们应该开始理解如何开展问责。问责集中关注学生的学习行为和学校的整体行为，如改善整体出席率、知识内容、毕业率、学业成绩的报告、追踪一段时间的改善、存在不良行为学生的学校改善结果。不幸的是，问责通常是迷惑家长的另外领域。

家长理解教师对所有学生的学习和教育进行问责，但他们可能发现这个过程比较复杂。如今的教师比以往更加负责,因为他们在课堂中所教授的以及学生能否理解教授的内容和技巧都将影响到学校的成败。教师责任感无疑是专业化的重要组成部分。教师应该通过多渠道对教育质量进行问责。另一方面,家长应该对学校数据、学校和学区内的教师质量、儿童教育的选择进行问责。

重要的是让家长相信标准需要保持较高水平,一些人应该对结果负责。即使这样,在传统情况下家长还是不能很好地了解普通的公众问责测量和成就。为确保儿童的学业成功,家长必须更好地了解制定教育决策所依据的数据,与教育者合作以证明对教师的支持。然而,这并非是件易事。相关数据并不容易阅读,信息也并不容易被发现,除非个体知道他们在寻找什么,那么提供的信息才会带来巨大影响。即使一些教师努力理解数据结果,但家长所寻找的结果却是不当的。对于家长来讲学习理解数据并对数据进行解释非常重要,这有助于帮助家长成为儿童教育中的积极参与者。

学校应该拥护家长参与学校活动并从家长方面加强对学校环境的理解。例如,很多家长只是简单地知道他们有权知道儿童教育目标和成就,并需要成为理解的组成部分。家长同样应该积极参与到教育者的工作中,无论儿童将如何满足州和国家的标准,尤其对于参加荣誉课程、天才班项目、特殊教育、补习班的学生更应如此。教育领导者无法明确地为家长提供信息,这将导致儿童的教育成功缺乏家长的支持。

基于问责测量结果,如果评价和学校数据结果能够表明儿童是在低效能学校就读,那么家长就有权为儿童选择不同的学校入学。换句话说,低效能学校无法按照《不让一个孩子掉队法案》的规定实现年度进步。学校教育者必须与家长沟通评价结果,为学生提供补充式的教育服务。在这样的事件中,家长必须基于标准方面的知识和问责方面的成绩做出相应决定。

正如《不让一个孩子掉队法案》中对于问责的规定,国家法律起到一定作用,家长必须意识到自己的选择以及能给儿童赋予什么样的服务,这将决定儿童能够被赋予什么样的教育。如果家长对包括标准和问责在内的教育过程并不熟悉,那么他们制定的决策则会缺乏理智,进一步阻碍了儿童的学业进步。在这方面，即使很多家长知道存在学校选择，但他们不理解选择的重要因素。正如之前提到的那样，对于促进学校标准改革方面的作用，家长缺乏清楚的理解。家长越来越多地参与并熟知学校改革是非常必要的，因此家长不仅应该更好地接受自身教育，而且要确保儿童的成功。进一步讲，家长理解对参与教育的限制非常必要：儿童在学校接受教育，家长只是合作者，并不是所有者。

在家长参与学校标准和问责的过程中，很显然有一些人支持家长的参与，他们集中关注于学校中发生的事情。当学校领导者能更好地与教师和家长在儿童教育质量问题上进行交流时，学校便能够达到更高水平的成就，学生出席率也能得到较好保障。然而正如上文所述，一些学校董事会，学校层面领导，地方、州、联邦政府官员通常不采取这样的简便过程。

目前，家长不能像曾经那样参与到学校中。对于家长来讲，家庭生活的挑战变得更加困难，尤其是在高贫困环境中。一些家庭父母双方都全职在外工作，家庭成员不得不处理更加繁忙的家庭琐事。此外，出自单亲家庭的孩子越来越多，对于孩子的抚养落在一位家长身上。标准和问责过程增加了额外的挑战，这将使家长感到迷惑，家长在儿童教育中变得缺乏积极性或脱离正常行为。虽然大多数家长认同教育是通往成功的工具，但随着时间的流逝，很多家长不能花费足够的时间关注学校环境和过程，即使这些外界环境的提升能够在指引学生学习方面确保学生的成绩。从本质上讲，在家长确保儿童学习意愿方面，存在很多真正的或易被察觉的限制。

家长受限制案例

相信家长参与力量的人们通常不会领会到关于早期学习的研究中的重要元素。早期儿童教育继续处于教育的边缘状态，尽管在 P-16 阶段，早期儿童教育的投资收益率（Return on Investment，ROI）是最重要的部分。早期学习的投入会给儿童和社会带来利息。的确，一些研究估计在早期学习领域每 1 美元的投资收益率会给儿童带来 2～17 美元的回报。

推动家长教育的人们通常不能理解，违背儿童的教育经验为何在高贫困家庭中尤为突出。简单地讲，很多高贫困家庭不能确保儿童参加任何一个幼儿园，在此我强调的是"任何一个"。高贫困学区利用幼儿园评价学前准备情况，对参加正规幼儿园和未接受学前教育的儿童进行区分，发现两类儿童群体间会表现出明显的不同。简单地讲，接受过高质量早期教育的儿童通常会为幼儿园和正规学习阶段做好准备。这些儿童掌握更多的文学、数学、社会情感方面的技巧，而这些都是取得学习成功的关键。在贫困中的家长面临不间断的生存需要，这些需要使得家长对儿童入学时的前期学习准备做出妥协。

我不认为贫困家长并不热爱或关心他们的孩子：他们的确热爱、关心自己的孩子！这些贫困家长需要面对各种各样的生存需要，这将减弱了他们为孩子提供早期教育经验或资源的能力。本质上讲，家长不是最好的教育提供者，尤其对于贫困家庭中的孩子更是如此。有限的经费资源和时间限制（如做两份工作）使得贫困家长不能帮助儿童解决教育问题。具有早期教育专业水平的教师应该为我们最年轻的学习者开展直接的教育过程，而不是家长。在受过良好培训、良好教育教师的指导下，我们最年轻的学习者无论家庭贫富，都应获得同样的收益。

结论

教育的法律和政策在不断改变并很难理解。尽管如今家庭遇到挑战，但教育主要关注的核心问题依然是家长责任。当教育官员采取主动行为时，家长需要成为学校官员的合作者。然而，家长需要理解他们参与的局限性，尤其在多元化的社会中，个人价值可能与其他人的价值相冲突。尤其在关注经济需求的社会，在儿童教育中妥协"投资"能力。

教师具有专业性，应该从内心得到支持。教师对所有儿童进行培训，并为他们提供高质量的教育。家长应该作为儿童的支持者，应该以及必须对所有学生成绩进行学校问责。此外，家长应该提供社会和情感环境，支持课堂中的内容和技巧，但是应该对家长参与进行限制，而不是直接干预。根据学校中不同家长观点的存在，教师实际上不可能有效地发挥作用，如果家长尝试干预儿童利益或者对课堂中应该发生的教学进行定义。专业教育者的作用是为学校服务、与家长一起工作，以确保每个儿童都能够在学校学习。

拓展阅读资料

Deetz, S. (1995). *Transforming communication transforming business: Building responsive and responsible workplaces.* Cresskill, NJ: Hampton Press.

Delpit, L. (1995). *Other people's children: Cultural conflict in the classroom.* New York: New Press.

Greene, L. (1998). *A parent's guide to understanding academic standards.* Washington, DC: Association for Curriculum and Development, Council for Basic Education.

Lasley, T. J., Matczynski, T. J., & Rowley, J. B. (2002). *Instructional models: Strategies for teaching in a diverse society.* Belmont, CA: Wadsworth.

National Coalition for Parental Involvement in Education. (n. d.). *Developing partnerships.* Retrieved from http://www.ncpie.org/DevelopingPartnerships.

National PTA. (n. d.). *Topics.* Retrieved from http://www.pta.org/topics.asp.

Steinberg, L. (1996). *Beyond the classroom: Why school reform has failed and what parents need to do.* New York: Touchstone.

U. S. Department of Education. (n. d.). *Elementary secondary education: Regulations——Editor's picks.* Retrieved from http://www2.ed.gov/policy/elsec/reg/edpicks.jhtml?src=In.

后　记

　　《学校标准及问责》是美国教育争论问题系列丛书里的一本，2013年底我有幸接触到此书的英文版本，并负责将其翻译成中文在中国公开出版。在此书的中文译本即将面世之际，我谨对所有帮助过此书出版的人表示感谢，没有您的辛勤努力就不会有此书的公开出版。

　　首先，感谢北京师范大学出版社对整套丛书中文出版权的购买，感谢北京师范大学出版社陈红艳、吕桂云编辑对此书出版过程的细心策划和认真校对，吕桂云编辑多次主动与我讨论修改的具体事宜，其敬业精神令人钦佩。

　　其次，感谢东北师范大学教育学部对本书出版的支持。感谢时任教育学部部长于伟教授，于伟教授对东北师范大学教育学部承担翻译的5本书进行了高位规划和系统部署，为本书翻译的顺利开展提供了大量的支持。

　　最后，感谢在本书翻译过程中辛勤付出的人们。本书由我做统一策划并参与大部分话题的翻译，为了使本书的可读性更强，本书采取教育理论研究者与教育一线实践者共同参与翻译的方式，各话题具体撰稿人如下：话题1孙颖(东北师范大学)；话题2孙颖(东北师范大学)、李艳军(大连市甘井子区千山路小学)、杨海峰(吉林农业大学)；话题3孙颖(东北师范大学)、刘万红(东北师范大学)；话题4孙颖(东北师范大学)、李红玲(大连市甘井子区南关岭小学)；话题5魏柳英(东北师范大学)、李立柱(吉林省教育学院)；话题6魏柳英(东北师范大学)、单林栋(吉林市第十八中学)；话题7唐霞(大连市经济技术开发区红梅小学)、曲娇娇(北京师范大学长春附属学校)；话题8岳桂丹(东北师范大学)、王寅秀

（吉林农业大学）；话题 9 孙颖（东北师范大学）、金亚棣（吉林磐石呼兰镇中心学校）；话题 10 梁美凤（东北师范大学）、国强（北京师范大学长春附属学校）；话题 11 孙颖（东北师范大学）、杨雪峰（吉林省实验中学）；话题 12 王艳波（吉林市第五中学）、梁美凤（东北师范大学）；话题 13 孙颖（东北师范大学）、奚兵（大连市第四十二中学）；话题 14 孙颖（东北师范大学）、许霄鹤（吉林农业大学）。整本书的校对工作由我的研究生全程参与，她们是梁美凤、刘万红、韩冬、耿孟孟，其中刘万红在绘制图表、规范中英文译名方面做了大量工作。

虽然在翻译此书时我们力求精益求精，对全书进行反复多次校对，但仍然会有错误和疏漏之处，敬请读者和同行批评指正。

孙颖

2015 年 11 月

图书在版编目(CIP)数据

学校标准及问责/(美)托马斯·J. 拉斯利主编;孙颖等译.
—北京:北京师范大学出版社,2017.4
(美国教育热点丛书)
ISBN 978-7-303-21765-6

Ⅰ.①学… Ⅱ.①托… ②孙… Ⅲ.①学校管理—研
究—美国 Ⅳ.①G571.26

中国版本图书馆 CIP 数据核字(2016)第 303769 号

营 销 中 心 电 话 010-58805072 58807651
北师大出版社学术著作与大众读物分社 http://xueda.bnup.com

XUEXIAO BIAOZHUN JI WENZE
出版发行:北京师范大学出版社 www.bnup.com
 北京市海淀区新街口外大街 19 号
 邮政编码:100875
印 刷:北京京师印务有限公司
经 销:全国新华书店
开 本:730 mm×980 mm 1/16
印 张:18.75
字 数:276 千字
版 次:2017 年 4 月第 1 版
印 次:2017 年 4 月第 1 次印刷
定 价:98.00 元

策划编辑:陈红艳 王剑虹 责任编辑:齐 琳 韩 妍
美术编辑:袁 麟 装帧设计:袁 麟
责任校对:陈 民 责任印制:马 洁